Modernismo no Rio de Janeiro
Turunas e quixotes

Monica Pimenta Velloso

Modernismo no Rio de Janeiro
Turunas e quixotes

1ª Edição
POD

KBR
Petrópolis
2015

Coordenação editorial **Noga Sklar**
Editoração **KBR**
Capa **KBR**
Ilustração da capa **J. Carlos, Rio de Janeiro, 1930**

Copyright © 2015 *Monica Pimenta Velloso*
Todos os direitos reservados à autora.

ISBN: 978-85-8180-384-5

KBR Editora Digital Ltda.
www.kbrdigital.com.br
www.facebook.com/kbrdigital
atendimento@kbrdigital.com.br
55|21|3942.4440

HIS033000 - História

Monica Pimenta Velloso é historiadora e pesquisadora da Fundação Casa Rui Barbosa, com pós-doutorado pela CAPES (2014, EHESS/ EFISAL). Publicou, entre outros, *História e Modernismo* (Autêntica, 2010), *Mário Lago: Boemia e Política* (FGV, 2011) e *Cultura das ruas no Rio de Janeiro: mediações, linguagens e espaços*, publicado originalmente em 2004 e reeditado em 2014 (Fundação Casa de Rui Barbosa). Em colaboração, organizou *Criações compartilhadas, artes, literatura e ciências sociais* (Mauad, 2014).

Email: mpvelloso@uol.com.br

A História não é de fato o que sucedeu, mas o que os historiadores declaram nos livros ter sucedido.

D. Quixote, 25/1/1922

Tudo faz parte do moderno em desenvolvimento: a representação no palco, a adoção de poses, a ênfase no artifício, uma ruptura radical com a visão clássica de que a arte imita a natureza, a colocação de ironias sobre ironias, de paradoxos sobre paradoxos. A persona do poeta é uma alma sofredora que triunfa de sua exposição ao ridículo. Assiste-se assim ao nascimento do clown moderno...

Frederick R. Karl

Sumário

Índice de Ilustrações • 13

Nota da autora • 15

Um modernismo carioca • 17

Introdução • 21

1. A modernidade carioca • 35
   As ruas no imaginário urbano • 43
   Redimensionando o moderno • 50

2. Cafés, revistas e salões: microcosmo intelectual e sociabilidade • 57
   A roda da Colombo e o Café Papagaio • 69
   Tagarelando e avançando: a ideia de humor nos editoriais das revistas • 86
   A imprensa como espetáculo: as conferências humorísticas e os "jornais falados" • 100
   A cidade cenário: teatro, cinema e publicidade • 113

3. A caricatura como um dos "sinais" da história • 129
   O conflito entre as esferas pública e privada: o "direito de caricaturar" • 138
   Caricatura e modernidade • 158
   Cenas da vida carioca • 164
   Uma estética da visualidade: os "humoristas da imagem" • 176

4. De como D. Quixote chega às terras de Santa Cruz • 185
   A leitura dos modernistas espanhóis • 192
   D. Quixote na América • 201
   A visão trágico-carnavalizada da nacionalidade • 210
   O malandro como figura limiar • 212
   Lutando contra os moinhos de vento: o projeto quixotesco dos intelectuais • 218
   "Muito riso, muito siso": a revista *D. Quixote* • 229

5. Uma verdade humorística da modernidade: a revista *D. Quixote* • 249
   Cinzas, ressacas e eleições: a comédia político-carnavalesca • *254*
   A "Veneza do Mangue" • 263
   O Palácio do Riso • 269
   Os filhos da D. Candinha • 279

6. O herói *outsider* • 293

Referências Bibliográficas • 309
   Livros e artigos • 309
   Artigos e charges da revista *D. Quixote* • 326
   Revistas brasileiras • 328
   Revistas estrangeiras • 329

Índice de Ilustrações

Autorretrato de Nadar • 41
Primeira fotomontagem realizada no Brasil • 42
A primeira "miss" no Brasil • 84
Publicidade em "O Malho" • 93
Publicidade "Rhum Creosotado" • 94
Confeitaria Colombo • 107
1º Salão do Humor • 110
Capa de "D. Quixote", 19/5/1920. • 118
O pintor de cartazes • 127
O contraste na caricatura • 143
O método da caricatura • 147
Baudelaire e a caricatura • 172
Capa de "D. Quixote", de Bastos Tigre • 186
A lança do caricaturista • 209
Suco intelectual • 226
O grupo de caricaturistas • 234
Visita do escritor e humorista José Brum • 235
"Jornal da Semana" • 236
O protesto de Sancho Pança • 239
Dom Quixote índio • 243
A vergonha do carioca • 247
Palácio D. Quixote • 252
A farsa eleitoral • 255
Jogo franco e oficializado • 257
A exposição nacional de 1922 • 272

"Departamento de trepanação humorística" • 276
"Muzeu Histórico" • 287
Rui Barbosa • 297

Nota da autora

Este livro resultou de minha tese de doutorado, defendida no Departamento de História Social da USP em agosto de 1995. O texto original passou por algumas modificações, visando, sobretudo, a torná-lo acessível a um número maior de leitores. Reduzi sensivelmente as citações e, na medida do possível, tentei modificar o tom acadêmico que necessariamente marcava a versão inicial.

Este trabalho foi financiado pelo CNPq, através de bolsa de doutoramento concedida por intermédio do Departamento de História da USP. Também foi por meio do CNPq que obtive uma bolsa de doutorado para o Consejo Superior de Investigaciones Científicas, de Madri.

A orientação devo ao professor Marcos Antonio da Silva. Marija Lajolo, Nicolau Sevcenko, Leon Kossovitch e Lucia Lippi participaram da minha banca, transformando-a numa oportunidade de discussão.

Nesta reedição, decidi manter a versão original do texto, que passou por um cuidadoso processo de atualização ortográfica; também foram feitas algumas alterações de estilo.

Modernismo no Rio de Janeiro abriu um campo fértil de questões que foram e continuam sendo objeto da maior parte das minhas reflexões, inclusive a de pós-doutorado (2014).

Ao longo do livro optei por fazer referências a alguns desses trabalhos, publicados em livros e em artigos, com o propósito de marcar a atualidade da discussão que venho desenvolvendo em projetos individuais e em parcerias.

Rio de Janeiro, maio de 2015
Monica Pimenta Velloso

Um modernismo carioca

Vera Lins[1]

Quando se fala de modernismo no Brasil, logo se pensa na vanguarda paulista de 1922. Neste livro se desloca esse olhar para o Rio de Janeiro, e para o final do século 19 e início do 20, procurando outras visões da cidade e do país nessa virada de século, nas crônicas de João do Rio, em Lima Barreto, Emílio de Menezes, Benjamin Costallat, Orestes Barbosa e, especialmente, nos caricaturistas da revista D. Quixote (1917-1927).

O trabalho de pesquisa é de vulto, e através da articulação entre memória e história resgata esses atores de um modernismo carioca e suas obras — um momento rico, visto habitualmente e relegado como pré-modernismo.

O trabalho de Monica Pimenta Velloso se situa na revisão que se fez, nos anos 1980 e 90, desse momento da cultura brasileira, tendo como centro de pesquisas, especialmente, a Bi-

---

[1] Vera Lins é professora associada de Literatura Comparada da Faculdade de Letras da UFRJ. Publicou, entre outros, o livro *Gonzaga Duque: a estratégia do francoatirador* (Rio de Janeiro: Tempo Brasileiro, 1991), *Novos Pierrôs, Velhos Saltimbancos* (Curitiba, Secretaria de Estado, 1997) e *O poema em tempos de barbárie e outros ensaios* (Rio de Janeiro, Eduerj/ Faperj, 2013).

blioteca e o Arquivo Museu de Literatura Brasileira (AMLB) da Fundação Casa de Rui Barbosa.

Através de seu texto vai-se delineando um modernismo carioca em que a rua é canal de sociabilidade. Seus cafés e confeitarias, as revistas e, inclusive, o cinema, são o palco das críticas ao progresso técnico que vai se impondo com a república. É o momento e o lugar dos intelectuais boêmios, que se reúnem fazendo um comentário irreverente à nova ordem. Através da ironia e da sátira, os boêmios cariocas reagem aos novos comportamentos exigidos pela modernização.

A autora ressalta que não houve no Rio um movimento de vanguarda em torno da ideia de moderno; o simbolismo para eles já era moderno. Desloca assim a ideia de moderno para um processo que, diferente do modernismo paulista, já está acontecendo na virada do século 20. Relativiza-se assim o papel de São Paulo na modernidade cultural brasileira.

Como fica o escritor no mundo dos aparatos tecnológicos? É uma questão atual, que é vista já na virada de século. São vistas as relações dos escritores com a cidade, que se transformava com o prefeito Pereira Passos. As ruas e a cidade se tornam seus temas. O lado marginal da modernização carioca é comparado ao *bas-fond* parisiense dos escritos de Baudelaire. O submundo, o marginal, a boemia e as ruas são trazidos para pensar uma modernidade excludente, que já se impunha. Os intelectuais boêmios cariocas, que enfatizam a rua, refutam a ideia de um movimento literário organizado, pois rejeitam a ideia de uma literatura ligada à vida oficial e burocrática.

A República recém-proclamada se mostra avessa aos sonhos desses intelectuais, divididos entre esperança e desencanto. Uma visão trágica da modernidade se articula entre eles, nos seus escritos, nos seus encontros nos cafés e nas revistas que fundam. São os boêmios do quadro de Seelinger, que, entre a fumaça e a bebida, pensam esses novos tempos e escrevem textos de critica, ficção e poesia, e desenham caricaturas, ironizando a visão otimista e positivista de progresso.

Frequentando os cafés, onde sonhavam mudar o sentido

das coisas, criticavam o mercantilismo e a burocracia. Criam revistas irreverentes e combativas, como a *Ilustração Brasileira*, *Fon-Fon* e *Careta*, entre outras.

Ao rever esses cafés, revistas e salões, Velloso ressalta o humor como o traço irreverente desse modernismo carioca. Passa, então, a examinar a revista *D. Quixote*, que coloca em questão a história do país vendo-a como confusa e "encrencada". O personagem Quixote é emblema para falar de uma realidade marcada pela contradição, pela ambiguidade e por contrastes socioculturais profundos. A revista ironiza, por exemplo, a Exposição de 1922, que quer apresentar o Rio como capital do progresso industrial, e mostra o lado caótico desse progresso.

Em suma, o livro recupera a força crítica dos intelectuais boêmios cariocas da virada do século 19 para o 20, construindo uma história social inteligente e valiosa para se entender a cultura do Rio de Janeiro num momento crucial da nossa modernidade.

Introdução
O olhar inquieto dos caricaturistas

Escolhi como subtítulo deste livro dois personagens que são no mínimo instigantes, quando não profundamente contrastantes entre si. De imediato, o leitor pode se perguntar: o que tem a ver o nosso modernismo com *turunas* e *quixotes*? E, afinal de contas, quem são esses tais *turunas*?

Hoje, a palavra praticamente desapareceu do linguajar cotidiano carioca e da memória cultural da cidade. Só conheço um indício de sua sobrevivência: a Casa Turuna, estabelecimento comercial dos mais tradicionais e populares, que fica no coração da cidade do Rio de Janeiro — precisamente na Avenida Passos, perto da praça Tiradentes e onde são vendidas fantasias de carnaval e objetos destinados ao Candomblé e à Umbanda. Trata-se, portanto, de um espaço que reforça determinada imagem cultural da cidade e do carioca, e que remete à ideia do carnaval, às nossas raízes afro-brasileiras e também à malandragem.

Em 1922, no seu dicionário de gírias cariocas, o caricaturista Raul Pederneiras define *turuna* como "chefe, destemido, valente". Aurélio Buarque reforça esse sentido: *turuna* vem do tupi *tur'una* e quer dizer "negro poderoso", valentão. No início do séculoXX, a palavra serviu também para designar cordões carnavalescos como os "turunas da Monte Alegre" ou os "turunas da Cidade Nova".

Rapidamente o termo *turuna* acabou sendo identificado à figura do tradicional malandro carioca. Orestes Barbosa, conhecido músico da MPB e também jornalista, apresenta numa crônica de 1922 o seguinte perfil do malandro: ele é esperto, sabido, e não ocioso, conforme se supõe erradamente. Assim, "vive misteriosamente e trabalha a seu modo", nos conta o cronista. A figura do *turuna* e a do malandro remetem ao universo da boemia, do humor, da irreverência e também da marginalidade.

Já o termo *quixote* é diretamente inspirado no personagem clássico de Cervantes. Estamos diante de outro universo de valores: altruísmo, sacrifício, combatividade, idealismo e, sobretudo, algo que escapole ao chamado senso comum. O *quixote* é um sonhador, aquele que antevê realidades apenas esboçadas.

Acontece que esses dois personagens, tão contrastantes entre si, acabam se tocando justamente pela agudeza de suas diferenças. Tanto a figura do *turuna* quanto a do *quixote* se impõem socialmente por seu caráter de *outsider*. Ambos sugerem algo de ridículo, de risível, no seu jeito de ser, que os torna paradoxalmente respeitados perante os demais. Mas se ambos estão "fora da ordem", é preciso não esquecer que esse "estar fora" é relativo.

E o que quero dizer? Lembre-se de que o *turuna* se apresenta como chefe, enquanto o *quixote* também se imagina guia e defensor de mudanças. Tanto um como outro traduzem a ideia de vanguarda social; de alguma maneira eles se destacam do conjunto da sociedade, se dispondo a construir uma outra ordem, não importa se imaginária ou não.

Retrato, neste livro, um grupo específico de intelectuais: os humoristas boêmios. O cenário é o Rio de Janeiro, na virada do século XIX para o XX. Acontece que esses intelectuais irão constantemente se identificar ora como *turunas,* ora como *quixotes.*

Como ocorre essa identificação? Através de que traços esses intelectuais se reconhecem nessas figuras aparentemente tão paradoxais?

Se o grupo valoriza a descontração, a irreverência, o humor e, sobretudo, o espírito de criatividade, há, por outro lado, certo ressentimento social, e o lado do solitário *quixote.* Trata-se da mágoa que esses intelectuais sentem por não serem devidamente reconhecidos por seus projetos.

Frequentemente a figura de D. Quixote se superpõe à de nossos intelectuais nas caricaturas das revistas humorísticas cariocas. O cenário é de luta: o esforço justiceiro do personagem se mistura a algo de patético, porque inatingível. Por outro lado, esses mesmos intelectuais se autodenominam afetuosamente de "turunas", se identificando enquanto comparsas na irreverência e no humor. É através do perfil dos *turunas* e *quixotes* que os intelectuais humoristas pensam seu lugar, não só na cidade, mas no conjunto da nacionalidade brasileira.

E esse lugar é complexo e extremamente contraditório. Se o intelectual aparece como herói, aparece também como uma espécie de "rebelde sem causa" — esse questionamento sobre a atuação do intelectual é uma das temáticas centrais da modernidade, daí a ideia de trabalhar com esse imaginário que os intelectuais do Rio de Janeiro constroem para falar de si mesmos, de sua cidade, e, por extensão, da nacionalidade.

Através dos *turunas* e dos *quixotes* pode-se vislumbrar um outro desenho da modernidade brasileira, uma modernidade que se apresenta aos olhos inquietos da época como caricatural, grotesca, e, por fim, como realidade extremamente contrastante.

Antes de entrar propriamente nesta reflexão, acho que seria interessante contar como cheguei a ela. A escolha dessa temática resultou de um processo reflexivo, ao longo do qual trabalhei com a questão do regionalismo, das tradições populares e da cidade do Rio de Janeiro. Não foram passos premeditados em direção a um rumo determinado, muito pelo contrário. Ao longo desse percurso as questões foram se delineando, e sugerindo novas perspectivas de análise. Registrar esse processo, e também a tentativa de mostrar o que acontece por trás dos bastidores, pareceu-me interessante. Como se dá, efetivamente, a montagem de um texto? Em outras palavras: que ideias me levaram a eleger a modernidade como tema?

Acho que uma leitura "retrospectiva" do processo pode ajudar a repensar o próprio sentido dessa reflexão.

Na ocasião em que preparava minha dissertação de mestrado, em 1982, deparei-me com o que hoje reconheço serem as primeiras pistas deste trabalho. Buscando reconstituir o pensamento do grupo Verde-Amarelo, vertente conservadora do movimento modernista paulista, precisei consultar os editoriais do jornal *Correio Paulistano* (fins da década de 1910 e década de 1920). Os principais ideólogos do grupo, como Plínio Salgado, Cassiano Ricardo e Menotti Del Picchia, eram colaboradores desse jornal. Fui então surpreendida por uma série significativa de artigos, charges e caricaturas cuja argumentação incidia sobre um mesmo ponto: a desqualificação da cidade do Rio de Janeiro em relação à cidade de São Paulo.

Afirmava-se a incapacidade do Rio para exercer o papel de capital da República, e os motivos dessa incapacidade eram variados: climáticos (o clima tropical seria prejudicial à ordem política, intelectual e cultural), econômicos (a cultura do esbanjamento e da desordem) e culturais (samba, praia e carnaval). Segundo a ideologia do grupo Verde-Amarelo, o impedimento para o exercício da hegemonia nacional seria, em suma, de ordem geográfica. Haveria uma profunda dispersão das energias produtivas no litoral (Rio), ao contrário do que ocorria no interior (São Paulo). Em decorrência disso, verificava-se a falta de espírito empreendedor e de tino administrativo e a incapacidade para o comando e a liderança.

Todas essas deficiências atribuídas à cidade do Rio de Janeiro podiam ser resumidas em uma só: a falta de seriedade do carioca. Argumentava-se que, de modo geral, os cariocas não levavam nada a sério, tendendo a resolver tudo na base da piada, da chacota e do riso. Nesse discurso, a categoria "seriedade" vinha diretamente associada à ideia de ordem e de responsabilidade, constituindo-se em requisito indispensável ao exercício da liderança política. Em decorrência desse raciocínio, concluía-se que o Rio de Janeiro mostrava-se incapaz de desempenhar o papel de que fora incumbido enquanto capital federal.

Na ocasião, essa questão me pareceu suficientemente instigante para ser retomada em estudos posteriores. Pela primeira vez, encontrava presente no debate político-intelectual a questão do humor associada diretamente à problemática nacional. Ao eleger a categoria da seriedade como uma das qualificações para o exercício da hegemonia nacional, o debate intelectual do período já trazia, consequentemente, a questão do humor como objeto de polêmica, associando-o à ordem política.

Encontrei o contraponto dessa argumentação na revista carioca *D. Quixote* (1917). Segundo o grupo de intelectuais que se expressava nessa publicação, a cidade de São Paulo estaria desqualificada para o exercício da vanguarda político-cultural justamente por sua incompatibilidade com o humor. A recusa da expressão humorística, argumentava-se, tornaria os paulistas demasiado rígidos, formais, e sobretudo provincianos. O humor já aparecia aí relacionado à modernidade.

Tanto no discurso da intelectualidade paulista — expresso pelos Verde-Amarelos no *Correio Paulistano* — quanto no da intelectualidade carioca — expresso na *D. Quixote* pelos humoristas e caricaturistas —, a argumentação acabava remetendo a um ponto comum: a associação entre humor e nacionalidade. Essa associação se estabelecia não só quando se qualificava o humor como categoria positiva na construção da nacionalidade (intelectuais cariocas), mas também quando ele era desqualificado enquanto tal (paulistas).

A questão poderia ser vista como mera disputa regional,

terminando aí o seu interesse. No entanto, não era simplesmente a questão da disputa pela hegemonia política que se poderia examinar, mas o imaginário que foi se constituindo em torno dessa problemática.

Ao terminar a dissertação de mestrado sobre *O mito da originalidade brasileira: a trajetória intelectual de Cassiano Ricardo — do modernismo ao Estado Novo* (Rio de Janeiro, PUC, 1983), retomei essa temática, com a intenção de aprofundá-la. Para tanto, fazia-se necessário que me detivesse na questão do regionalismo paulista, seria preciso analisar como essa vertente de pensamento legitimava a ideia da hegemonia regional, tomando como contraponto a cidade do Rio de Janeiro. Certamente, foi com base na argumentação dos Verde-Amarelos que se estabeleceram determinados clichês que ainda hoje estão presentes em nosso imaginário social, como a associação de São Paulo às categorias de seriedade, trabalho e espírito empreendedor, em oposição ao Rio, associado à ideia de humor, malandragem e festa.[2] No samba de Noel Rosa encontramos uma das versões mais populares da divulgação dessa ideologia: "São Paulo dá café, Minas dá leite e a Vila Isabel dá samba".

Era visível o confronto que se procurava estabelecer entre duas matrizes imaginárias da nacionalidade, uma voltada para o *ethos* empreendedor, a outra valorizando elementos de uma "cultura marginal". No entanto, essas imagens acabavam se complementando, já que a cidade de São Paulo vinha frequentemente associada à figura de Apolo, enquanto o Rio remetia à imagem dionisíaca. Assim, a cidade apolínea teria o dom da ordem, sendo capaz de unificar as mais diversas etnias culturais — era através do mito do estado bandeirante que o grupo Verde-Amarelo legitimava seu projeto hegemônico. Em contraponto, a cidade do Rio de Janeiro caracterizar-se-ia pelo prin-

---

2 O tema dos estereótipos culturais envolvendo a disputa Rio x São Paulo foi rediscutido por mim em "A mulata, o papagaio e a francesa, o jogo dos estereótipos culturais". In: Isabel Lustosa. *Imprensa, humor e caricatura, a questão dos estereótipos culturais*, pp. 365-390. Belo Horizonte: UFMG, 2011.

cípio do excesso e da desordem social, mobilizando-se apenas para a festa.³

Afinal de contas, por que esse imaginário tão contrastante entre as duas cidades? Que traços do contexto social carioca poderiam ter levado os Verde-Amarelos a construírem tal imagem? Até que ponto o imaginário social carioca também não reforçaria algumas dessas ideias?

Essas questões deram novo rumo às minhas pesquisas. Após trabalhar com o regionalismo paulista, minha área de interesse acadêmico começou a se concentrar na temática da cidade do Rio de Janeiro, mais especificamente na questão da modernização urbana e da cultura popular. Que visão da cidade começou a se constituir a partir daí?

No início do século, a implantação do projeto urbanístico de Pereira Passos acabou dando origem a uma dualidade de ordens e valores que iria marcar decisivamente a tradição cultural da cidade. Enquanto capital federal, o Rio de Janeiro devia transformar-se numa "Europa possível" e, ao mesmo tempo, corporificar um modelo de nacionalidade. Mas a construção desse imaginário era problemática. Através da literatura foi possível resgatar algumas expressões significativas dessa visão conflituosa da modernidade: tomei como referencial as crônicas de Lima Barreto (1881-1922) e de João do Rio (1881-1921); apesar de suas perspectivas diferentes, ambos enfocam a modernização urbana como fator de desaparecimento das tradições populares e da própria memória cultural da cidade, têm uma visão cética da modernidade, que ora aparece marcada pela ironia (Lima Barreto), ora pelo desencanto (João do Rio). Em ambas as reflexões configura-se a imagem de uma cidade culturalmente cindida.⁴

No momento em que pesquisava essas fontes literárias,

---

3 Essa relação deu margem ao artigo "A cidade-*voyeur*; o Rio de Janeiro visto pelos paulistas". *Revista do Rio de Janeiro*, 1 (4), set./dez.1986
4 Analisei as imagens literárias da cidade através das crônicas de João do Rio e Lima Barreto em *As tradições populares na Belle Époque carioca*. Rio de Janeiro, Funarte, 1988.

chamou-me particular atenção o livro de caricaturas de Raul Pederneiras, *Cenas da vida carioca*, publicado em 1921. De modo geral, essas caricaturas registravam o impacto da modernidade sobre a cidade, desestruturando e modificando hábitos, costumes e tipos populares. Essa fonte foi extremamente sugestiva, e me fez repensar os próprios rumos de minha pesquisa. A partir daí, pude reavaliar a importância das fontes iconográficas na reconstituição histórica.

Os traços das caricaturas de Raul Pederneiras pareceram-me tão expressivos quanto os escritos de Lima Barreto e de João do Rio. Outra linguagem, baseada na dimensão visual, apresentava-se como fonte de informação extremamente rica para se resgatar a história do dia-a-dia da cidade.

Prosseguindo nessa linha de investigação, decidi analisar mais detidamente a vida cotidiana carioca, onde a coexistência de duas ordens aparentemente antagônicas propiciava uma marcada especificidade, sugerindo novas linhas de análise. A existência de uma "cidadania paralela", por exemplo, se apresentava como um tema ainda pouco estudado.

O regime republicano reforçara ao extremo a exclusão social. Notadamente no Rio de Janeiro, a população negra assumiu expressão numérica extremamente significativa em relação ao conjunto da população. Houve considerável afluxo da antiga mão-de-obra escrava para a capital após a abolição, mas esse contingente não encontrou lugar no mercado de trabalho formal.

A especificidade desse contexto urbano pedia considerações mais cuidadosas, daí a necessidade de direcionar a análise para essa parcela da população que parecia se reger por outro código de valores. A partir da visão desse grupo, seria possível compreender melhor a própria dinâmica da cidade, compreender, por exemplo, uma outra forma de participação política e de liderança que destoava dos padrões vigentes.

Os canais informais de participação e o papel de destaque das lideranças espontâneas — enfim, a existência de uma "cidadania paralela" — se apresentaram como fios condutores de minha reflexão. Trabalhei então com a questão da cultura negra carioca a partir da liderança exercida pelas mulheres baianas — as "tias" — nos espaços comunitários (terreiro, casa, cordões carnavalescos).[5]

Desenvolver essa reflexão foi particularmente interessante, pois nesse processo pude perceber com clareza a necessidade de ampliar as fontes historiográficas para a pesquisa. Na ocasião, trabalhei com algumas fontes iconográficas, notadamente com as caricaturas da *Revista da Semana*. Aí encontrei várias charges que desqualificavam a cultura negra, especificamente através da figura feminina.

Para ampliar o debate sobre a memória cultural negra, que conta com poucos registros escritos, foi necessário recorrer à história oral. Entrevistei assim algumas descendentes das "tias" e atuais líderes comunitárias, ouvindo seus casos e depoimentos. Resgatar essa memória da cidade, praticamente ignorada pela chamada memória coletiva nacional, foi um trabalho difícil, mas gratificante.

Ficou claro para mim que o resgate da memória popular carioca e do cotidiano urbano demandaria um esforço documental maior, e sobretudo mais diversificado. Para captar a especificidade da cidade na sua complexa trama de influências culturais, seria necessário incluir as mais variadas fontes historiográficas — orais, iconográficas, escritas.

O desenvolvimento destes projetos de pesquisa permitiu-me ampliar a ideia de documento, e, consequentemente, repensar a própria concepção de história, com uma perspectiva cada vez mais voltada para o cotidiano. Nas revistas e jornais cariocas ficou claro o enfoque satírico-humorístico no tratamento dos acontecimentos cotidianos que mobilizavam a cidade. Nos escritos de Lima Barreto, nas caricaturas da *Revista da Semana*, da *D. Quixote* e do *Jornal do Brasil*, encontrei uma reflexão fortemente marcada por essa tônica.

---

5 Desenvolvi essas ideias no artigo "As tias baianas tomam conta do pedaço; espaço e identidade cultural no Rio de Janeiro". *Estudos Históricos* (6). Rio de Janeiro, 1990.

O fato me instigou a repensar a modernidade carioca, tomando o humor como (possível) pista. Era a tentativa de buscar outro caminho para compreender o modernismo, fora do paradigma paulista em que forçosamente acabou se convertendo o movimento de 1922. Enfim, a questão, um tanto quanto desafiante, era repensar o próprio sentido de "moderno", entendê-lo na dinâmica acidentada do cotidiano, através de uma linguagem de forte apelo visual.

Foi nesse contexto que decidi tomar a revista *D. Quixote* (1917-27) como fonte de análise. A revista, de periodicidade semanal, exclusivamente dedicada ao humor, reunia no seu quadro de colaboradores *experts* no assunto, como os caricaturistas J. Carlos, K. Lixto e Raul Pederneiras. Mas por que privilegiar a revista *D. Quixote* em meio a tantas outras publicações de caráter humorístico?

A revista polemiza com uma das vertentes tradicionais do pensamento social brasileiro: a que destaca a tristeza como elemento identificador da nacionalidade. De modo geral, a tristeza é resgatada nessas reflexões como uma espécie de fatalidade, já que resulta da nossa diversidade étnico-cultural — daí a ideia do banzo africano e do saudosismo português. Toda a nossa cultura, segundo a perspectiva da *D. Quixote*, refletiria essa imagem errônea do caráter nacional.

A revista queria modificar tal imagem, e por isso buscou organizar uma "literatura humorística", capaz de reverter esse quadro de valores. Considero que, no caso da *D. Quixote*, o gesto foi mais forte do que a intenção. Em outras palavras: a revista vai além do que suas próprias propostas conseguem explicitar. A *D. Quixote* constrói outra narrativa do cotidiano, da história, enfim, da nossa própria memória cultural; nossas tradições culturais são repensadas a partir da visão satírico-humorística, daí a relevância da publicação e do grupo intelectual que a criou.

Tomar a revista como fonte de análise, capaz de dar expressão e sistematizar determinadas ideias, demandaria constante esforço de "decodificação". Assim, interessava compreender o próprio significado do título da publicação. Contextualizar o personagem D. Quixote em nossa modernidade, analisando sua simbologia, configurou-se então como uma questão-chave. Foi a partir dessas ideias que elaborei o projeto de pesquisa "O Imaginário Brasil-Espanha", por meio do qual obtive uma bolsa CNPq para o Consejo Superior de Investigaciones Científicas, em Madri. Ali pude ter acesso a fontes historiográficas inéditas, que modificaram consideravelmente o rumo de meu trabalho.

Se a proposta inicial era analisar o modernismo no Rio de Janeiro, tendo basicamente como referencial a década de 1920, tornava-se clara a necessidade de reconsiderar a questão. Graças às fontes iconográficas que encontrei nas bibliotecas de Madri, pude detectar pontos de contato entre o nosso modernismo, o da geração espanhola de "98" e o modernismo hispano-americano do início do século XX.

Nossa revista *D. Quixote* adquiriu novo sentido a partir dessa contextualização. Ficou claro que a referida publicação estava integrada a uma rede de pensamento bem mais complexa, que incluía questões comuns à intelectualidade latina de modo geral. O papel do intelectual, metaforizado na figura de D. Quixote, constituía um dos pontos centrais do modernismo latino, e esse eixo pareceu-me extremamente sugestivo para se repensar nosso modernismo.

Interessava analisar o imaginário que nossos intelectuais, e os latinos em geral, estavam construindo sobre a própria figura de D. Quixote: um misto de herói, justiceiro e, paradoxalmente, *clown*, uma imagem que remetia ao universo tragicômico. Ocorre que essa argumentação começou a aparecer em algumas de nossas revistas humorísticas ilustradas já na virada do século XIX para o XX, e tais ideias reforçaram minha perspectiva de trabalhar com uma visão histórica mais ampla, extrapolando o contexto da década de 1920.

Para desenvolver as reflexões que acabo de esboçar, este trabalho foi assim subdividido:

No primeiro capítulo, destaco as modificações introduzidas ao longo do processo modernizador, mostrando como irão influir na dinâmica cultural e na percepção dos intelectuais; analiso especificamente a modernidade carioca, a partir do imaginário construído pela intelectualidade boêmia e pelos humoristas, e enfatizo o caráter fragmentário da modernidade carioca, que transforma a rua em canal de sociabilidade alternativa.

A trajetória do grupo dos intelectuais humoristas cariocas na virada do século XIX para o XX constitui a temática do segundo capítulo. Nele destaco a atuação do grupo nos cafés literários, nas revistas, nas conferências e nos salões de humor, enfatizando sua articulação com as demandas da modernidade. A ideia desse capítulo é ressaltar a trajetória multifacetada desses intelectuais, que atuam nos mais diversos domínios da cultura, tomando o humor como sua visão de mundo e instrumento de comunicação social.

Já o terceiro capítulo tem como eixo a articulação entre caricatura e modernidade, configurando-se aquela como uma das expressões significativas do moderno. Destaco a reflexão pioneira de Baudelaire sobre a importância da caricatura na arte moderna, em especial na Espanha, onde a cultura do grotesco assume papel primordial. Enfatizo ainda o impacto das revistas humorísticas ilustradas como vetor de informação e comunicação com o grande público.

No quarto capítulo mostro como uma de nossas vertentes modernistas se inspira no modernismo espanhol ("geração de 98") e hispano-americano, recorrendo à simbologia da dupla D. Quixote/ Sancho. Tomo por base a reflexão do filósofo espanhol Miguel de Unamuno, que, em 1905, faz uma leitura modernista do clássico de Cervantes, *D. Quixote*. Também analiso algumas obras de escritores hispano-americanos publicadas em diferentes países, que estão voltadas para esse sentido reinterpretativo. Dou especial ênfase à revista *D. Quixote*, através da qual a intelectualidade latina expressa, nas caricaturas e sátiras, sua inserção ambivalente na modernidade.

A revista *D. Quixote* como "lugar de memória" para o grupo dos intelectuais humoristas no Rio de Janeiro é o tema do quinto capítulo. As questões da modernização urbana, da construção de uma memória nacional e historiográfica inspirada no humor são os eixos da parte final deste trabalho.

1. A MODERNIDADE CARIOCA

O ultramodernismo na luta pela vida é passar um ave-plano no comandante de um submarino por um telegrama sem fio.

Emílio de Menezes,
A Imprensa, n. 1426, Rio de Janeiro, 17/11/1911

Perplexidade, *nonsense* e humor: várias são as reações aos inventos tecnológicos que surgem na virada do século XIX para o XX. Emílio de Menezes compõe uma imagem satírico-fantasiosa da modernidade, onde o ar e as profundezas oceânicas se comunicam através do telégrafo. A vida passa agora por um fio invisível...

O certo é que determinadas inovações iriam aparecer como corpo estranho, tornando-se um verdadeiro desafio para o imaginário da época. A automação é um desses valores, inéditos para os padrões da percepção social. As engraçadas charges de J. Carlos publicadas em 1908 na revista *Careta* são sintomáticas: "máquina de pentear macacos" e "máquina de lamber sabão" — o que na gíria da época significava "não me amole", "dê o fora", "arranje o que fazer" passa a ser visualizado através de complicadas peças industriais. Escovas mecânicas descem por uma roldana para pentear macacos, enquanto barras de sabão são produzidas em série, passando também por uma série de línguas. É latente a crítica da visão científico-tecnológica, que concebe a máquina como solução para a problemática humana. O caricaturista ironiza essa ideia inventando máquinas esdrúxulas, cuja função seria a de preencher o próprio vazio e tédio modernos. Automatizando o trabalho humano, a máquina libera um excedente de tempo: tempo para pentear macacos, tempo para lamber sabão...

A banalização do moderno faz rir, aliviando as tensões sociais frente a um universo em constante processo de mutação: é uma forma de familiarizar os leitores com as novas coordenadas de espaço e tempo. Essas novas balizas começam a vigorar com a chamada "cultura do modernismo" que se instaura no final do século XIX, traduzindo um mundo marcado pela mutação dos sentidos e sensações (Karl, 1988). Inovações tecnológicas como o telégrafo sem fio, o telefone, o cinematógrafo, a fotografia, o avião, o automóvel, modificam radicalmente a percepção e a sensibilidade urbanas.

A partir daí, modifica-se a própria consciência do tempo, que passa a ser concebido como matéria abstrata, linear e uniformemente dividido de acordo com as convenções humanas. Em contraposição ao passado, onde o tempo era associado à categoria do eterno e do sublime, agora, com a "cultura do modernismo", ele se transforma em algo exterior ao próprio homem — frações marcadas pelos ponteiros do relógio.

Na França, a construção do sistema ferroviário exigiu uma exatidão jamais vista antes: passou a ser necessário coordenar matematicamente os horários de partida e chegada de cada trem para evitar o congestionamento das linhas, daí a tradição do relógio fixado no frontispício das estações de trem. Foi somente em 1891 que a França, depois de muitos conflitos, conseguiu instituir a hora nacional, ditada por Paris. Os trens, portanto, inauguraram uma cultura na qual a pontualidade passou a ter papel fundamental; a propagação desse "tempo quantitativo" materializou-se nos relógios, no perfil das instituições, e assim foi interiorizado pelos indivíduos, acarretando mudanças significativas no padrão comportamental (Pomian, 1990; Ortiz, 1991).

Porém, toda essa mudança de percepção não se impôs de maneira brusca. Houve reações à padronização e à uniformização. Emílio de Menezes satiriza o editorial de *A Noite*, que diz: "Acertemos os nossos relógios (...) o governo propõe que se adote a hora universal":

> (...) só tenho um relógio muito antigo
> que regula de modo mais perfeito
> Sabem que a penhora sempre adianta
> e o dono do relógio em sede e gula
> Está atrasado e empréstimo levanta.
> (*Imprensa*, 24-8-1911)

A padronização do tempo destoava da visão de mundo do grupo boêmio carioca do qual Emílio de Menezes fazia parte. Avessos a horários e compromissos formais, eles reagiam aos padrões comportamentais impostos pela sociedade que então se modernizava.

O fim da Guerra do Paraguai é frequentemente considerado pelos latino-americanos como um divisor simbólico entre os tempos antigo e moderno. Depois da morte de López, observa Machado de Assis, "não há dúvida de que os relógios andam muito mais depressa". O tempo dispara, as notícias chegam mais rápidas, porém jamais da mesma maneira. O telégrafo traz consigo uma outra realidade.

> Não tínhamos ainda esse cabo telegráfico, instrumento destinado a amesquinhar tudo, a dividir novidades em talhadas finas, poucas e breves. Naquele tempo, as batalhas vinham por inteiro, com bandeiras tomadas, mortos e feridos, números de prisioneiros, nome dos heróis do dia (...). (Machado de Assis, 1894/ 1959, pp. 224-5)

É nítida a percepção de um tempo que foi roubado pela técnica, que abrevia, condensa e sintetiza. Assim, as notícias chegavam em "talhadas finas, poucas e breves". O que Machado parece lamentar é a própria mudança da narrativa, que faz com que os fatos não venham mais "por inteiro", mas aos pedaços. Perde-se assim o relato colorido; a recepção não é mais distraída, prazerosa, se transforma numa atitude atenta e tensa (Sussekind, 1987).

Seriam o imaginário e a subjetividade sacrificados pelo aparato tecnológico do mundo moderno? E se assim fosse, qual seria o lugar da literatura, das artes, do escritor? Essa é a questão que parece de fato provocar inquietação nos intelectuais. O fenômeno é típico dos primórdios da modernidade, quando se observa uma profunda diversificação nos meios de comunicação e a emergência de novas linguagens. Através dos jornais, da fotografia, do cinema, essa linguagem acaba pondo em questão o universo de valores da literatura, da pintura e do teatro. Cria-se, a partir daí, uma tensão entre a chamada cultura erudita e a cultura destinada ao mercado. Há resistências em se reconhecer o "*status* artístico" do moderno.

Na França, em meados do século XIX, essas mudanças provocam um clima de generalizada ansiedade entre os intelectuais. Teme-se que o artista moderno acabe perdendo os traços que o distinguem dos demais: imaginação, colorido, impetuosidade e *finesse*. Indaga-se até que ponto o mundo do comércio não seria demasiado estreito para conter os espaços da imaginação (Seigel, 1992, p. 22).

A modernidade é vivenciada com certa apreensão. Procura-se frequentemente estabelecer linhas divisórias entre as belas artes e as artes ditas comerciais. Em um dos seus escritos, Mário de Andrade distingue o artista do artesão: se a técnica artesanal é imprescindível no trabalho do artista, o mais importante é a solução pessoal. Assim, conclui o autor, é o talento e a criatividade que tornam original a obra de arte. Se o artesanato repete procedimentos, o artista busca sempre a inovação (Andrade, 1938/ 1975).[6]

A invenção da fotografia na França e os acontecimentos que marcaram a sua consagração são exemplo desse choque de valores. Inicialmente, a fotografia é vista com profunda desconfiança pelos pintores, que criticam a percepção mecânica da realidade e o excesso de precisão, acusando-a de comprometer fatalmente a obra de arte. A falta de imaginação é considerada um pecado imperdoável na modernidade. Baudelaire, um dos primeiros artistas a vislumbrar a "cultura do modernismo", destaca a importância inspiradora dos sonhos, e observa que o pintor da vida moderna deve se inspirar na subjetividade e jamais na precisão das formas sugerida pela fotografia (Berman, 1986, p. 36).

Na Exposição Universal de 1855, em Paris, a fotografia foi excluída do salão das artes para integrar o pavilhão dos artefatos industriais. O fato deixa claro o quanto foi conflituosa a integração tradição-modernidade.

Entre o jornalismo e a literatura também se trava polêmica semelhante. A maior parte dos literatos franceses, como Balzac e George Sand, reclama de ter que adequar sua sensibilidade artística às exigências de um mercado que cobrava rapidez, suspense e produção incessante. Em *Fleurs du mal*, no verso dirigido aos leitores, Baudelaire se refere a um mundo regido pelo diabo, que faz desaparecer o rico metal da nossa vontade. Forças invisíveis amaldiçoam o homem, empurrando-o para o tédio e a morte. Se o autor amaldiçoa o progresso e abomina a indústria, também desfruta da atmosfera por eles gerada. Na realidade, o que sobressai em sua obra são as formas opostas de reação. Baudelaire estava exposto a uma mudança brusca, de choque, em todas as suas atitudes (Benjamin, 1975, p. 26). A

---

6 Esta questão foi discutida em "Espaços sensíveis da brasilidade modernista: polêmicas sobre a relação artista-natureza". In: Rosangela Patriota (Org.). História Cultural. 1. Ed, Vol. 01, pp. 12-24. São Paulo: Hucitec, 2013.

modernidade caracteriza-se justamente por esse estado de choque, capaz de desencadear as reações mais distintas.

Frequentemente houve intercomunicação e complementaridade entre os universos artísticos. O fotógrafo Nadar, um dos grandes expoentes da moderna arte francesa, estudou pintura, foi articulista e caricaturista. Era comum que os fotógrafos e artistas frequentassem as mesmas rodas boêmias, mas numa sociedade marcada pela uniformidade de valores, eles, enquanto artistas, faziam questão de marcar sua diferença e originalidade. Baudelaire, que inicialmente hostilizava a fotografia, iria se converter em um dos frequentadores assíduos do ateliê de Nadar (Ortiz, 1991, pp. 90-100; Seigel, 1992).

A polêmica sobre os rumos da arte e o papel do artista na sociedade moderna está inscrita no próprio processo de instauração da modernidade. Exemplo típico é o trabalho "Os trinta valérios", de Valério Vieira, que elabora, em 1890, a primeira fotomontagem no Brasil. Valério, que também era pintor, fotografa a sua própria imagem em 30 poses diferentes. Num momento em que se afirma o valor da fotografia como veículo de informação e documentação, Valério brinca com essa ideia mostrando a possibilidade da imagem técnica tornar qualquer coisa "real" (Sussekind, 1987, pp. 34-35). Dessa forma, questiona-se a ideia da objetividade e da função documentalista que era atribuída à fotografia.

É permanente a tensão entre arte e técnica. Em 1905, João do Rio publicava em *Momento Literário* o resultado de uma *enquête* que havia feito entre os literatos para apurar em que medida o jornalismo seria fator favorável ou não à arte literária. A maior parte dos entrevistados considerou que o jornalismo tinha efeitos prejudiciais sobre a literatura. A argumentação salientava pontos como o rebaixamento da linguagem, a falta de apuro, a pressa, enfim, o empobrecimento da cultura. O próprio João do Rio tinha uma atitude profundamente ambígua com relação à questão. Em *Vida vertiginosa* ele aponta o jornalismo como o esplendor e a miséria da civilização (Antelo, 1989, p. 22). Em outra crônica publicada nessa mesma obra, lamenta o ofício do "homem-sanduíche", que saía pelas ruas "vestindo" cartazes publicitários, como uma imposição do mundo moderno.

A fotografia provoca polêmica sobre o papel do artista na sociedade moderna

Autorretrato de Nadar

Primeira fotomontagem realizada no Brasil, por Valério Vieira, entre 1890 e 1900

Lima Barreto também se insurge contra os "falsos modernos", responsabilizando-os pelo arrivismo e a mediocridade reinantes. De forma distinta, tanto João do Rio quanto Lima Barreto vão se colocar contra o regime republicano, criticando a visão limitada e estreita da sociedade moderna (Carvalho, M.A., 1994, p. 40). No entanto, essa crítica não significava desacordo com a modernidade, mas antes desaprovação dos rumos que ela veio a tomar em nossa sociedade.

As obras públicas de remodelação e saneamento do Rio de Janeiro são acompanhadas com desconfiança, ironia e tiradas de humor. Na época, são inúmeras as caricaturas onde se criticam as medidas de higiene decretadas por Oswaldo Cruz: ironizando o caráter autoritário da medida que determinava a vacinação obrigatória, K. Lixto veste Oswaldo Cruz com a roupagem absolutista de Luís XIV. Substituindo o cetro real pela vassoura e a espada pela seringa, o caricaturista põe na boca do seu personagem a seguinte fala: "*Le Tas c'est moi!*" (*O Malho*, 19-3-1904)

A política sanitarista acaba inspirando modinhas populares, que são insistentemente cantadas nas ruas do Rio. Os habitantes da cidade não se sentem participantes da comunidade política enquanto cidadãos, conforme expressam tão vivamente as caricaturas da época. Os intelectuais, notadamente o grupo dos humoristas ligados às rodas boêmias, participam desse clima de rebelião expressando seu descontentamento em ações políticas concretas, e também através de caricaturas, charges e trovinhas satíricas.

As ruas no imaginário urbano

Cada vagabundo da rua é uma inteligência espontânea, criadora de frases que logo a cidade toda aceita e não sabe criar...

Orestes Barbosa, 1922

Analisando a construção do imaginário urbano carioca em meio ao processo de modernização, Maria Alice Rezende de Carvalho (1994) enfatiza a posição marginal ocupada por parcela expressiva da intelectualidade do Rio de Janeiro nesse processo. As imagens da cidade devem ser compreendidas a partir dessa inserção específica dos intelectuais.

Para a autora, a modernização do Rio de Janeiro não teria produzido uma reestruturação significativa da sociedade, na medida em que esta mostrou-se incapaz de proceder à incorporação dos intelectuais e das camadas populares — constantemente identificadas com o "espectro da desordem", incompatível com a imagem de uma cidade que se pretendia moderna. Enquanto cidade-capital, o Rio de Janeiro viveu de maneira particularmente sensível o clima controverso de instauração da modernidade. Em suma, não foram construídos os canais necessários de participação e expressão social, e esse fato acabou fortalecendo a fragmentação social: as camadas populares passaram a desenvolver seus próprios canais participativos, gerando uma "cidadania paralela" (Silva, E., 1988). Assim, era através dos cortiços, entrudos, Festa da Penha, capoeira e terreiros que elas exprimiam seu senso participativo.

Essa fragmentação social carioca foi analisada por José Murilo de Carvalho (1985, 1987) e tem sido tema recorrente nos estudos sobre a cidade (Chalhoub, 1986; Sodré, 1988; Soihet, 1989; Lustosa, 1993). A ideia é que no Rio não foram construídos elos de integração social, através dos quais os cidadãos pudessem se reconhecer como tais, ou seja, enquanto participantes de uma comunidade política.

Tanto a reflexão de José Murilo de Carvalho (1987), como a de Maria Alice Rezende de Carvalho (1994), chamam a atenção para um mesmo aspecto: a instauração da modernidade no Rio de Janeiro se processou fora da lógica unificadora do mercado. No início da República, o Rio podia ser caracterizado como uma cidade pré-industrial; cerca de 50% da população vivia sem profissão declarada ou de tarefas domésticas, incluindo-se aí biscateiros, camelôs e diaristas. A abolição da escravidão liberou uma mão-de-obra que não foi absorvida pelo mercado, que dava clara preferência aos imigrantes europeus. Parcela significativa da sociedade não se integra ao ritmo e à disciplina do mercado de trabalho, vivendo entre as tênues fronteiras da legalidade e da ilegalidade (Carvalho, J. M., 1987).

Esse sentimento de exclusão também era vivenciado por parcela significativa da intelectualidade carioca, que se recusava a construir uma imagem europeizada da cidade, conforme requeriam os padrões institucionais. É nessa perspectiva que Maria Alice Rezende de Carvalho (1994) estabelece uma analogia entre a experiência desses intelectuais cariocas e a dos intelectuais franceses do *Ancien Régime*. Na França, o antagonismo entre a *Cour* e a *ville* teria ocasionado o crescente isolamento dos intelectuais e membros do Terceiro Estado em relação às elites governantes — a relação dos intelectuais com a cidade acabaria se dando de forma independente do contexto político-social. Às vésperas da Revolução Francesa, a imagem da *ville* materializava um sonho de fuga para outra realidade, fora do controle institucional. Nas narrativas dos intelectuais da época, as fronteiras entre descrição e mito, explicação e apologia, história e lenda são constantemente difusas (Carvalho, M.A., 1994, p. 32).

No Rio essa polarização governo *versus* cidade não se expressava de forma tão aguda como ocorrera na França, mas é inegável a tendência de parte dos intelectuais a construir uma "cidade ideal". Frequentemente elaboradas fora da órbita institucional, essas imagens buscariam antes a "cumplicidade da imaginação" do que o desnudamento das contradições sociais. Através de seus escritos, esses intelectuais também esboçavam uma outra saída fora dos controles institucionais.

A analogia entre a experiência carioca e a francesa, consideradas as devidas diferenças, mostra-se extremamente procedente. Conforme veremos mais adiante, os escritos de Privar d'Anglemont e Baudelaire, assim como a pintura de Toulose-Lautrec, são testemunhos eloquentes dessa ênfase no *bas-fond* como lugar a partir do qual se pensava a cidade moderna.

Nossos intelectuais também se debruçaram sobre o submundo, com a intenção de captar nas ruas um "padrão de sociabilidade alternativo" e uma "ambiência organizadora". É nessa perspectiva que eles vão se identificar com as camadas populares e com a cidade, como parte constitutiva de si mesmos. A cidade se transforma na "casa subjetiva e objetiva", onde a sociabilidade é vivida intensamente no cotidiano (Mafesoli, 1984).

Lima Barreto diz: "A cidade mora em mim e eu nela". Martins Fontes também traduz bem essa ideia da interiorização, afirmando: "Nós éramos a cidade" (Fontes, s.d.).

Essa relação orgânica dos intelectuais com a cidade é de fundamental importância. Na vida social carioca, as ruas são a arena do confronto, o local do trabalho ambulante, do convívio social, da ajuda mútua e da troca de informações. É nesse espaço que as camadas populares constroem seus canais de participação e de organização (Pimenta Velloso, 1990). Não é à toa que no carnaval as ruas são chamadas de "repúblicas", cada uma tendo seu próprio cordão, banda, coreto e grupo de foliões, organização que não se verifica apenas no momento da festa, mas também se faz presente em algumas situações da vida cotidiana. Através do *Jornal do Brasil*, na coluna "Queixas do povo", as camadas populares expressam suas demandas e desacordos. Frequentemente essas queixas partem dos moradores de uma determinada rua, sugerindo-se a possibilidade de uma organização da vizinhança (Silva, E., 1988).

No Rio de Janeiro, portanto, é forte a presença dessas "repúblicas atomizadas"; desde o início do século as ruas já aparecem como temática inspiradora da literatura carioca. As crônicas de Lima Barreto, João do Rio, Benjamim Costallat e Orestes Barbosa buscam seus personagens no cotidiano das ruas e na vida anônima dos transeuntes. Também os caricaturistas Raul Pederneiras, J. Carlos e K. Lixto esboçam os tipos e cenas cariocas a partir desse cenário.

Nas revistas humorísticas ilustradas, a temática de um tipo representativo da nacionalidade ocupa espaço expressivo, como é o caso da revista *Fon-Fon,* que promove concursos de caricaturas sobre o assunto. Em fins do século XIX, o índio vigoroso criado pelo caricaturista Ângelo Agostini vai cedendo lugar ao povo das ruas, retratado pelos caricaturistas de *O Malho*: o português da venda, a empregada mulata, o pessoal da Lira, da Festa da Penha e do carnaval (Silva, M.A., 1990; Lustosa, 1989b).

É, portanto, através das ruas que uma parte expressiva da intelectualidade procura reconstruir a história da cidade, captando-a em suas imagens paradoxais. Fazendo a crônica da cidade, em 1922, Orestes Barbosa (1993) observa que no Rio tudo ocorre às avessas: "Nós temos o prodígio de ser ao contrário do que proclamamos e do que devíamos ser". Se o dístico da nossa bandeira evoca ordem e progresso, vivemos uma experiência inversa, e esse desencontro de perspectivas entre realidade e imaginário faz-se presente no próprio nome das ruas. Assim, a rua da Saúde é pestilenta, a rua da Harmonia vive em luta, enquanto na ladeira do Livramento é difícil escapar de um assalto a mão armada (Barbosa, 1922/ 1993, pp. 93-94)

O título da sua obra *Bambambã*, publicada em 1922, traduz o lado marginal da nossa modernização. Nele, evoca-se a conhecida gíria para designar a figura do valentão, ou *bamba*, e sugere-se também a onomatopeia dos ruídos da malandragem (Gens & Carvalho Gens, 1993, p. 13). Na crônica "A origem da malandragem", Orestes Barbosa constrói a imagem do malandro, identificando-se com ela; explica que o malandro não é ocioso, pois trabalha a seu modo. Ele sai da figura interessante do garoto de rua, na qual o autor se reconhece.

Desde fins do Segundo Reinado, quando começou a surgir o conceito de vadiagem, o malandro já estava associado ao ocioso, pervertido e viciado. A dificuldade de se estabelecer uma ordem social capitalista na cidade do Rio de Janeiro acabou transformando "a rua em verdadeiro espaço de guerra" (Chalhoub, 1986). Essa temática aparece frequentemente nas crônicas literárias que buscam resgatar as ruas e seus tipos como espaço configurador de uma outra ordem. Orestes Barbosa se refere à figura do malandro como o esperto, aquele que trabalha a seu modo, e mostra sua familiaridade com o universo turbulento das ruas, apontando-o como detentor de uma lógica própria. No Cinematógrafo, João do Rio enfatiza a necessidade de se escrever a história do "ventre do Rio", habitado por pessoas que falam um "calão próprio" e "vivem separadas da cidade" (Magalhães Júnior, 1978). Em seus escritos, o autor descreve as pinturas murais dos bares e becos, a música das esquinas e as profissões não reconhecidas pelo mercado, como a dos selistas, ciganos, tatuadores e trapeiros.[7]

O jornalista Privat d'Anglemont, que colaborava com

---

7 O tema da cultura das ruas a partir dos cronistas e caricaturistas está discutido em *A cultura das ruas no Rio de Janeiro: mediações, linguagens e espaço*. 1. ed 2004, reeditado em 2014 (Rio de Janeiro: FCRB).

Baudelaire no jornal boêmio *Corsaire Satan*, faz um relato minucioso do *bas-fond* parisiense, descrevendo os pintores de cartazes, músicos de cafés baratos e artistas mambembes como pessoas que moldavam o mundo com sua imaginação. Ressaltando a originalidade dessas formas de sobrevivência, o autor critica a homogeneização e rigidez impostas pela moderna sociedade industrial.

Essa temática, também marcante entre os nossos cronistas, denota um sentimento de perplexidade frente a um mundo que destrói laços afetivos, lugares, paisagens, substituindo-os pelo tempo avassalador da modernidade. (Hardman, 1992)

É patente nesses autores a ideia de se pensar a cidade e, por extensão, o próprio país, através de suas ruas, que se apresentam como espaço pleno de significado e gerador de formas culturais inéditas, revelando a existência de uma população que se mantinha desconhecida aos olhos da República modernizadora. O submundo, a marginalidade, a boemia e as ruas constituem espaço expressivo para se pensar modernidade brasileira, notadamente a do Rio, onde a exclusão social seria vivenciada de forma mais aguda.

Os intelectuais cariocas que dão ênfase às ruas enquanto canal de sociabilidade, e mesmo de aprendizagem, recusam, ao mesmo tempo, a ideia de um movimento literário organizado. É provável que essa recusa tenha a ver com uma imagem indesejada da literatura, associada à vida oficial e burocrática. No imaginário desses intelectuais, a ideia de um projeto remetia à de sua institucionalização, o que significava perda de originalidade e, sobretudo, comprometimento. É nessa perspectiva que eles preferem falar da descoberta da cidade, de seus lugares e de seus tipos como ponto de partida para uma reflexão mais ampla.

Em suas crônicas, Manuel Bandeira (1937) resgata algumas figuras emblemáticas da cidade, como José do Patrocínio Filho, K. Lixto e Donga; é por intermédio delas que o autor fala da alma da cidade. Em José do Patrocínio, destaca a capacidade inesgotável de improvisação, invenção e boemia; já em K. Lixto, com sua elegância e senso apurado de humor, vê a corporificarão do Rio antigo; finalmente, em Sinhô, percebe o "traço ligando os poetas, artistas, enfim, a sociedade fina e culta as camadas populares e ralé urbana".

O quadro apresentado por Bandeira oferece elementos sugestivos para pensarmos a constituição do próprio imaginário da modernidade carioca. A ideia de rebeldia e de experiências culturais diversas destaca-se logo à primeira vista: o *malandro boêmio* com sua "graça vivaz" (Patrocínio); o *aristocrata* que, na sua insistente diferença, se insurgiria contra a banalidade burguesa (K. Lixto); e a figura do *popular* (Sinhô), que seria capaz de unir, através da música, os diversos segmentos sociais.

Falando sobre seu livro de poemas *Libertinagem*, considerado obra expressiva do modernismo, Manuel Bandeira argumenta que não o teria escrito se não fosse a convivência diária com o círculo de seus amigos boêmios. Destaca, então, a presença de Jaime Ovale, Dante Milano, Osvaldo Costa e Geraldo Barroso do Amaral. Poemas como "Mangue", "Macumba do Pai Zulu", "Noturno da Lapa" e "Na boca" seriam resultado, segundo seu depoimento, da convivência do grupo entre si e da comunhão com a cidade. Seria a partir dessa experiência extraída do cotidiano que o grupo passaria a se corresponder com o conjunto da intelectualidade do país, intercambiando ideias (Costa, 1979).

Em seu depoimento, o poeta Dante Milano também reforça essa imagem do grupo. Ele conta que sua roda de amigos, que se reunia no Bar Nacional, nada tinha de literária, eram estudantes, jornalistas, músicos e artistas boêmios. Em meio a eles se destacava a figura do poeta Manuel Bandeira (Costa, 1979).

No imaginário urbano do Rio, é nítida a insistência nos temas da espontaneidade, da informalidade e do inconformismo, que aparecem como essência constitutiva do carioca (Carvalho, M. A.,1994). Avessos à ideia de movimento, organização e projeto, os intelectuais frequentemente imaginam um outro espaço de instauração do moderno; sua ligação com as camadas populares e com a marginalidade acaba se transformando numa espécie de álibi, que dá sentido e justifica a própria existência do artista moderno. Em 1974, por ocasião do centenário de nascimento do caricaturista Raul Pederneiras, essa argumentação se fez presente. Referindo-se a Raul e a K. Lixto como "depositários completos do seu tempo", Álvaro Cotrim observa:

> Menos interessados em política, [eles] tiveram ligações de profundidade com o ambiente: a cidade e o povo. Foram visceralmente cariocas e organicamente de sua época. (Cotrim, 1974)

Vivenciar a comunhão com a *cidade* e o *povo* — esta é a visão baudelairiana do papel do artista moderno, refletir sobre a cidade andando pelas suas ruas, experimentar o contato com as sensações mais bizarras, transfigurar, enfim, o imaginário em arte. Este perfil do artista moderno encontra repercussão profunda entre os intelectuais boêmios cariocas, e tais ideias apontam para a necessidade de se pensar mais cuidadosamente a modernidade carioca, desvinculando-a da ideia de um movimento cultural organizado e com marcos temporais definidos.

A meu ver, a matriz de pensamento que pressupõe a existência de um movimento para dar conta do moderno se arrisca a não dar conta da dinâmica social. E é justamente no bojo dessa dinâmica que devem ser buscadas as diferentes formas de manifestação da modernidade.

Redimensionando o moderno

A associação, às vezes involuntária, que frequentemente se estabelece entre os conceitos de *moderno, modernidade* e, especialmente, *modernismo*, de um lado, e a experiência paulista de 1922, de outro, acabou produzindo visões demasiado generalizantes. Em decorrência, temos as ideias de "pré-modernismo" ou "vazio cultural", que explicariam o período da virada do século XIX para o XX. Nesses conceitos está subjacente a ideia de um referencial externo: "pré" e "vazio" em relação a quê?

A história da literatura contribuiu em parte para a difusão dessa visão. O ano de 1922 — ou o período imediatamente anterior — é visto como o grande referencial explicador. Assim, o que aconteceu de moderno na sociedade brasileira nas primeiras décadas do século XX é considerado uma espécie de "premonição dos temas de 1922".

Nesta perspectiva, associa-se o desenvolvimento industrial à vanguarda estética e ao modernismo, e se essa associação é procedente, há que se reconhecer seu caráter simplificador e generalizante. Essa nova perspectiva conduz, por sua vez, à necessidade de uma revisão crítica desses conceitos, inserindo-os na dinâmica histórica.

O estabelecimento de uma articulação entre o antigo e o moderno, e o reconhecimento da dinâmica recíproca e interativa entre esses termos, enfim, a reavaliação da "tradição de ruptura" (Santiago, 1989), denotam um esforço reflexivo em relação à temática. Nessa reflexão, busca-se deslocar os marcos temporais que foram consagrados pela nossa tradição cultural. Isso significa que o ano de 1922 — visto como marco simbólico de instauração do moderno brasileiro — passa a ser relativizado e reexaminado.[8]

É mais convincente pensar 1922 como um momento de confluência de ideias que já vinham sendo esboçadas pela dinâmica social, e é nessa perspectiva que Jardim de Moraes (1979) mostra o movimento modernista dos anos 1920 como resultado de um pensar filosófico já inscrito em nossa tradição cultural, que já estaria presente desde o início do século através dos escritos de Graça Aranha.

Para entender o processo de instauração do modernismo é necessário, então, percorrer um outro caminho: como a ideia e os valores da modernidade foram sendo vivenciados, sentidos e postos em prática pelos intelectuais brasileiros? Por meio de

---

8 Este tema foi retomado no livro *Historia e Modernismo*. Belo Horizonte, Autêntica, 2010.

que dimensões políticas, sociais e filosóficas eles registraram o impacto das várias temporalidades em choque?

Assumir essa perspectiva de análise significa pensar os acontecimentos históricos na sua multidimensionalidade, na qual as tradições do passado se entrecruzam com o presente, já apontando para o futuro. Assim, o modernismo passa a ser compreendido como um processo que vai acarretando mudanças significativas de percepção do tempo e do espaço, fazendo coexistirem múltiplos valores culturais.[9]

No Rio de Janeiro, essa coexistência de temporalidades é particularmente expressiva. Já vimos como os intelectuais cariocas se mostram rebeldes à ideia do moderno enquanto movimento literário, recusando a existência de uma literatura moderna em oposição marcada às correntes literárias anteriores. Quando convidado a participar do movimento paulista de 1922, Manuel Bandeira argumenta que não poderia fazê-lo porque era simbolista e, para ele, o simbolismo era moderno (Gomes, R., 1994). Assim, não houve no Rio propriamente um movimento de vanguarda, organizado em torno da ideia de moderno. O moderno é construído na rede informal do cotidiano, conforme enfatiza Lustosa (1993). A autora chama a atenção para um aspecto importante: se os intelectuais boêmios cariocas conseguem consagrar a irreverência como tradição cultural, esta não é reconhecida enquanto expressão dotada de valor artístico e literário. Seu papel restringe-se à mera distração e deleite social (Lustosa, 1993, pp. 71-72). Essa perspectiva de análise reforça a necessidade de se resgatar a história do cotidiano carioca, através da qual poderemos recuperar a trajetória dos boêmios em sua sintonia com o moderno.

Minha proposta de análise se insere nesta linha reflexiva: a de pensar a modernidade como um processo que começa a ser gestado na sociedade brasileira na virada do século XIX para o XX. Para fazê-lo, analisei a produção cultural carioca, marcando suas especificidades.

---

[9] O tema foi retomado em "O moderno e a questão nacional". In: Jorge Ferreira & Lucília de Almeida Neves (Org). *O Brasil Republicano*. Vol .1, pp. 351-386. Rio de Janeiro: Civilização Brasileira, 2003.

Há que se destacar a profunda heterogeneidade do campo intelectual do Rio de Janeiro, em função do entrecruzamento de várias experiências e influências culturais. A história dos primórdios da República é indissociável da história da cidade, que vai exercer influência significativa sobre o mundo da cultura.

Meu interesse está em analisar o significado mais profundo do modernismo. Não quero, convém esclarecer, discutir por que o modernismo ocorreu em São Paulo e não no Rio de Janeiro. Assumir tal procedimento seria incorrer em uma visão limitada, quando o propósito é buscar novos rumos para a discussão.

Não se trata de discutir a hegemonia de uma ou outra cidade na condução do movimento, mas sim perceber como esse movimento veio a assumir modalidades distintas em função do contexto cultural que lhe deu origem. Neste sentido, mas só neste sentido, é que me interessa questionar o marco de 1922 como referencial exclusivo da instauração da modernidade brasileira — trata-se de relativizar o papel de São Paulo dentro do movimento e atentar para outras modalidades e dinâmicas, enfim, outros sinais de modernidade no conjunto da sociedade brasileira.

Esses sinais de modernidade também ocorreram em São Paulo bem antes do movimento de 1922, e certamente terão ocorrido em outras capitais do país, conforme vem mostrando a historiografia. Essa linha reflexiva tem inspirado alguns trabalhos, notadamente nas áreas de história e literatura. Enfatizando o modernismo enquanto processo dinâmico, essas análises se ocupam em resgatar as diversas manifestações sociais através das quais se veicula a ideia de moderno.

Expressões fragmentárias, ambíguas e efêmeras, as crônicas de João do Rio, Lima Barreto e Marques Rebelo são analisadas enquanto representação da cosmovisão moderna (Antelo, 1989; Resende, 1993; Gomes, 1994). O papel das inovações tecnológicas e dos meios de comunicação como responsáveis pela mudança dos padrões de percepção e sensibilidade sociais constitui outra vertente expressiva dessa reflexão (Sussekind,

1987 e Hardman, 1988); ressalta-se também o impacto da linguagem visual e do humor enquanto forma de expressão social dos intelectuais em sintonia com a modernidade e a nacionalidade (Silva, M.A.,1990; Moraes Belluzo, 1992; Lustosa, 1993).

Embora de maneira diferenciada, essas análises remetem para uma questão comum: a necessidade de reexaminar o modernismo nas suas diferentes nuances culturais. Assumir essa perspectiva significa ressaltar a complexidade do fenômeno, deixando de compreendê-lo enquanto experiência homogênea e uniforme e procurando captar as diferentes expressões através das quais pode falar o moderno.[10]

A partir dessas ideias, proponho desenvolver minha reflexão adotando os procedimentos abaixo:

> — descontextualizar o modernismo da década de 1920, pensando-o preferencialmente enquanto processo que se instaura na dinâmica social;
> — desvincular o modernismo da ideia de movimento cultural organizado por uma vanguarda intelectual;
> — reavaliar a inserção dos intelectuais cariocas na dinâmica do cotidiano urbano.

Situo o modernismo, portanto, na dinâmica cotidiana que abrange desde os "pequenos gestos" de sociabilidade intelectual, passando pelas expressões escritas e visuais, e o humor se configura como uma dessas expressões comunicativas. A maioria dos estudos que elegem o humor como objeto da reflexão o considera uma linguagem afinada com as demandas da modernidade, mas, de modo geral, não o engloba numa vertente mais ampla de pensamento — é para esta lacuna que desejo chamar a atenção. Por que não pensar o humor como elemento integrante da modernidade brasileira? Por que não distinguir esse aspecto tão expressivo?

---

10 Sobre o tema, consultar a revista *Artelogie*, n. 1. Paris: EHESS, 2011, *Dossier thématique : Brésil, Questions sur le modernisme*, disponível em http://www..artelogie.fr.

A visão anárquica da realidade, a irreverência frente a determinados valores da nossa tradição cultural, a ideia de avesso, de desordem e de confusão são historicamente recorrentes. Frequentemente, o imaginário humorístico faz-se presente na nossa própria narrativa sobre as origens da nacionalidade, como nessa imagem extraída de uma das crônicas de Stanislaw Ponte Preta, que traduz um dos sentidos mais expressivos da nossa nacionalidade, o humor, com seu aguçado senso de anarquia e irreverência: "Pedro Álvares Cabral ao fugir da calmaria encontrou a confusão, isto é, encontrou o Brasil". Talvez por seu caráter profundamente inquietante, desestruturador, e até caótico, esse sentido ainda não foi integrado como parte constitutiva da nossa modernidade.

Aqui reside o sentido desta reflexão: resgatar a trajetória de um grupo de intelectuais que, na virada do século XIX para o XX, estão pensando a nacionalidade através do humor. Nesse grupo se incluem Bastos Tigre, Emílio de Menezes, Lima Barreto, José do Patrocínio Filho, Raul Pederneiras, K. Lixto, J. Carlos, Storni, Yantok e Julião Machado. E como sua produção se articula com as demandas da modernidade? Como eles pensam, sentem e integram o moderno? Enfim, como vão construir a imagem do nacional? De que forma podemos reconhecê-la na atualidade?

Em termos de análise o ponto de referência é a cidade do Rio de Janeiro, mas desde que se tenha clara a perspectiva de extrapolar essa realidade, ou seja, pensar a cidade através de suas ruas é uma das especificidades do modernismo carioca, mas não é traço exclusivo seu. Em São Paulo, as crônicas de Juo Bananère e as caricaturas de Voltolino também se constroem a partir dessa perspectiva.

Trata-se, portanto, de uma tentativa de repensar o termo "moderno", buscando seu sentido na dinâmica do cotidiano, e a trajetória dos intelectuais humoristas cariocas mostra-se especialmente sugestiva para essa abordagem. O grupo participa de maneira intensa na imprensa, colaborando diariamente nos jornais e revistas. Registrando suas impressões imediatas sobre os acontecimentos, através de uma linguagem ágil e comunicativa, eles estão em posição privilegiada para construir o imaginário cotidiano da cidade e da nacionalidade.

2. Cafés, revistas e salões: microcosmo intelectual e sociabilidade

> *Por que havemos de viver longe uns dos outros, quando sabemos que a verdadeira força da nossa triste humanidade está na sociabilidade, na troca mútua de ideias?*
>
> Lima Barreto, 20/05/1911

As palavras de Lima Barreto não exprimem apenas a solidão existencial de um indivíduo; também captam com sensibilidade o estado de espírito que marcava parcela expressiva da geração intelectual brasileira nas primeiras décadas do século XX.

Desde o governo Floriano Peixoto (1891-94) abrira-se o fosso entre o universo da política e o dos intelectuais. Marginalizados da vida social, estes últimos acabaram construindo seus próprios espaços de atuação. A "República das Letras" tornou-se uma espécie de entidade, funcionando de acordo com seus valores e símbolos; da mesma forma que a República teria suas instituições, a "República das Letras" faria vigorar as suas, através dos cafés, livrarias, confeitarias, revistas e salões, da rua do Ouvidor e da Academia Brasileira de Letras. Assim, os intelectuais se organizaram em grupos de choque e de mútuo apoio, compondo as igrejinhas ou as "*coteries* literárias" (Machado Netto, 1973).

Em fins do século XIX, a configuração do campo intelectual carioca pode ser delineada da seguinte forma: o grupo da Livraria Garnier, que se polariza em torno da figura de Machado de Assis; os nefelibatas ou simbolistas, liderados por Cruz e Sousa; e o grupo boêmio, reunido sob a liderança de Paula Nei. Este último, particularmente, seria o mais atingido pela repressão florianista: José do Patrocínio foi deportado e Guimarães Passos e Luís Murat fugiram para a Argentina, enquanto Bilac refugiou-se em Minas Gerais. Pardal Mallet morreu, e Paula Nei desapareceu dos antigos pontos de reunião. O grupo se fragmentou, e, durante dois anos seguidos, praticamente desapareceu do cenário público (Machado Netto, 1973, pp. 95 e 135).

Mas o período da boemia não terminara de fato, e iria prolongar-se até as vésperas da Primeira Guerra Mundial. A emergência de uma nova sociedade, baseada nos padrões utilitários e burgueses, consagraria o mundanismo literário, os salões e a figura do *dandy*. As inovações seriam vividas com euforia. A literatura tenderia a se transformar paulatinamente em uma profissão como outra qualquer; tudo teria o seu preço fixado pelas leis do mercado.

Essa mudança de valores não se processou, porém, de forma linear, transparente e ininterrupta. Ao contrário, foi um processo lento, no qual muitas vezes iriam coexistir valores aparentemente distintos. Os limites entre boêmios e *dandies* são difusos: frequentemente, aquele que se apresenta como *dandy* tem atitudes boêmias e vice-versa. Artísticos, jovens, independentes, inventivos ou suspeitos, os atributos boêmios são aspectos recorrentes da vida moderna. Entre nós, tanto o boêmio quanto o *dandy* são testemunhas da modernidade, delatando a falta de espaço do escritor e lutando pela delimitação de um campo intelectual (Seigel, 1992; Antelo, 1989).

Essa questão é de suma importância quando estabelece a relação entre boemia, modernidade e intelectuais. No presente capítulo pretendo exatamente analisar o universo dos valores boêmios, para ver como se articulam com a experiência da modernidade. Os intelectuais buscam na sociedade emergente espaços capazes de exprimir o espírito da modernidade, do qual se acreditam portadores. Seigel reforça a intrínseca relação entre o fenômeno da boemia e o da modernidade; se há elementos universais e eternos na boemia enquanto estilo de vida, como fenômeno social ela pertence à era moderna, ou seja, ao mundo moldado pela Revolução Francesa e pelo crescimento industrial (Seigel, 1992, p. 13).

Baudelaire se fizera boêmio ao intuir que, através dessa experiência, poderia captar a relação entre arte e a realidade sob as condições modernas (Seigel, 1992, p. 102) — esta é uma pista importante para reflexão. Buscando transformar sua vida em obra de arte, o boêmio experimenta em si as sensações do moderno: concisão, intensidade, brevidade.

Em *Nós, as abelhas*, comparando o trabalho do artista ao das abelhas, Martins Fontes (s.d.) destaca a intrepidez diante da morte, a criatividade, a engenhosidade e o talento. Assim, o artista moderno é um servidor da arte, um operário da beleza e um escravo da amizade, observa ele.

Criatividade, intensidade, brevidade, dedicação, pacto de fidelidade — esse universo de valores é também o universo de onde deve emergir a obra de arte moderna; vida e obra passam a compor uma unidade indissociável. Prefaciando a obra de Theo-Filho, *Annita e Plomark: aventureiros*, José do Patrocínio Filho (1923) faz analogia entre a vida do autor — cheia de aventuras inverossímeis, violências, paixão e sensualismo — e sua obra. Ao artista moderno só resta uma saída: aventurar-se no desconhecido, entregar-se inteiramente à arte, na perspectiva de experimentar as sensações, interrogações e perplexidades do ritmo moderno.

No Rio, cidade-capital, o impacto dessas mudanças é vivenciado de maneiras distintas. De modo geral, os intelectuais se mostram cindidos entre o sentimento de esperança e o de desencanto. As inovações tecnológicas e industriais acenam para o advento promissor de uma nova era, produzindo um clima de otimismo e confiança. Em 1900 comemora-se o 4º Centenário da Descoberta do Brasil, o que favorece o surgimento de uma verdadeira onda de patriotismo. Em maio inaugura-se, em grande solenidade cívica que conta com a presença do presidente de Portugal e de outras autoridades lusas, um monumento a Cabral. O ano de 1900 é, portanto, um ano emblemático, no sentido de que se tenta resgatar as tradições e os símbolos da nacionalidade. Também nesse ano foi lançada *A pátria*, de Alfredo Varella; em 1901, a obra de Afonso Celso, *Por que me ufano de meu país*, entra em sua segunda edição, e na mesma época o Instituto Histórico e Geográfico Brasileiro institui concursos literários sobre a história pátria.

Mas esse clima ufanista não é compartilhado indistintamente; parcela significativa da intelectualidade permanece reticente, é patente seu sentimento de exclusão. "Esta não é a República dos meus sonhos" — a frase iria tornar-se uma espécie de emblema para várias gerações de intelectuais.

A República trouxera grandes expectativas de renovação política e de participação para setores da população antes excluídos do jogo político. Um mês depois de sua proclamação, um grupo de intelectuais cariocas, liderado por José do Patrocínio, enviou manifesto de apoio ao governo provisório, referindo-se à "aliança entre os homens de letras e o povo" (Carvalho, J. M., 1985, p. 125). Porém, pouco depois, o regime começaria a deixar claro que o sonho de uma nova sociedade não necessariamente se concretizaria com a República...

De fato, em seus 10 primeiros anos (1889-1899), o regime viveu um período extremamente conturbado, sendo volta e meia colocada em questão sua própria legitimidade. Foi conflituoso o hiato entre a ruptura do regime imperial e a construção de um novo universo simbólico, destinado a legitimar a República. Monarquistas e republicanos se batiam incessantemente, cada qual tentando construir sua versão dos fatos.

Se o novo universo simbólico não foi capaz de conferir legitimidade à nação republicana, os monarquistas tampouco foram suficientemente fortes para restaurar a monarquia. Oliveira (1989) argumenta que os monarquistas acabaram saindo vitoriosos no que se refere à sua interpretação do Brasil: de 1889 até a década de 1920, predominariam as visões pró-Império expostas por intelectuais como Rocha Pombo, Joaquim Nabuco e Oliveira Lima (Oliveira Lima, 1989, pp. 85-86). Essas interpretações indicam a complexidade das ideias que mobilizavam o panorama intelectual da época. A imagem de uma República-consenso, respaldada pela legitimidade pública, mostra-se, portanto, insustentável.

Exclusão da vida política, perplexidade frente às exigências e valores de uma nova sociedade, otimismo e ceticismo: esses sentimentos ambíguos são experimentados por parcela significativa dos intelectuais ao longo do processo modernizador, mas, de modo geral, os estudos historiográficos não mencionam esse pensar dúbio e contraditório. Assim, as construções baseadas em um pensamento mais criativo e, portanto, capazes de incluir a própria desordem e perplexidade, acabam passando despercebidas, ou mesmo sendo desconsideradas enquanto objeto de análise.

No entanto, são justamente essas reflexões que ajudam a esclarecer muitos aspectos desconhecidos da nossa história social. Nem sempre a modernidade foi vivenciada com um sentimento de euforia, ao contrário, apresentou-se frequentemente como algo ainda incompreensível para as consciências pensantes da época. Para alguns intelectuais, o momento trazia uma indagação crucial quando colocava em questão seu próprio destino e o da nacionalidade.

Essa visão desencantada e ética da modernidade se faz presente em autores tão distintos entre si como Machado de Assis, Gonzaga Duque e Lima Barreto. Discordando da visão cientificista e positivista, esses intelectuais reforçam seus elos com a subjetividade e o intimismo. Num cenário em ruínas, buscam arrancar novas formas de expressão artística (Lins, 1991). Essa ideia de extrair a criatividade do caos é vivenciada particularmente pelos simbolistas, para os quais a arte se apresenta como saída possível frente aos desafios do mundo moderno.

Este é um aspecto importante: a discordância entre os intelectuais quanto à concepção do que seja *moderno*. Desde o fim do Império os chamados "homens de ciência" ligados às instituições oficiais — misto de cientistas e políticos, pesquisadores e literatos, acadêmicos e missionários —, buscam passar a imagem moderna, industriosa, civilizada e científica da nacionalidade. Essas diferentes percepções — *moderno-ciência* e *moderno-estética* — acabam acarretando uma disputa entre os "profissionais da ciência" e os "homens de letras". Os primeiros se autodefinem como lutadores, defensores do progresso científico da nação, e ao mesmo tempo criticam seus colegas por se manterem afastados dos problemas mais imediatos do país (Moritz Schwarcz, 1993, pp. 32-40). Já o grupo que associa o conceito de moderno ao de estética, reforçando os caminhos da subjetividade, se opõe aos padrões de pensamento imediatistas e utilitários.

A modernidade comporta duas avaliações sobre o progresso: uma defende a vitória do saber e do conhecimento, acreditando que a história do Ocidente cumpre uma trajetória de igualdade e racionalidade; e outra, desconfiando dessa visão triunfal da história, enfatiza as consequências pesadas do progresso, que acarretaria a anomalia e a alienação (Oliveira, 1990, pp. 35-36). O grupo dos intelectuais boêmios, de modo geral, tende a identificar-se com essa visão crítica do progresso.

Em 1904, o crítico de arte Gonzaga Duque é retratado pelo pintor Seelinger com um grupo de amigos, no quadro intitulado "Boemia". Num ambiente escuro e enfumaçado, os intelectuais bebem, conversam e fazem música (Lins, V., 1991, p. 27-34). A cena é expressiva; se retrata a sensação de confinamento vivenciada por esses intelectuais, mostra também os vínculos entre arte, boemia e modernidade. É do "gueto" intelectual que saem os acordes da criatividade, as expressões da arte moderna.

Gonzaga Duque, enquanto crítico, expressaria aguçada sensibilidade para os desenhos caricaturais, identificando a agilidade de seus traços como expressão da modernidade. No início do século XX, em maio de 1901, a Revista Contemporânea lhe dedica um número especial, em que Raul Pederneiras colabora com uma série de caricaturas e K. Lixto faz a capa. Isso sinaliza a afinidade existente entre o grupo simbolista representado por Gonzaga Duque e os caricaturistas.

Para esses intelectuais dissidentes, a nova sociedade só poderia emergir após uma violenta comoção interna de valores, e por isso aplaudem o emprego da dinamite e do punhal na recomposição da sociedade moderna (Edmundo, 1957, p. 681).

Essa imagem de explosão, aliada à busca aflitiva de novas formas de expressão cultural, é de fundamental importância na modernidade. Os boêmios se faziam conhecidos na época por recorrerem a uma linguagem bélica, em que criam o punhal-pilhéria, o florete-sátira e a adaga-artigo de fundo (Machado Netto, 1973, p. 111). É frequentemente por meio da ironia, do humor e da caricatura que buscam expressar sua visão de mundo.

Em minha reflexão, trabalharei com um grupo de intelectuais cuja produção cultural, desde finais do século XIX até as primeiras décadas do século XX, fez-se marcar pelo caráter satírico-humorístico. O grupo está vinculado aos boêmios que tiveram Paula Nei e José do Patrocínio como líderes em meados do século XIX. Embora esses personagens se vinculassem a uma geração anterior — Paula Nei e Pardal Mallet morreram no final do século XIX e Patrocínio em 1905 —, eles teriam importância fundamental na formação intelectual do grupo, funcionando como verdadeiros referenciais.

Uma geração não se reduz apenas a "comunidade de idade", mas define-se, sobretudo, pelo sentimento de união em relação a determinadas ideias (Jaeger, 1985; Pluet-Despatin, 1992, p.133). É importante assinalar essa perspectiva de análise, pois é a partir dela que se constrói minha reflexão: se esse grupo de intelectuais é extremamente heterogêneo em termos de idade, é inegável sua sólida vinculação no que se refere a uma filosofia de vida. Parodiando os tradicionais parâmetros de organização intelectual, Paula Nei (1889) explica por que seu grupo é unido e funciona:

— Nos conhecemos todos uns aos outros e nos apreciamos mutuamente, mesmo quando brigados;
— Cada um de nós conserva o direito de fazer tudo o que quiser, contanto que não incomode o seu vizinho;
— Nos conservamos sem programa, ao azar das circunstâncias;
— Nenhum de nós faz discursos... (*O Meio*, 5/10/1889)

Essas ideias não são uma simples brincadeira inconsequente; na realidade, expressam uma determinada percepção da organização intelectual inspirada no humor e no espírito de irreverência, enfatizam a maleabilidade, o individualismo e as relações pessoais. Na virada do século XIX e primeiras décadas do século XX, há um grupo de intelectuais que efetivamente se congrega em torno delas: o que une Bastos Tigre, Emílio de Menezes, Lima Barreto, José do Patrocínio Filho, Raul Pederneiras, K. Lixto, J. Carlos, Storni, Yantok e Julião Machado enquanto grupo é a visão satírico-humorística da nacionalidade, expressa através de caricaturas e escritos.

Minha maneira de trabalhar com esses intelectuais se inspira na reflexão de Trebich (1992). Recusando as fronteiras externas como referenciais para a análise dos intelectuais, o autor prefere destacar a *especificidade* do grupo, enquanto fator que interfere diretamente em sua organização e sociabilidade. É sob essa perspectiva que enfatiza a produção *sui generis* do grupo, que lida com um universo extremamente específico, composto de símbolos, ideias, enfim, um universo abstrato e não tangível. A partir justamente desse universo é que Trebisch (1992) procura reconstituir a organização do grupo e os canais pelos quais ele veicula a sociabilidade e estabelece suas relações com o conjunto da sociedade.

Trata-se, portanto, de privilegiar *le petit monde* composto por capelas, clãs, em suma, o microcosmo. Na "República das Letras" organizada em torno das revistas, cafés, conferências e salões de humor, vamos encontrar elementos para reconstituir a trajetória do grupo de intelectuais humoristas e caricaturistas. Como esse grupo se posiciona dentro da sociedade? Por que elege a linguagem humorística e a caricatura como sua forma de expressão social? De que maneira, enfim, esse "microcosmo" se articula e interfere na vida cotidiana da cidade e da nacionalidade?

Em meados do século XIX e início do século XX, os boêmios constituíam um grupo compacto e bastante expressivo socialmente. O fato de eu ter selecionado apenas alguns nomes do grupo não revela dissidências internas nem divergências de pensamento, ao contrário: nessa época, os boêmios constituíam um grupo relativamente coeso e unido, que lutou em conjunto pela Abolição e pela República acreditando no advento de uma nova sociedade, de bases mais democráticas. Os caricaturistas e cronistas humoristas estavam unidos, trabalhando nos jornais e revistas.

Entre outras provas disso, em 1890, Pardal Mallet e Bilac escreveram para a *Gazeta de Notícias* um romance-folhetim onde caricaturavam personagens da história imperial. O seriado foi publicado semanalmente, tendo títulos curiosos como "O esqueleto", "Mistérios da casa de Bragança" ou *"Le roi s'amuse"*. Em maio de 1895, Bilac e Julião Machado dirigiam a revista *A Cigarra,* de propriedade do banqueiro Manuel Ribeiro. Já em janeiro de 1896, encontramos a dupla presente na direção de outra revista ilustrada, *A Bruxa* (Magalhães Júnior, 1974, pp. 127 e 189). Também Bastos Tigre, Emílio de Menezes, José do Patrocínio Filho, Raul Pederneiras eram amigos de Bilac e Coelho Neto; frequentavam as mesmas rodas literárias, os mesmos salões, e frequentemente colaboravam nas mesmas publicações.

Portanto, se privilegiei como objeto de análise alguns dos intelectuais boêmios, foi porque iriam manter presente, ao longo de quase três décadas, um retrato do Brasil inspirado no humor e na sátira. O humor se coloca como um dos sinais mais expressivos da modernidade carioca, funcionando como polo unificador e de identidade intelectual. Pelo seu caráter de impacto, condensação de formas, ilustração do cotidiano e agilidade na comunicação, apresenta-se como uma linguagem amplamente identificada com as demandas da modernidade.

Conforme veremos adiante, se na virada do século XIX para o XX o humor funcionava como uma espécie de denominador comum para a intelectualidade carioca, em meados da década de 1910 a coisa começaria a mudar de configuração. Daí a singularidade desse grupo, que insistia em manter a perspectiva do humor no seu retrato do Brasil, integrando-a como tradição cultural.

Para reconstituir a trajetória desses intelectuais, tomaremos como referencial o conceito de *microcosmo* enquanto canal de sociabilidade (Trebisch, 1992). É no circuito das faculdades, cafés e revistas que o grupo trava seus primeiros contatos, estabelecendo pontes identitárias entre os pares.

No início do século passado, entre os anos de 1901 e 1902, Bastos Tigre e Lima Barreto se conhecem na Escola Politécnica do Rio de Janeiro, e a convite de Bastos Tigre, Lima começa a colaborar na revista *A Lanterna*, publicação do circuito universitário. Usando os pseudônimos "Alfa Z" e "Momento de inércia", Lima Barreto caricatura os hábitos universitários, o perfil de colegas e professores, e dessa maneira vai se fazendo conhecido entre os estudantes, identificado como autor das pilhérias do meio acadêmico. Em dezembro de 1902, publica na revista seu próprio epitáfio humorístico:

> Aqui jaz o decantado
> cronista Lima Barreto...
> Ninguém, ninguém escapava
> À sua crítica mordaz...
> Agora que não tem língua
> O Barreto nada faz...
> (Barbosa, 1959, p. 85)

Já nessa época, Bastos Tigre se destaca como liderança de uma turma que frequentemente improvisa saraus e discursos marcados pelo aspecto cômico e burlesco. Em 1902, reunindo as quadras satíricas que escrevera sobre a vida universitária, Bastos Tigre resolve publicá-las em *Saguão da posteridade*. Por intermédio de um dos seus professores é apresentado ao caricaturista Raul Pederneiras, que se encarrega da ilustração da capa, representando Bastos Tigre como um D. Quixote combatendo moinhos de vento. O detalhe da caricatura, é que, em vez de transportar uma lança, o cavaleiro leva um chicote, considerado símbolo da sátira. Data dessa época o pseudônimo "Don Xiquote", através do qual Bastos Tigre se faria conhecido por sua produção humorística. Levando seu livro à gráfica, Bastos Tigre conheceu Emílio de Menezes, que se dispôs a fazer o papel de crítico da obra — uma vez que a aprovou, Emílio apresentou Bastos Tigre à roda literária da Colombo (Bastos Tigre, 1882-1957/ 1992).

É também no ano de 1902 que Bastos Tigre publica no Correio da Manhã o soneto satírico "O pesadelo do pavão", criticando a política de Campos Sales. A matéria é ilustrada por Raul Pederneiras (Menezes, R. 1966a).

Esses dados revelam como funciona a microssociedade desses intelectuais, através da qual se estabelecem a sociabilidade e organização do grupo. Antes mesmo de se iniciar o século XX, Bastos Tigre, Lima Barreto, Emílio de Menezes e Raul Pederneiras já faziam parte da chamada "confraria humorística", conforme denominação de Bastos Tigre.

Devido à extrema versatilidade de sua trajetória profissional, esse grupo de intelectuais entra em contato com as mais diferentes experiências e valores culturais, fato que os torna extremamente receptivos ao intercâmbio cultural. Além de exercerem o assunto teórico de sua especialização, era comum que os intelectuais adentrassem pelo campo da política, literatura e artes (Machado Netto, 1973, p. 51). No entanto, nosso grupo de intelectuais tem uma especificidade em relação à sua época: nenhum de seus componentes ocupou função no mundo da política. Excluída a política, transitam pelos mais variados campos de atividade, passando pelo mundo das artes plásticas, da literatura, da cultura popular, da música, do teatro, do cinema e da publicidade.

Se esse fato denota a pouca especialização do campo intelectual, mostra também a estreita sintonia do grupo com os meios de comunicação, e a trajetória de Bastos Tigre é esclarecedora neste sentido. Diplomado em engenharia pela Escola Politécnica em 1905, ele é sucessivamente jornalista, publicitário, roteirista de teatro de revistas, poeta, ator, conferencista, colaborador de inúmeras revistas de humor, diretor de publicações, compositor de temas carnavalescos e produtor de programas radiofônicos. Raul Pederneiras percorre um circuito tão variado quanto: formado em direito em 1895, exerce inicialmente o cargo de delegado de polícia; colabora como caricaturista em quase todas as revistas de humor desde a virada do século XIX, e em algumas delas assume a direção editorial. Além de revistas, colabora também na grande imprensa, notadamente no *Jornal do Brasil*. Escreve várias peças para teatro de revistas e participa, junto com Bastos Tigre, da criação da Sociedade Brasileira de Autores Teatrais em 1917.

De 1918 a 1938, Pederneiras ainda lecionou anatomia artística na Escola Nacional de Belas Artes e direito internacional na Faculdade de Direito da Universidade do Brasil, matéria que satiricamente intitulava "mitologias". Na década de 1920, compôs algumas músicas inspiradas no folclore nordestino. No teatro de revista teve entre os seus parceiros os artistas mais populares da época, como Eduardo das Neves e Paulinho Sacramento. Colaborou também na composição de *Trovas roceiras*, de Patrício Teixeira (Vasconcelos, A., 1977), e ainda pesquisou as gírias cariocas e sua incorporação pelo linguajar cotidiano da cidade publicando *Geringonça carioca* (1946).

Esse contato com a cultura popular e com a vida cotidiana da cidade constitui uma das características marcantes do grupo. Em 1910, Bastos Tigre, Emílio de Menezes, Hermes Fontes e Afonso Arinos de Mello Franco frequentavam a república onde moravam os compositores Donga, Pixinguinha e Heitor dos Prazeres. O grupo costumava fazer programas musicais na Praça da Cruz Vermelha, depois num bar da rua Gomes Freire, onde se encontravam os literatos que apreciavam música e os músicos que apreciavam poesia (depoimento de Donga, *apud* Vianna Júnior, 1994).

Provavelmente Bastos Tigre e Emílio de Menezes frequentaram também a famosa Casa da Tia Ciata, dada a estreita relação que mantinham com esse grupo de compositores sambistas. A Festa da Penha contava com a presença do grupo, que, a convite do jornalista Mauro de Almeida, improvisava conferências e caricaturas (*D. Quixote*, 29/10/1924). No início do século, a Casa da Tia Ciata e a festa não só funcionavam como espaço de afirmação da tradição cultural africana, como atraíam alguns setores da emergente classe média e intelectualidade cariocas.

Essas ideias evidenciam a tentativa de intercomunicação cultural: apesar de restritos a seu microcosmo, na condição de integrantes da "República das Letras", esses intelectuais tiveram uma atuação social bem mais ampla do que se supõe, daí a importância de resgatar esse "pequeno mundo" através do qual o grupo iria construir um pensar específico sobre a nacionalidade, baseado no humor e na irreverência.

A roda da Colombo e o Café Papagaio

Situado no cruzamento entre as ruas Gonçalves Dias e do Ouvidor, o Café Papagaio era um dos locais de reunião prediletos do grupo composto por Bastos Tigre, Lima Barreto, Domingos Ribeiro Filho e os caricaturistas Carlos Lenoir (Gil) e K. Lixto. Também os nomes de Emílio de Menezes, Raul Pederneiras, J. Carlos, Falstaff, Crispim do Amaral, João Foca e Arthur Lucas são mencionados como integrantes dessa roda. (Gomes, D., 1988)

Desde meados do século XIX o Café Papagaio já era identificado como um dos locais de reunião da boemia carioca, tendo a presença constante de Paula Nei (1858-1894), que promovia frequentemente tertúlias, atraindo o grande público. Declarando-se um folhetinista oral, orador de barricada e de teatro, Nei tornou-se conhecido pelas respostas rápidas e espirituosas às mais diferentes situações (Menezes, R., 1944). Essa sua capacidade de improviso faria escola entre os boêmios, e seria absorvida pelo grupo como uma verdadeira tradição.

Relembrando a presença de Emílio de Menezes nas rodas dos cafés, Bastos Tigre (1882-1957/ 1992) assinala sua *performance* de "excelente narrador", e observa que o tom da voz e a mobilidade da máscara colaboravam com o efeito cômico de suas improvisações jocosas ou mordazes.

Improvisar discursos e *performances*, simular situações de impacto, criar pilhérias e anedotas picantes eram algumas das características dos boêmios. O próprio nome do Café Papagaio já expressava esse espírito de humor e irreverência. Existia no estabelecimento um papagaio chamado Bocage, que era considerado pelo grupo uma espécie de mascote. Conhecido por sua linguagem pornográfica, por seus palavrões e versinhos indecorosos, o papagaio era a grande atração do Café, e logo se transformou em motivo de escândalo público. O caso complicou-se de tal forma que a ave acabou sendo apreendida pela polícia, conforme nos conta Luís Edmundo (1957).

Naquela época, os cafés funcionavam como espaço de camaradagem e afetividade, onde os amigos confraternizavam, trabalhavam e trocavam ideias sobre o cotidiano da cidade. Lima Barreto destaca o Papagaio como ponto de encontro do grupo:

> Nós nos reunimos nesse tempo [1907-1910] no "Café Papagaio". Aí pelas três horas, lá estávamos a palestrar, a discutir coisas graves e insolúveis. Como havia entre nós uns quatro amanuenses, o grupo foi chamado "Esplendor dos Amanuenses", na intenção de mais justamente destacar aquelas horas de felicidade, de liberdade, em oposição às de inércia nas secretarias e repartições, quando, acorrentados à galé dos proto-

colos e registros, remávamos sob o chicote da vida. (Barreto, 1911, *apud* Barbosa, F. A., 1959)

Esse depoimento de Lima Barreto foi publicado em 1911 na *Gazeta da Tarde* sob o título "Os galeões do México". Nele, fica clara a cisão que o autor estabelece entre o ofício do amanuense e o do artista: o primeiro é visto como trabalho forçado a que é obrigado a se submeter o intelectual para garantir sua sobrevivência; em contrapartida, as reuniões do Papagaio, após o expediente, significavam o esplendor, a felicidade e a liberdade. Lá era possível imaginar um outro mundo, e discutir todas as reformas necessárias para instaurá-lo.

É inspirado nessas ideias que Lima Barreto cria um de seus personagens, Gonzaga Sá, frequentador assíduo dos cafés que, com seu grupo de amigos, propunha-se a reformar a moral, a literatura e a moda (Gomes, D., 1988). A hora do lazer significava, portanto, a liberdade. Era, enfim, a possibilidade de sonhar e de mudar o próprio sentido das coisas.

Essa situação conflituosa entre trabalho e prazer remonta aos primórdios da modernidade, quando a lógica do mercado começa a se impor. A partir daí, modificam-se os próprios padrões de identidade social dos indivíduos; reforçando a ideia da arte como princípio diretor da vida, a boemia abriria espaço para o questionamento das bases da identidade social moderna (Seigel, 1992).

O grupo dos intelectuais humoristas iria questionar constantemente os valores mercantis, associando-os à civilização norte-americana. Pressionado pela família, Bastos Tigre viaja em 1906 para os Estados Unidos com uma bolsa de estudos de engenharia elétrica. Relatando suas primeiras impressões de viagem ao amigo Emílio de Menezes, Tigre assim descreve o *American way of life*:

(...) é o país por excelência do mercantilismo, do interesse e do egoísmo brutal. Os maiores homens desta Terra, os mais conhecidos e lisonjeados e amados são o Rockfeller, campeão do dólar, e o Jeffrier, campeão do soco. Orgulho do povo ianque como Victor Hugo e Napoleão do povo francês. Por aí concluis o que é esta corja! Povo utilitário e mercantil como é este, bem podes aquilatar quão longe anda a Arte de suas cogitações...

No Museu Metropolitano as obras primas da arte francesa, compradas pelo esnobismo dos milionários a peso de ouro, são enquadradas em vidro como reclames de biscoitos em porta de mercearia. (Ferraz, 1987, p. 20)

Associa-se o materialismo e todo o seu corolário de valores aos Estados Unidos, em contraposição à França, que aparece como berço da arte, da boemia, das tradições humanitárias e da sensibilidade. De fato, no século da uniformidade, "o culto da diferença" configura-se como valor supremo a ser resgatado. Da mesma forma que se criticam as ideias de utilidade, progresso, velocidade, dinheiro e sucesso a qualquer preço, valorizam-se a singularidade, a escassez e o lazer.

Em seus escritos, Baudelaire frequentemente critica os valores da civilização norte-americana, que seriam calcados na racionalidade, no culto ao dólar, na fúria de ganhar e na obsessão pelo trabalho (Kempf, 1967). A arte é vista como possibilidade de resistência a esse quadro.

Nesse sentido, é expressivo o depoimento de José do Patrocínio Filho. Em 1922, ao prefaciar as crônicas de seu companheiro Orestes Barbosa, ele observa consternado que no Brasil é impossível ser apenas poeta. Começa-se no jornalismo, depois cai-se na burocracia, e, no melhor dos casos, acaba-se amanuense. A falência do escritor é um fato, constata Patrocínio (Barbosa, O., 1993).

Boa parte do grupo está vinculada ao funcionalismo público: Lima Barreto e Domingos Ribeiro Filho trabalham na diretoria da Secretaria da Guerra, K. Lixto é funcionário na Imprensa Nacional e professor de desenho em escolas públicas; Raul Pederneiras ocupa inicialmente o cargo de delegado de polícia e depois torna-se professor da Escola Nacional de Belas Artes e da Faculdade de Direito. Os que não pertencem aos quadros do funcionalismo público vivem precária e perigosamente: é o caso de José do Patrocínio Filho, que arranja colaborações esporádicas nos grandes jornais para, em seguida, viajar para a Europa, onde vive em apuros financeiros. Emílio de Menezes vivia de forma parecida: quando a situação apertava, corria aos jornais para vender seus sonetos humorísticos.

Bastos Tigre é quem parece ter uma vida profissional de bases mais estáveis, volta e meia incentivando seus amigos a fazer o mesmo. Exemplo típico dessa sua atitude é a ocasião em que repreende Lima Barreto por aceitar pagamento irrisório por sua colaboração nas revistas. Este não aceita a admoestação do amigo, e desconsidera como absurdo qualquer pagamento a uma página de literatura (Barbosa, F. A., 1959, p. 212). A relação desses intelectuais com o mercado não é simplesmente de incompatibilidade, mas sim uma relação marcada por seu caráter ambíguo. Ora eles participam do mercado, principalmente através da publicidade, ora o veem como um rolo compressor sobre seu trabalho.

Essas ideias revelam os conflitos de uma sociedade, mais especificamente de um grupo que, tendo ingressado nos quadros da modernidade, se debate com os problemas da sobrevivência e da busca de espaço para o exercício de sua criatividade. Os cafés, então, se apresentam como o local onde os intelectuais conseguem exercê-la, dando vazão à sua sensibilidade artística, tão sacrificada no horário do trabalho público. Além do mais, nesse local é que se travam relações de amizade, efetuando-se os contatos sociais. Na roda dos cafés Bastos Tigre convida Lima Barreto para colaborar nas revistas *O Diabo* e *Quinzena Alegre*, e possivelmente é lá também que Lima é convidado a colaborar na revista *Tagarela* (Barbosa, F. A., 1959, p. 128).

É no Papagaio que se criam as legendas das caricaturas que, no dia seguinte, aparecem nos jornais e revistas. É lá também que se improvisam e circulam rapidamente os trocadilhos e desafios entre Raul Pederneiras e K. Lixto. Além de serem locais de encontro e trabalho, os cafés são o lugar do imaginário, onde se presencia a evolução da moda e a criação de novos tipos humanos, como o *pilier*,[11] do qual Baudelaire e Verlaine se tornaram a expressão mais conhecida. É nesse espaço que se apresentam, em primeira mão, as conquistas da modernidade. Em 1896, foi num café-concerto carioca que se projetou a primeira sessão de "omniógrafo", que seria o precursor do cinema. O espetáculo consistia na projeção de imagens extraídas de fotos; acionando-se um mecanismo, as fotos adquiriam determinados movimentos.

Na época, essa arte era considerada um verdadeiro mistério, permanecendo-se aos olhos dos expectadores como algo indecifrável. Frequentemente, os mágicos e ilusionistas acrescentavam o cinema em seus números de exibição. A própria denominação "fita" tem a ver com essa ideia do cinema enquanto fingimento e ficção. Em novembro de 1897, o *Jornal do Brasil* anunciava a primeira sessão de cinema do Paris-Rio. Tratava-se de um verdadeiro *show* de magia:

> Como um caso estupendo, conta a Bíblia que Josué fez parar o sol e, entretanto, o Cinematógrafo Super Lumière, no Paris-Rio fá-lo dançar maxixe. Imagine-se o astro rei caído nos requebros exagerados da nossa dança, como qualquer turuna da Cidade Nova. É impagável! (*Jornal do Brasil*, novembro de 1897 - Arquivo Bastos Tigre)

Então, o cinema é capaz de revolucionar as próprias leis da física, fazendo o sol dançar maxixe. Nestes termos, a modernidade é vivenciada como um verdadeiro espetáculo, cabendo a alguns o privilégio de desfrutá-lo. Os cafés, muitas vezes, se apresentam também como o palco onde se exibem os inventos da modernidade.

---

11 *Pilier* significa *habitué*, frequentador. Nos cafés franceses, o *pilier* é uma figura de tal forma atenta às fantasias e desejos dos frequentadores, que estes chegam a confundi-lo com o próprio proprietário. Ver, a propósito, Langle, 1990.

Na época, era comum que cada café tivesse seus próprios músicos. Os do Papagaio executavam com frequência as composições de Chiquinha Gonzaga, Ernesto Nazaré, Costinha, Paulo do Sacramento e Aurélio Cavalcanti (Edmundo, 1957, p. 537). Durante o carnaval, o Papagaio se transformava no "refúgio de Momo". Pederneiras organizava os préstitos, Bastos Tigre as canções, K. Lixto se encarregava dos estandartes, enquanto João Foca ensaiava o rancho. Era comum que se elegesse uma personalidade pública como tema das folias.

Durante o governo de Rodrigues Alves (1902-1906), a figura do ministro da Justiça, J.J. Seabra, foi frequentemente objeto de sátira na sessão humorística do *Correio da Manhã*, "Pingos e Respingos", para a qual contribuíam Bastos Tigre e Emílio de Menezes. A campanha contra Seabra durou meses, atraindo grande parte dos escritores, que colaboravam sob o pseudônimo genérico de Cyrano & Cia. São desse estilo os versinhos:

> Sai o cobre do tesouro
> (E ao sair não volta mais)
> Sai do povo a pele e o couro
> Só tu, Seabra, não sais!
> (Menezes, R., 1966, p. 171)

Na ocasião, tornou-se popular o refrão: "Só tu Seabra, não sais"; era a maneira chistosa de pedir o afastamento do ministro. Rapidamente o refrão tomou conta das ruas, sendo recriado através de inúmeras rimas anônimas, todas fazendo estribilho no "ais".

No carnaval, em pleno estado de sítio, o governo proibiu qualquer alusão à figura do ministro Seabra. Com Raul Pederneiras à frente, o grupo saiu do Café Papagaio que saiu entoando:

> Saem os cordões tocando Zé Pereira
> todos os anos pelos carnavais...
> (Edmundo, 1957, p. 554)

Na memória popular, a rima final já estava fatalmente associada à figura do ministro; desta forma, o grupo ridicularizava a proibição do governo, burlando comicamente a censura.

Sentindo limitada sua participação social em nível mais amplo, o grupo recriava seus próprios canais de comunicação. É neste sentido que os cafés funcionavam como uma espécie de microssociedade, configurando-se como local de observação privilegiada para os estudiosos do assunto. No estudo que desenvolve sobre os cafés literários na França, Matonti (1992) conclui que, até hoje, eles continuam exercendo um papel de núcleo da sociabilidade intelectual. Se, no século XIX, eles funcionavam como núcleo das diversas escolas literárias, agora tinham se transformado em locais de encontro das editoras. Mudou o *métier* do intelectual, mas os cafés permanecem como lugar estratégico da sociabilidade do grupo.

Em fins do século XIX, iriam aparecer nos cafés franceses, alguns movimentos políticos destinados a modificar radicalmente a face da sociedade. Por exemplo, Zola redige no Café Durand o famoso documento *"J'accuse"*, dirigido ao governo francês. A partir das ideias contidas nesse documento, modifica-se significativamente a percepção do intelectual na sociedade moderna: o documento ficou conhecido como Manifesto dos Intelectuais, consagrando o termo, que passou a ser associado às atividades do pensamento, da reflexão e sobretudo da vanguarda social. Foi em um café, portanto, que teve origem a denominação através da qual o grupo de intelectuais passaria a ser reconhecido enquanto tal (Fox,1980; Langle,1990). É nítida, como se vê, a relação entre o universo intelectual e o dos cafés.

A famosa "geração de 98", composta pelos modernistas espanhóis, também se estruturou no ambiente dos cafés. Era no Café Madri que se reunia o grupo em torno de nomes como Miguel de Unamuno, Maetzú, Antonio Machado e Ramon Valle-Inclán. Das tertúlias literárias nasciam frequentemente revistas, cujas folhas provocativas antecipavam, pressagiavam e polemizavam ideias (Tudela, 1985, p. 75).

Na época, desencadeou-se uma interessante polêmica

entre a intelectualidade espanhola acerca da importância dos cafés na vida nacional. Marañon argumentava que o "homem da rua" é quem faz a história; o "homem do café" seria um ressentido, contribuindo apenas para envenená-la. Miguel de Unamuno contra-argumentava, observando que se esse homem era um descontente, era porque lutava consigo mesmo, em íntima contradição humana. Assim, "*el hombre del café, es el que forja nuestra cultura*" (Tudela, 1985, p. 64).

A polêmica tomou foros acadêmicos, fazendo-se presente no próprio discurso de posse que Pío Baroja endereçou aos membros da Academia Espanhola. Se o fato mostra a importância dos cafés como lugar da sociabilidade intelectual, mostra também que o assunto despertava polêmicas, gerando divisões internas na organização do próprio grupo.

No Brasil, verifica-se panorama semelhante. Nas rodas dos cafés foram discutidas muitas das ideias abolicionistas e republicanas, sob a liderança de José do Patrocínio, considerado "pai da família boêmia". Foi dessas reuniões que nasceu, em 1887, o jornal *Cidade do Rio*, um dos grandes porta-vozes da causa abolicionista. Também foi num café (ou confeitaria), o Pascoal, que Paula Nei e Pardal Mallet planejaram em meados de 1889 a criação da revista *O Meio*, que teria como um de seus objetivos básicos lutar pela instauração do regime republicano.

No entanto, se na virada do século XIX o café foi um dos núcleos mais expressivos da participação intelectual na vida política do Rio de Janeiro, pouco a pouco as coisas foram mudando de configuração. Como ocorreu entre os intelectuais espanhóis, também entre nós se deu uma cisão ligada às formas de pensar a sociabilidade. A polêmica se resume às seguintes indagações: até que ponto é possível legitimar uma atividade intelectual associada ao café? O intelectual pode ter uma vida boêmia? A atividade reflexiva não seria incompatível com a boemia? A polêmica torna-se extremamente rica de significados quando remete à própria percepção do intelectual na modernidade: quem é essa figura? Qual o seu papel na nova sociedade? A disputa de Emílio de Menezes para conseguir uma vaga na Academia Brasileira de Letras ilustra bem o caso.

Em 1905, quando morre José do Patrocínio, o nome de Emílio de Menezes é sugerido para ocupar sua vaga. Quando sondado a respeito do assunto, Machado de Assis, presidente da Academia, nega o seu apoio. Convida então seus colegas acadêmicos a acompanharem-no até um bar no centro da cidade, onde aponta na parede uma foto de Emílio empunhando um copo de chope. Era a resposta: a boemia não rimava com a austeridade da Academia (Menezes, E. 1980d, p. XV). Mas o caso não termina aí. Quando Emílio consegue finalmente chegar à Academia, traz a questão para o debate público. Em seu discurso de posse, que foi censurado, revida ironicamente o estigma de "boêmio e desgarrado". Não nega a boemia, ao contrário, a valoriza como fator de cultura. Reafirmando seu gosto por trocar ideias, dizer e ouvir versos espirituosos nas rodas dos cafés, faz ver que este hábito também é compartilhado por alguns de seus ilustres colegas acadêmicos. Hábito muito mais criticável, observa, seriam as reuniões nas portas das livrarias; lá se agrupariam as classes intelectuais realmente perigosas: a dos "pivetes da literatura" e a dos "anciões ceroulleiros" (Menezes, E., *Jornal do Commercio*, 7/6/1918).

Essa polêmica sobre intelectuais e boemia, seriedade e humor, é extremamente interessante. Em nossos manuais escolares, vemos constantemente a marca dessa visão polarizada da realidade social. A figura de José do Patrocínio é identificada com as lutas políticas e a causa abolicionista; ele é sempre lembrado como o "Tigre da Abolição", jamais se fazendo referência à sua imagem de "pai dos boêmios"...

Na história dos cafés está impressa a história das vanguardas artísticas e intelectuais das mais diferentes nacionalidades. Através desses núcleos de sociabilidade é possível reconstituir a percepção e a sensibilidade social de uma época. Na passagem do século XIX para o século XX, houve uma tendência generalizada a se misturar e confundir os limites das esferas públicas e privada. Frequentemente a vida privada era exposta ao domínio público, compreendido como uma extensão da intimidade (Sennett, 1988).

Esta situação era vivida particularmente pelos intelectuais, que consideravam o café a sua "outra casa". Assim, era comum conceber o café como "praça pública reservada", ou "Conselho de Estado", onde se podia encontrar a palavra definitiva sobre assuntos vários (Tudela, 1985, p. 20). O café se apresentava, enfim, como o lugar protetor, distante dos conflitos familiares e das intempéries. Lá, o intelectual podia criar sua outra família, elegendo amigos e reforçando laços de fidelidade e enraizamento cultural. Nesse sentido, observa-se, era mais fácil trocar de religião do que de café (Langle, 1990).

Na cidade do Rio de Janeiro, antes da urbanização, era notória nos cafés essa mistura das esferas pública e privada. O depoimento de Luís Edmundo (1957) é um testemunho expressivo:

> (...) o amável botequim que precedeu ao surto de remodelação da cidade [era] meio casa de família, meio grêmio, meio escritório, sempre cheio, ponto agradável de reunião e palestra, onde recebíamos recados, cartas, cartões, telegramas, embrulhos; os amigos, os conhecidos e até credores! Daí a intimidade verdadeiramente doméstica que se estabelecia entre frequentadores e empregados, que acabavam sabendo da nossa vida como nós mesmos. (Edmundo, 1957, p. 567)

Em 1894, a maior parte da intelectualidade boêmia transferiu-se da Confeitaria Pascoal para a Colombo, fazendo do novo local uma espécie de residência. Emílio de Menezes instalou seu escritório na rua Gonçalves Dias, endereço para onde era dirigida toda a sua correspondência. Era nas mesas da Colombo que Emílio compunha seus sonetos, que se iriam tornar bastante populares. Na época, os versos eram a forma de comunicação predileta. Serviam para brincar com os amigos, mandar recados, responder a desafios, declarar guerra aos inimigos; funcionavam como verdadeiros pré-textos na dinâmica social da época. Escritos de improviso, no calor dos acontecimentos, eram pleno de vida e significado, encontrando imediata recepção social.

Quando necessitava de dinheiro com urgência, Emílio tinha uma pessoa inteiramente à sua disposição para levar os sonetos aos jornais. Chamava-o de "rápido auxiliar de dentadas a domicílio", parodiando o nome das empresas que começavam a surgir na cidade (Menezes, R., 1966a). Foi numa das mesas da Colombo que Emílio redigiu seu "Hino à dentada",[12] cujo objetivo era conseguir um empréstimo junto ao proprietário da confeitaria. No soneto, apresentava a Colombo como sucursal da Academia Brasileira de Letras, e Lebrão, seu proprietário, como mecenas dos intelectuais:

> Lebrão, tu sabes que a confeitaria
> Colombo é verdadeira sucursal
> Da nossa muito douta Academia
> Mas sem cheiro de empréstimo oficial
> Cerca-te sempre a simpatia
> De todo literato honesto e leal
> E tu te vais tornando dia a dia
> O mecenas de todo esse pessoal.
> (Broca, 1956)

Era comum os cafés funcionarem como uma verdadeira paródia da Academia, satirizando-se frequentemente a organização, o funcionamento e as personalidades dessa instituição. Um dos cabarés franceses mais famosos do final do século, o Chat Noir, era a réplica da Academia francesa: seus funcionários vestiam-se com os trajes verdes dos acadêmicos. Quando os patronos chegavam, eram agraciados com exagero caricatural. A boemia literária teatralizava seu afastamento da vida comum, de modo a atrair a burguesia como patrona e consumidora da obra artística e literária (Seigel, 1992, p. 227).

---

12 Dentada significa pedido manhoso de dinheiro. Na maioria das vezes, esse dinheiro é empresta(da)do. (Pederneiras, 1922, p. 26)

Entre nós ocorreu algo semelhante. A roda da Colombo era frequentada também por políticos, altos funcionários, empresários e capitalistas, que geralmente pagavam as contas dos boêmios. Guilherme Guinle foi quem financiou a impressão do primeiro livro de poesias de Bastos Tigre (Menezes, 1966a, pp. 66 e 57). Também foi um banqueiro o agente financiador da revista humorística de que participava Olavo Bilac. Recusando-se a integrar-se aos moldes do mercado profissional, Emílio de Menezes batizou sua mesa da Colombo de "Gabinete de trabalho"; depois que fez a tradução da obra de Allan Poe, *O Corvo*, resolveu mudar o nome da mesa para "urubu", e, finalmente, nomeou-a "baía". Funcionava como sede do "jornal falado" que se realizava todas as tardes na confeitaria, como pseudo-órgão da Academia de Letras.

No "jornal-falado", as mesas funcionavam como espaço delimitador de grupos intelectuais e escolas literárias. Agrupados em torno delas, os intelectuais expunham suas ideias e discutiam, muitas vezes aos berros, devido à distância que os separava e ao burburinho do local. Cada mesa tinha o seu patrono e líder, que presidia o ritual. A mesa de Emílio era conhecida como a "mãe de todas", a de Martins Fontes como "Juca Maluco" (paródia do poema "Juca Mulato", de Menotti Del Picchia), e a de Goulart de Andrade como "Francisca". As mesas só eram batizadas e reconhecidas enquanto tal no dia em que completavam 100 rolos [apresentações] (Menezes, R., 1966a, p. 106). Dessa forma, parodiava-se o ritual iniciático da Academia de Letras.

A maior parte de nossas análises historiográficas não considera a poderosa influência desses canais de sociabilidade. No Rio de Janeiro, particularmente, é inegável a presença dos canais informais de participação. Para uma cidade recém-saída da escravidão, com grande contingente populacional de origem negra, a integração política era problemática. A marginalização e a exclusão não atingiam apenas as camadas populares; afetavam sensivelmente o conjunto da sociedade, daí a emergência dos canais informais, através dos quais os vários grupos sociais expressavam seus anseios participativos.

Nessa rede informal de comunicação que, no início do

século, vigora tanto entre as camadas populares quanto nos meios intelectuais, as mulheres desempenhavam um papel de liderança determinado: a interferência das mulheres parece ocorrer em situações onde se manifesta algum tipo de dificuldade na circulação da informação e socialização. Seu papel também foi importante, por exemplo, na relação com os artistas e intelectuais estrangeiros na França do pós-guerra.[13]

Na construção da cultura boemia carioca, merecem referência especial os nomes de Suzana Castera e Maria de Bragança Mello. Referências esparsas a essas figuras foram encontradas nas obras de Broca (1956), Edmundo (1957) e Raimundo de Menezes (1966b). Recentemente, Holanda (1993) chamou a atenção para o assunto, destacando as formas originais de sociabilidade desenvolvidas pelas mulheres em torno do exercício e do debate literários. No início do século, o salão de Laurinda Santos Lobo, em Santa Teresa, reunia escritores e artistas famosos que passavam pelo Rio, como Anatole France, Suzanne Desprès, Paul Adam e Isadora Duncan.

Embora os nomes de Suzana Castera e Maria de Bragança e Mello sejam muito menos conhecidos do que o de Laurinda Santos Lobo, essas mulheres criaram formas originais de sociabilidade, que iriam influenciar o cotidiano carioca. Interessa sobretudo destacar a relação que estabeleceram direta ou indiretamente com o universo

---

13 Na França dos anos 1920, as mulheres exercem papel de fundamental importância na construção dessa rede de sociabilidade. Suas livrarias e salões funcionam como canal de contato imprescindível para os estrangeiros. Na Rive Gauche, os salões da escritora Gertrude Stein (carinhosamente apelidada de "mãe-ganso de Montparnasse") e Natalie Barney são frequentados por Ezra Pound, James Joyce, Picasso, Ernest Hemingway, Paul Valéry, Proust, Isadora Duncan. É na livraria de Sylvia Beach, que também funciona como galeria de arte, que muitos desses intelectuais se conhecem. Gabrielle Coco Chanel, que pertencia ao mundo da moda parisiense, apresentava-se como verdadeira incentivadora dos artistas. Por seus salões, passaram figuras como Jean Cocteau, Max Jacob e Stravinsky. Essas mulheres não só facilitam o acesso e o intercâmbio de informações entre os intelectuais, como também frequentemente lhes prestam apoio afetivo e financeiro, auxiliando-os nas dificuldades do cotidiano. Ver Wiser (1994).

dos intelectuais humoristas.[14] Desde o final do século XIX, Suzana Castera emprestava seu nome a um dos personagens centrais das narrativas humorísticas do grupo, não se sabe ao certo criado por quem. As ideias fluíam abundantemente em meio às conversas e desafios literários, e esse fato tornava problemático determinar sua autoria; muitas acabavam se transformando em criação coletiva do grupo, e foi o que possivelmente ocorreu com a figura de Suzana.

Reconstituindo a história do Brasil, o grupo a descreve como a viúva de Pedro Álvares Cabral, e o personagem acaba sendo associado carnavalescamente às origens da própria nacionalidade brasileira. Vários são os episódios em que Suzana se faz presente, contracenando com os vultos de nossa história pátria. Bastos Tigre, por exemplo, narra o encontro da viúva com Caramuru, que por ela se apaixona (*Tagarela*, 20/8/1903).

Esse personagem lendário não foi construído ao acaso. Desde meados do século XIX, a Suzana real, cujo nome de guerra era Tina Tati, já aparecia como uma das figuras mais populares da cidade graças ao seu *rendez-vous*, onde se reuniam nomes importantes da política e das finanças. Frequentadora assídua da Colombo, geralmente era uma das primeiras pessoas a chegar, após o *five o'clock tea*, e quase sempre, uma das últimas a se retirar. A personalidade de Suzana era controversa: tinha livre trânsito entre a elite política da época, defendia os negros marginalizados e protegia constantemente os intelectuais das investidas policiais. Sua casa se transformou numa espécie de território neutro.[15]

---

14 A discussão sobre o papel das mulheres na modernidade carioca foi retomada por mim em "A *Haute Bicherie* no Rio de Janeiro: reconfigurações do olhar iluminista no imaginário franco brasileiro". In: Anais Flechet e Olivier Compagnon. (Org.). *Imagens e imaginário da França no Brasil (século XIX e XX)*, Vol. 01, pp. 12-24. Rio de Janeiro: Fundação Casa de Rui Barbosa, 2013; ver também "Acrobatas simbólicos, leituras críticas na modernidade transatlântica". In: Maria Bernadette Ramos Flores & Patricia Peterlle (Org.). *História e Arte: Herança, Memória e Patrimônio*, Vol. 1, pp. 354-371. Florianópolis: Raphael Copertt, 2014.

15 Esta visão da História do Brasil foi retrabalhada em *Do guarani ao guaraná: história, humor e nacionalidade* (Brasília, Ministério da Cultura, 2001), trabalho conjunto dos pesquisadores do setor de história da FCRB com a minha curadoria.

A PRIMEIRA "MISS" NO BRASIL
(8 de maio de 1500)

Recepção e *thé-tango* (chá de tanga) offerecido aos brazileiros, a bordo da capitanea de Cabral. Fez as honras da náo, Miss Suzane Castera, então noiva e hoje viuva do saudoso Almirante.

D. Quixote, *5/5/1918*.

Na história do Rio de Janeiro, a casa das cocotes frequentemente está no centro da vida sociocultural da cidade. Elas muitas vezes participam dos acontecimentos cotidianos, fazendo valer sua rede de relações e influências. Na Revolta do Vintém, em janeiro de 1880, em um dos seus violentos comícios, Lopes Trovão deparou-se de repente com a repressão policial. Fugindo às pressas, buscou refúgio entre as cocotes no Hotel Ravot (Menezes, R., 1944, p. 132)

Era também em seus salões que boa parte da elite política se divertia, e ali se discutiam questões políticas que depois seriam levadas ao Congresso. Conta-se que quase toda a elite política nacional teria comparecido ao enterro da mãe de Suzana, incluindo magistrados, senadores e até o próprio Presidente da República (Menezes, R., 1966b; Edmundo, 1957) — daí a associação maliciosa que faziam os humoristas ao vincular a figura de Suzana à própria história do Brasil, pois o cabaré estaria de tal forma entremeado aos destinos da nacionalidade que a história de Suzana acabava se confundindo com a história pátria.

Os papéis desempenhados por Suzana eram os mais variados: musa inspiradora das sátiras humorísticas, defensora dos ideais abolicionistas, frequentadora dos cafés e rodas boêmias e proprietária de um dos salões mundanos mais badalados da cidade. Não foi por acaso, portanto, que os intelectuais humoristas a tomavam como referencial de suas narrativas...

O nome de Maria de Bragança e Mello não era tão popular, mas era extremamente conhecido na roda dos boêmios. Descendente da família imperial, Maria era bem mais nova que Suzana, tendo chegado ao Rio no início do século. Também seria uma frequentadora assídua da roda dos literatos da Colombo. Destoando dos padrões de comportamento da época, fumava, bebia e participava ativamente das discussões intelectuais. Dizia-se defensora do nudismo, cultivava as ciências ocultas e conhecia a grafologia. Tornou-se rapidamente uma personalidade conhecida, não só por suas ideias arrojadas, como por suas atitudes quase sempre intempestivas. Edmundo (1957) narra um fato hilariante a seu respeito, e vale a pena nos determos um pouco nesse relato.

Conta-nos o autor que Maria de Bragança estava em um café, no bairro de Botafogo, quando viu ser barrada a entrada do político Monteiro Lopes, de cor negra. Chocada com o fato, Maria resolveu agir. Tomou um tílburi e dirigiu-se para o porto da Saúde. Lá, conseguiu agrupar cerca de trinta estivadores negros, e voltou com eles para o bar em Botafogo, tomando conta do recinto. Impossibilitado de qualquer ação, o proprietário assistiu à cena, atônito (Edmundo, 1957, p. 654).

Esse episódio reforça a ideia dos cafés como canais de sociabilidade, capazes de dar vazão a atitudes espontâneas e desordenadas de protesto social. Era nesse espaço que os intelectuais e artistas cariocas davam forma aos seus anseios de participação, improvisando manifestações, criando anedotas, chistes e quadrinhas satíricas, e esse espírito de irreverência inspirou Maria de Bragança a criar o semanário ilustrado *A Garra*, encarregando Raul Pederneiras, K. Lixto e Casanova das caricaturas (Edmundo, 1957, p. 654), da mesma forma como no Café Papagaio foram criadas as revistas *Mercúrio* (1889), *Tagarela* (1902), *O Malho* (1902) e *Avança* (1904).

Tagarelando e avançando: a ideia de humor nos editoriais das revistas

Em meados do século XIX, as revistas tenderam a assumir importância crescente como fonte de informação, atualização e incentivo à polêmica; sua capacidade de intervenção mais rápida na realidade começava a se tornar inconteste. Assim, a revista iria ocupar um espaço específico no campo intelectual, caracterizando-se como "obra em movimento". Comparada ao livro, a revista, por meio de seus artigos, tem uma capacidade de intervenção mais rápida e eficaz (Pluet-Despatin, 1992).[16]

Na virada do século XX cresceu consideravelmente o número de publicações periódicas, notadamente de revistas, fato que reflete o anseio por informação de um público urbano crescente e a emergência de uma classe média com interesses culturais mais definidos. Há que se considerar também que, na condição de cidade-capital, o Rio propiciou o surgimento das mais importantes revistas da época, que traduziam uma nova linguagem, mais atraente, mais ágil, enfim, destinada a obter

---

16 Uma discussão sobre a estratégia diferenciadora das revistas literárias e de grande circulação no Rio de Janeiro da década de 1920 está em "As distintas retóricas do moderno". In: C. Oliveira, M. P. Velloso & V. Lins (Org.). *O moderno em revistas: representações do Rio de Janeiro de 1890 a 1930*. Rio de Janeiro: Garamond/ Faperj, 2010.

uma comunicação mais dinâmica, um aspecto particularmente importante entre nós: para uma população caracterizada por um grande contingente de analfabetos ou semiescolarizados, a transmissão da informação constituía um sério problema.

Os intelectuais humoristas já vinham ocupando espaço expressivo no campo das revistas desde meados do século XIX. Tratando de fatos do cotidiano, traduzindo-os em caricaturas ou na linguagem telegráfica dos trocadilhos, chistes ou crônicas, as revistas cariocas alcançaram inédita popularidade na época.

No final do século XIX, segundo depoimento de Joaquim Nabuco, a *Revista Ilustrada* de Ângelo Agostini funcionaria como verdadeira "bíblia da Abolição" para aqueles que não dispunham do poder da leitura. Aliás, quase toda a história do país aparece retratada nas páginas dessa revista, que noticia fatos tão diversos como a epidemia da febre amarela, os festejos do carnaval, a fraude nas eleições e a questão religiosa.

Tanto a *Revista Ilustrada* como a *D. Quixote*, ambas dirigidas por Agostini, constituem uma tradição na história da caricatura no Brasil. As duas revistas inauguram o jornalismo gráfico, no qual a caricatura tem papel chave, expressando fatos da nossa vida política e social. Dessa forma, a imprensa, inspirando-se no cotidiano, acabou se constituindo em instrumento de modernidade, propiciando o acerto de contas com o dia a dia, a atualização e a renovação da linguagem (Silva, M. A., 1990; Belluzzo, 1992).

Fazendo um balanço das revistas de caricatura entre os anos 1844 e 1895, Herman Lima (1963, Vol. 1) chama a atenção para o caráter combativo dessas publicações, que faziam ferrenha oposição ao governo. Assim, eram frequentes em suas páginas os ataques à monarquia e ao clero. Foi através dessas revistas que se divulgaram muitas ideias da campanha abolicionista e republicana, e esses dados colocam em evidência uma tradição na vida cultural carioca, ou seja, as revistas como veículo de informação, atualização e intervenção no cotidiano da cidade.

Analisando a especificidade das revistas no campo intelectual, Pluet-Despatin (1992) destaca os editoriais de lançamento. Segundo a autora, é nesse espaço que aparece a "mensagem singular" da qual a revista se apresenta como portadora: seja para reivindicar uma nova cultura, uma nova estética ou uma nova orientação científica, a revista atua como porta-voz da atualidade e da vanguarda social, e é comum que o editorial apareça sob a forma de manifesto ou artigo fundador.

Nas revistas de humor, de modo geral, os editoriais são escritos de forma a causar impacto no público leitor e obter sua simpatia imediata. Inspirados na pilhéria, no trocadilho e nas caricaturas, é inegável seu apelo à ideia de novidade — a proposta de "ser moderno" está presente em quase todos os editoriais. E ser moderno significa estar de acordo com o tempo presente e caminhar dentro desse tempo, em sintonia com ele. O tempo torna-se parâmetro aferidor da própria modernidade.

É interessante observar, a partir daí, a reconceituação que se opera na ideia de tempo. As inovações técnicas acabam levando a sensibilidade literária a uma percepção fragmentária do tempo, agora concebido como momento, instante, experiência transitória (Sussekind, 1857, pp. 15-17). O tempo aparece, enfim, como algo extremamente fugaz: é o *passatempo*. Essa ênfase no movimento aparece no Manifesto Futurista de 1909, que, inspirado no pensamento filosófico de Bergson, defende uma realidade em permanente mutação (Mendonça Teles, 1983).

A ideia da revista como objeto capaz de concretizar a própria transitoriedade temporal vai aparecer em várias ocasiões e de várias maneiras. Em seu editorial de lançamento, a revista *Mercúrio* (1898) sugere que o público faça sua leitura nos minutos passados no bonde ou como diversão de meia hora, enquanto o automóvel roda do centro aos arrabaldes da cidade (*Mercúrio*, 19/07/1898). Como atividade em trânsito, a leitura deixa de se restringir ao gabinete de trabalho ou ao escritório doméstico, e ganha as ruas, misturando-se aos ruídos, movimentos e imagens da cidade.

A *Fon-Fon*, surgida em 1907, reforça essas ideias. O próprio título da publicação já é uma onomatopeia da buzina do automóvel, signo da modernidade, e a figura do chofer como personagem central confirma a intenção de familiarizar o leitor com os valores modernos (Silva, M.A.,1990).

Num dos seus sonetos, Emílio de Menezes conta como lhe teria ocorrido o título da publicação:

> Lembraram-me diversos, mas nenhum
> Deles, não sei por que, pude achar bom
> E quase estive a batizar-me Pum!
> Mas passa um automóvel. Pego o som:
> — Fan! Fen-Fen-Fin-Fin-Fon-Fon! Fun-Fun!
> De Fan-fen-fin-fon-fun, quis ser Fon-Fon!"
> (Menezes, E., 1980c)

Em seu editorial, a *Fon-Fon* se apresenta como um jornal ágil e ligeiro, trazendo um comentário leve às coisas da atualidade. É interessante observar como as ideias de velocidade, agilidade, brevidade, comunicação e eficiência tornam-se extensivas: ser moderno é deslocar-se no tempo e no espaço numa fração mínima de tempo. Nos minutos no bonde que separam a casa do local de trabalho e lazer, *Mercúrio* oferece instantes de prazer, de agradável leitura e boa ilustração. Enquanto se desloca geograficamente, o passageiro também pode se deslocar no mundo do imaginário, através da leitura dos textos e imagens...

Ilustração, cores, visualidade e beleza também aparecem como sinônimos de modernidade. Nos editoriais das revistas, as fotografias, desenhos e caricaturas são sempre postos em evidência; considerado verdadeiro arauto dos tempos modernos, o caricaturista ocupa lugar privilegiado nas publicações. Suas charges e desenhos saem nas capas das revistas, nos espaços considerados nobres, assumindo proporções gráficas consideráveis. É comum uma caricatura ocupar uma página inteira, e até mesmo duas seguidas.

Nos editoriais de lançamento, os nomes dos caricaturistas são destacados como os responsáveis pelo sucesso da publicação, servindo como atrativo certo ao público leitor. A revista *O Diabo* (1907) confere grande destaque à ilustração de K. Lixto, enquanto *Mercúrio* (1898) menciona o trabalho de Julião Machado e Arthur Lucas como seu grande atrativo. Cabe lembrar que na época surgem várias publicações dirigidas por caricaturistas, como *Avança* (1904), de K. Lixto, Pederneiras e Décio, *Tagarela* (1902), que tem Raul Pederneiras como um de seus proprietários, e *O Malho*. Além do mais, os caricaturistas têm influência na linha editorial de várias publicações, como é o caso de Pederneiras na *Revista da Semana*.

Na revista *Tagarela* é particularmente visível a ideia da revista como espaço de sociabilidade, no qual se desdobra o jogo das afinidades eletivas, efetuando-se a dupla seleção de escolher e ser escolhido (Pluet-Despatin, 1992). Enquanto proprietário da revista, Pederneiras escolhe K. Lixto, Bastos Tigre e J. Carlos como colaboradores de destaque. Esta eleição das afinidades é bastante visível, denotando o funcionamento da rede de comunicação, onde os pares se reconhecem e são reconhecidos a cada momento. Só para termos uma ideia: entre os colaboradores da *Careta* estão Lima Barreto, Bastos Tigre, Emílio de Menezes, Goulart de Andrade, K. Lixto e Pederneiras. Já na *Avenida* (1903), dirigida por Domingos Ribeiro Filho, estão Carlos Lenoir (Gil) e Bastos Tigre. *O Malho* (1902) conta com Storni, Seth, Raul Pederneiras, K. Lixto, Carlos Lenoir, J. Carlos e Yantok. A lista dessas relações eletivas poderia ser infinita, porém certamente cansativa. Para o escopo deste trabalho, basta destacar a ideia da revista como instrumento eficaz de sociabilidade, reforçando a rede de identidade do grupo.

É importante ressaltar também outros níveis de sociabilidade, como, por exemplo, o que ocorre entre esse grupo de intelectuais e seus leitores. Nas revistas humorísticas, busca-se frequentemente criar elos identitários com o grande público, seja abordando seus problemas cotidianos, satirizando figuras impopulares da política, ou, simplesmente, tornando risíveis situações de grande tensão social. Outro aspecto que chama a atenção nessas revistas é o papel de destaque conferido às artes. Neste sentido, é interessante apontar a identificação que esse grupo de intelectuais faz entre *Moderno* e *Estética*. De modo geral, a política não é considerada como expressão da modernidade.

Ao romper o ano de 1906, os personagens-símbolos das revistas *Papagaio* e *O Malho* aparecem no salão do palácio presidencial: ambos agradecem ao presidente Rodrigues Alves pelo ano de inspiração que forneceu aos caricaturistas e humoristas (*O Papagaio*, 20/1/1906). A charge é sintomática. Rodrigues Alves está sentado no trono, trazendo à cabeça uma coroa imperial. Símbolo da modernidade, a caricatura se depara com um dos emblemas mais sólidos da tradição: a monarquia. É claro o propósito de afirmar o contraste entre humor e política: aquele representa o presente e a modernidade, enquanto este configura-se como emblema do passado.

A ilustração é considerada o grande atrativo da época, unindo publicidade e artes em geral. A revista *Mercúrio* que, em 1898, se anunciava como a primeira publicação ilustrada no Rio de Janeiro, agrupava intelectuais simbolistas como Gonzaga Duque, Mário Pederneiras e Lima Campos. Contava ainda com os caricaturistas K. Lixto, Pederneiras, Bambino e Julião Machado, e também Bastos Tigre integrava seu quadro de colaboradores. Essa é outra especificidade das revistas: sua escrita plural e a criação em grupo. Ponto de encontro de trajetórias sociais e intelectuais, as revistas estão voltadas para a concretização de um desejo de expressão coletiva (Pluet-Despatin, 1992).

Na *Mercúrio*, o ponto de encontro dessas trajetórias intelectuais é a arte, notadamente a ilustração. Inspirada no *magazine* francês do mesmo nome, a nossa *Mercúrio* propõe-se divulgar o cartaz-anúncio, defendendo a publicidade como uma exigência da modernidade.

Arte e publicidade aparecem como termos associados. Toulose-Lautrec considerava os cartazes e litografias veículos apropriados à qualidade da vida moderna, e começa a pintar cartazes de propaganda em 1890, nos cabarés, onde divulga os *shows* de artistas populares (Seigel, 1992, p. 236). Quem não tem em mente suas dançarinas do Moulin Rouge sacudindo as saias farfalhantes?

Na *Mercúrio* é clara a atribuição dessa dimensão artística aos desenhos publicitários. Cores, beleza, leveza de formas são atributos indispensáveis na concepção dessa arte. Em seu editorial de lançamento, a revista anuncia que vai baratear o anúncio ilustrado, favorecendo assim a circulação da obra de arte. Essa ideia aparece em uma das propagandas que a publicação faz de si mesma, colocando-se como uma espécie de balcão luminoso de anúncios:

> Fazer um anúncio ilustrado e colorido na *Mercúrio* é tê-lo em todas as paredes, em todas as coleções, em todas as casas. (Mercúrio, 21/7/1898)

A ilustração torna-se essencial numa comunicação que se pretende moderna. O título da revista é também inspirado no deus Mercúrio, que na mitologia greco-romana vem a ser o deus da comunicação, da expressão e do comércio, mais um fator para esclarecer a estreita relação entre o universo dos caricaturistas e o da publicidade: ambos procuram estabelecer comunicação com o leitor através da ilustração. São os anúncios publicitários que provavelmente sustentam revistas como a *Tagarela*, que traz vários desenhos anunciando, no tampo das mesas, o Café Papagaio. Anuncia-se o produto, ao mesmo tempo em que se sugere um local agradável para consumi-lo: o café que é frequentado pelos intelectuais da revista. Aliás, foi exatamente na roda desse café que nasceu a ideia da própria *Tagarela* como já mencionamos.

Ser eficiente na informação é ser eficiente no mercado. A questão do preço das mercadorias agora desponta em primeiro plano, e nos editoriais das revistas, essa preocupação é objeto de humor e de chistes: propondo combater a tristeza do próximo, *O Degas* esclarece que também se preocupa com o distante, já que aceita assinatura de todos os estados. Observa que, por apenas três mil réis, o leitor *ganha* momentos de bom humor, e já que "tristezas não *pagam* dívidas", conclui: por que não buscar o bom humor? (*O Degas*, 8/8/1908)

O Malho, *1902*

No debate sobre o sentido do humor, a ideia de mercado e de valor utilitário é cada vez mais presente. Para que serve o humor? Ele é útil ou inútil? É instrumento de crítica social ou mera diversão? Até que ponto a ideia de valor utilitário é incompatível com a ideia de diversão? São algumas das questões recorrentes nos editoriais das revistas, e é curioso perceber que elas também se manifestam nos próprios títulos das publicações: em *O Malho, A Garra, Avança,* temos a metáfora do combate, da luta e do enfrentamento de forças. Já na *Tagarela, O Papagaio, O Diabo, O Riso, Rio Nu* e *Careta*, predomina o tom de irreverência, mexerico e achincalhe. Não se deve, porém, subentender que *O Malho* seja uma revista combativa e *Tagarela* um mero passatempo, pois seria uma ideia totalmente errônea.

O Malho, *1902*

O humor é polissêmico, capaz de incluir a ideia de combate, passatempo, denúncia, diversão, irreverência e informação. Mas, para os intelectuais humoristas, soaria como desafio unir valores tão distintos, e há uma viva polêmica sobre esse assunto, à qual seria interessante nos reportarmos.

Um monumento que se tornara extremamente popular

na cidade é tomado chistosamente como símbolo da controvérsia: a estátua do Manequinho, de autoria do artista plástico Belmiro de Almeida, que também era caricaturista (Lima, H., 1963, pp. 122-123). Na época, a estátua ficava no centro da cidade, no Passeio Público. Era visível, portanto, para todos os transeuntes, uma fonte, onde o pênis do garoto funciona como bica d'água. Aos pés do Manequinho está fixada a famosa inscrição: "Sou útil, ainda que brincando".

Teve efeito impactante na época o aspecto irreverente da imagem, que terminou sendo alvo da ofensiva moralista. Frequentemente o Manequinho aparece vestido de fraldas e camisolas, inspirando sambinhas e caricaturas (Efegê, 1985, p. 53). A estátua é tão sugestiva para o grupo de caricaturistas quanto as palavras do Manequinho; volta e meia o personagem é evocado nos editoriais das revistas, quando se pretende associar riso à ideia de utilidade pública. Este é o tom da *Tagarela*: "No meio culto faz falta uma folha ilustrada, como o menino do Passeio Público, que sabe ser útil enquanto se diverte". Depois de assumir o riso como seu programa, a revista se propõe "fustigar o látego da troça nos grotescos, cretinos, hipócritas e desfrutáveis numa interminável pândega".

Na qualidade de "tagarela", a revista diz que pretende dar com a língua nos dentes, mas avisa que ninguém poderá acusá-la de má língua, pois procede com toda a dignidade (*Tagarela*, 1/3/1902).

O Papagaio também usa esse tom entre a galhofa e a seriedade. Anuncia que "não veio salvar a pátria do abismo, nem endireitar pau que já nasce torto. Seu intuito é papaguear, rir e troçar". Mas, logo em seguida, afirma que será "insubmisso e indomesticável, tendo horror ao poleiro dos acomodatícios e à férrea corrente da politicagem" (*O Papagaio*, 23/12/1905).

Já *O Degas* observa que, apesar de ser um jornal alegre, tem o direito de "meter o nariz nas coisas sérias", como a excessiva carestia de vida (*O Degas*, 8/8/1908).

Em seu editorial, a *Avança*[17] faz uma brincadeira explorando todos os sentidos da palavra: "Vivemos um clima de avança generalizado, desde o palácio do Catete até a mais miserável choupana no morro". É nesse espírito, e com muito bom humor, que a revista se propõe "avançar contra a simpatia dos leitores", fazendo-os rir. Através das caricaturas registra todos os avanças da "formidável procissão que passa triunfalmente". E entre as armas de um jornal alegre, destaca o bom senso, sorriso leve e bom humor justiceiro (*Avança*, 4/6/1904). O personagem-símbolo dessa revista é extremamente expressivo: trata-se de uma espécie de lutador romano, que porta como arma uma gigantesca pena. Projetando seu corpo para a frente, em posição de combate, aponta com a sua pena o título da própria publicação: *Avança*.

Já o personagem-símbolo de *O Degas* é representado por um tipo que se assemelha ao malandro: chapéu de abas largas, calças brancas com suspensório, sapato bicolor. Displicentemente, segurando os suspensórios, o tipo sorri.

Esses dois personagens — o Avança e o Degas — sintetizam brilhantemente a imagem do intelectual humorista. Por um lado, ele se apresenta como elemento combativo, fazendo da sua pena uma arma; por outro, é simplesmente o boa-vida, disposto a lutar por suas próprias causas, divertindo-se a valer. Os dois personagens representam as diferentes facetas daquele intelectual: um é o outro.

O "caso Dreyfus", ocorrido na França na virada do século, vai reforçar essa imagem do intelectual combativo. A partir desse evento, o intelectual passa a ser visto como um indivíduo destinado a ocupar o lugar de vanguarda social, lutando contra os poderes constituídos. O escritor Zola, autor de "*J'accuse*", em favor de Dreyfus, aparece como uma espécie de herói da modernidade.

Em 1898, K. Lixto publica no *Mercúrio* uma caricatura extremamente expressiva, denominada "A vitória de Zola". Tra-

---

[17] "Avança" significa comedoria, atrevimento, ladroagem. (Pederneiras, 1922)

jado como cavaleiro medieval, ao invés da lança, ele empunha uma gigantesca pena, com a qual ataca o dragão. Abaixo do desenho, uma legenda esclarece: "O moderno S. Jorge" (*Mercúrio*, 18/10/1898). Tradição e modernidade se reúnem, S. Jorge e Zola, ambos cavaleiros do bom combate...

No imaginário do grupo, reforça-se essa ideia do intelectual justiceiro e guerreiro, disposto a lutar pelas conquistas sociais. Mas no Rio de Janeiro essa imagem do intelectual não se sustenta, a não ser quando se integra à do *bon vivant* irreverente, um espírito que caracteriza bem a cidade do Rio de Janeiro, onde se acumulam as forças contraditórias da ordem e da desordem. No teatro de revista, o engano, a sedução, a exploração, a mutreta, aparecem encarnados em personagens bem reais, e até com certo charme. Assim, na "Capital Federal", peça de Artur Azevedo encenada em 1897, desfilam jogadores, cocotes, fraudadores e *bon vivants*. Figuras como o *tribofe* e o *bilontra*, que representam esses valores, passam a integrar o próprio cotidiano carioca. Frequentemente a cidade é representada como uma mulher mundana, vestida em trajes sumários, quando não inteiramente despida. É o caso do jornal *A Cidade do Rio*, que caricatura a cidade fazendo-a aparecer como uma mulher nua, cumprimentando o sisudo marechal Deodoro (Carvalho, J. M. 1987, p. 278).

Sintomático desse espírito de licenciosidade é o título da revista *Rio Nu* (1903), que se anuncia através de frases como: "Nos conventos só é permitida a leitura do *Rio Nu*" ou "Somente os imbecis não apreciam um jornal como o *Rio Nu*".

As revistas *O Riso*, *O Diabo* e *O Pau* também se apresentam dentro dessa linha irreverente. Em seu editorial de lançamento, a revista *O Pau* faz alusões eróticas à origem da nacionalidade:

> O Pau é uma instituição nacional, pois o Brasil deve seu nome a um glorioso pau cor de brasa. Assim, antes de existir o Brasil já existia o pau... Brasil. (*O Pau*, 12/8/1905)

A irreverência e o humor aparecem como traços da nacionalidade através dos quais se expressam as revistas. É interessante a polêmica que *O Riso* estabelece na perspectiva de assegurar o direito de ser pornográfica e irreverente. A revista argumenta que a nudez é uma forma de expressão artística já consagrada culturalmente; além do mais, as fotos de nudez que saem em suas páginas são geralmente reproduções de outras publicações, daí a falta de sentido da censura que recaiu sobre a revista. Ironicamente, então, indaga-se: o que aconteceria se a revista reproduzisse estátuas nuas que estão nas praças da cidade? Será que as estátuas também seriam confiscadas? E o nu dos palcos? (*O Riso*, 14/11/1912)

A partir da censura, *O Riso* começa a publicar nas capas fotos de mulheres encapuzadas, envoltas em lenços ou peles, mas logo na primeira página aparece o nu. É nítida a intenção de ironizar determinados valores morais, apontando para o caráter paradoxal dos critérios da censura: ao invés de expor o nu na capa, a revista passa a abrigá-lo em seu interior. Era uma forma de reagir à interferência e inspirar o riso zombeteiro do leitor, que aprendia, cada vez mais, a ler nas entrelinhas...

O grupo boêmio é frequentemente apontado como o mais indicado para fazer a crítica social através do humor; os boêmios são justos, imparciais e mordazes — este é o tom do editorial de *A Garra*, que declara: "O lema da nossa justiça é 'piparote ou flores'". E mais adiante, explica:

> A nossa boemia é honesta e francamente sincera. Somos da raça daqueles boêmios que apreciam o bom vinho — mas quando o bom vinho não se perverte com a essência de bica, nem condimentos de drogaria. *A Garra* é boêmia, mas é bem-educada e usa luvas de pelica. (*A Garra*, 1903)

Polemizando a ideia de unir humor e utilidade, *O Riso* ironiza: "Nós não visamos trazer utilidade nenhuma. Trataremos de coisas inúteis e do supérfluo. Rir de tudo e de todos, inclusive de nós mesmos" (*O Riso*, 26/5/1911).

Logo na sua apresentação ao público, *O Diabo* faz questão de anunciar que se considera em posição marginal no campo intelectual.[18] Declara-se um "jornal irreverente, ilustrado por K. Lixto e redigido por um grupo de escritores que não são candidatos à Academia dos imortais". Na conclamação que faz aos leitores, é visível o tom anárquico:

> Povos e povas carnavalescas desta ultra cidade carnavalesca
> (...)
> Deus vos deu lábios para o diabo pousar neles o sorriso
> Deus vos deu pernas para o diabo vos ensinar o cancã
> Deus vos deu quadris para o diabo vos gritar: quebra!
> Empunhai o diabo, formai os vossos cordões e gritai
> aos padres (...) e fariseus de todas as classes:
> — Abre alas que eu quero passar!
> (*O Diabo*, 8/2/1907)

Se a ideia de humor vem associada a coisas tidas como diabólicas — cancã, requebros, riso e carnaval —, a outra face do diabo é o antifarisaísmo, a verdade.

É visível o jogo ambíguo de ideias e valores nos editoriais dessas publicações. Ora o humor aparece como pilhéria fina, troça educada, crítica inofensiva, ora se apresenta como cáustico, ferino e arma fatal. Esse aspecto dúbio do humor acaba sendo objeto de chiste:

> No *Degas*, a pilhéria é fina e esfuziante, não fere, nem maltrata; é uma dentada de pulga, um beliscão amigo: arde como pimenta, desopila os hipocondríacos, é um medicamento necessário para os tristes. (*O Degas*, 22/08/1908)

---

18 A revista se inspira em sua congênere francesa *Le Diable* (1903), cuja capa do primeiro número traz uma caricatura do diabo segurando os pilares da sociedade burguesa: poderes judiciário, militar e eclesiástico. (Wolgensinger, 1992)

Esse imaginário que se constrói sobre o sentido do humor e a figura do humorista deixa entrever outra questão: a teatralização. Frequentemente, o humorista apresenta-se como ator, dramatizando algumas conquistas da modernidade. É nesse sentido, por exemplo, que concebe a imprensa enquanto espetáculo a ser encenado nos palcos teatrais.

A imprensa como espetáculo: as conferências humorísticas e os "jornais falados"

Na primeira década do século XX, as conferências literárias no Rio se tornaram uma espécie de modismo, lotando as plateias do Instituto Nacional de Música e outros lugares sofisticados. Em agosto de 1905, as conferências de Coelho Neto, Olavo Bilac e Medeiros de Albuquerque deram início à série. O intuito era agradar uma plateia elitizada e ávida por novidades. Como o ingresso era pago, restringia-se consideravelmente o público espectador.

De modo geral, tem-se destacado o tom de superficialidade dessas conferências, mas Brito Broca chama a atenção para alguns saldos positivos desses eventos na vida cultural da cidade. O primeiro estudo do conjunto das obras de Machado de Assis tem origem nas palestras pronunciadas por Alfredo Pujol. Este também é o caso de Afonso Arinos, que publica um livro como resultado de suas conferências sobre lendas e tradições populares (Broca, 1956).

As conferências literárias não devem ser associadas apenas ao mundanismo e ao modismo. Na realidade, desempenharam importante papel na vida cultural carioca e na própria organização da sociabilidade intelectual. Além de servirem de canais importantes para a divulgação de obras literárias, as conferências funcionavam como espaço de atuação do intelectual--ator, que ali encenava a multiplicidade de seus "eus", tema tão caro à modernidade.

O escritor tornava pública sua obra apresentando-a através de si mesmo. No palco, aos olhos do espectador, a figura do homem se fundia à do escritor, se confundia com ele. Predominava o aspecto da encenação. Olavo Bilac, consagrado como conferencista da moda, destacava-se sobretudo por sua *performance* artística. Merecem destaque sua "voz timbrada", a "dicção encantadora" e o entusiasmo em que sabia envolver a plateia (Magalhães Junior, 1974, p. 283). Desfazia-se, assim, a imagem do homem solitário escrevendo em seu gabinete, distante do turbilhão público.

Para acompanhar a velocidade dos acontecimentos, o escritor devia fazer-se vetor das notícias, transmitindo-as ao vivo, no ritmo exigido pela modernidade. Assim, a linguagem deixava de se apoiar apenas no domínio oral e escrito das palavras para estender-se à ação, que se apresentava como expressão capaz de enfeitiçar a imaginação do público. Vale lembrar que nessa época começavam a ocorrer os festivais cívicos, competições esportivas, partidas de futebol e corridas de automóveis. Acentuava-se a ênfase na velocidade, no movimento, na ação e na ousadia. Em decorrência, modificava-se o próprio padrão de herói: os heróis da palavra tendiam a ceder lugar aos heróis da ação (Sevcenko, 1992).

É interessante ressaltar como a "cultura da modernidade" modificou os padrões da comunicação social. Se antes as palavras serviam para descrever, denotar, delinear, agora serviam para captar imagens, sonhos e sensações do inconsciente (Karl, 1988, p. 80). A linguagem se transformava numa área de experimentação, onde se buscava constantemente criar significados e sons novos.

A arte do trocadilho, tão benquista entre os boêmios, integrava-se nesse processo de reinvenção da linguagem. Trata-se de um "malabarismo da palavra", explicava Pederneiras (1906), mas o trocadilho bem feito e improvisado é privilégio de poucos: há que se conhecer a língua, suas modalidades e variações fonéticas. Entre os *experts* nesta arte, Pederneiras destacava os nomes de Emílio de Menezes, Bastos Tigre, Gonzaga Duque, Lima Campos e Gastão Bousquet, que se duelavam em intermináveis jogos de palavras (Pederneiras, 1906).

É neste contexto que a palavra escrita vai tornar-se anacrônica e ultrapassada. O próprio Bilac, numa crônica de 1904, já prenuncia essa situação. Falando sobre o caráter moroso da comunicação livresca de então, ele argumenta:

> (...) pouca gente pode consagrar um dia, ou ainda uma hora toda à leitura de cem páginas impressas sobre o mesmo assunto. Talvez o jornal futuro — para atender à pressa, à ansiedade, à exigência furiosa de informações completas, instantâneas e multiplicadas — seja um jornal falado e ilustrado com projeções, dando a um só tempo a impressão auditiva e visual dos acontecimentos. (Magalhães Júnior, 1974)

No palco, assistia-se ao espetáculo da metamorfose: do escritor-ator, do assunto-cenário e do intelectual-apresentador. Procedimento típico desta encenação foi a conferência de Viriato Correia sobre as cantigas do sertão. Após comparar a pureza da alma sertaneja com a da alma infantil, Viriato se transformou em apresentador do espetáculo, introduzindo à plateia do Café Assyrio, no Theatro Municipal, um grupo de música sertaneja. Vestido à moda regional — perneiras, peitoral de couro e gibão —, o grupo cantou para uma plateia surpresa. A conferência se transformara em verdadeiro espetáculo, onde o jornalista desempenhava o papel de apresentador da cultura popular. O tom foi de impacto: um *frisson* percorreu a plateia emocionada. A primeira reação foi o mais absoluto silêncio, a impossibilidade de entender. Depois, aplausos calorosos (*Ilustração Brasileira*, 1/8/1914).

Sob a forma de espetáculo, a comunicação funcionava. Entre os intelectuais humoristas, este aspecto da comunicação cênica era de fundamental importância, e as revistas humorísticas frequentemente satirizavam o hábito das conferências. *O Malho* fez publicar a seguinte manchete: "Mais uma conferência!" A nota chamativa, porém, driblava a expectativa do leitor: em vez de anunciar o esperado, anunciava-se os mais variados produtos, como a "bota fluminense", que "vende mais barato para vender mais" (*O Malho*, 3/8/1907).

O chiste efetuava a associação entre conferências, publicidade e modernidade. Todos os aspectos capazes de atrair a atenção do leitor, despertando sua acuidade visual, eram postos em prática. Já se destacou a familiaridade dos caricaturistas com os recursos cênicos e a linguagem teatral (Moraes Belluzo, 1002). Eles se apresentavam como hábeis manipuladores dessa linguagem, fazendo seus calungas e bonecos se comportarem como atores através dos movimentos, dos gestos e da expressão. Todo esse jogo cênico remetia ao desempenho nos palcos; de fato, era através dessa configuração que se moviam os intelectuais humoristas. Nas conferências literárias, faziam questão de marcar esse papel.

Em agosto de 1907, através da revista *Fon-Fon*, anunciou-se a primeira conferência humorística ilustrada. Realce especial foi dado ao desempenho do grupo, que faria de seu espetáculo uma *great attraction*:

> A conferência da *Fon-Fon* foge à vulgaridade e ao ramerrão. Primeiro, será num teatro: no elegante teatro Palace. Depois, como vai ser humorística e ilustrada, empregará três personagens: o *causeur* e dois desenhistas que irão ilustrando com grandes caricaturas os tipos que aquele for descrevendo, no seu falar esfuziante de verve e de espírito. (*Fon-Fon*, apud Lima, H., 1963)

Em seguida anunciou-se quem seriam os personagens: Fon-Fon, vestido com seu uniforme de chofer — óculos, casaco e luvas; e os dois caricaturistas: K. Lixto e Pederneiras. Os caricaturistas e o chofer integram a galeria dos personagens modernos: estes, por sua linguagem ágil, visual e de rápida comunicação; aquele, enquanto condutor de um dos instrumentos mais atrativos da modernidade: o automóvel. O tema da conferência — os tipos cariocas — é visivelmente moderno. Assim, os caricaturistas propõem-se a desenhar esses tipos, segundo os seus tiques, feitios, maneiras, gestos prediletos e manias (*Fon-Fon*, 20/7/1907, *apud* Lima, H., 1963).

É patente a tentativa de desvendamento, decifração. O que se colocava até então como indecifrável, privado, agora vem ao domínio público sob a forma de caricatura. Tudo funciona como pista: tiques, manias e gestos. O caricaturista flagra na hora, capta e registra em seus traços. O objetivo, esclarecem os organizadores da conferência, é agrupar as pessoas em categorias, classes e espécies.

Para uma sociedade que se tornava cada vez mais heterogênea e complexa, a cidade do Rio de Janeiro e seus habitantes se transformam em desafio. Nesse sentido, quando reconhece, nomeia e dá forma a esse universo mutante, a caricatura passa a ser um referencial organizador e normativo. Por outro lado, funciona como válvula de escape, aliviando tensões e conflitos sociais. Afinal, o objetivo da conferência da *Fon-Fon* era proporcionar aos espectadores "uma hora feliz de riso franco e de clara alegria".

As conferências humorísticas ilustradas logo ganharam ampla popularidade, tornando-se prática cultural corrente. Os intelectuais cariocas frequentemente recebiam convites para participar de conferências em outros estados, caso, por exemplo, de Bastos Tigre e Emílio de Menezes. Em 1915, Menezes foi convidado por Oswald de Andrade para fazer uma conferência humorística no Conservatório Dramático e Musical, ilustrada pelo jovem caricaturista Mendes Fradique (Lustosa, 1993, p. 102). Em novembro de 1911, novamente no Teatro Palace, Raul Pederneiras voltaria a explorar o tema dos tipos, em parceria com o humorista português André Brum. Enquanto Brum caricaturava os tipos lisboetas, J. Carlos, K. Lixto, Luiz e o próprio Pederneiras desenhavam os cariocas: a menina namoradeira, o guarda civil, o guarda noturno, o peixeiro, o capadócio,[19] o caixeiro do armarinho, o garçom e a criada eram alguns dos tipos

---

19 "Capadócio" é o tipo maneiroso, suspeito e matreiro. (Pederneiras, 1922, p. 19)

caricaturados. Contracenando com eles, estariam a menina da baixa, o cadete, a polícia, a varina, o fadista, o cocheiro de tipoia e a sopeira das ruas de Lisboa (Lima, H., 1963, p. 166).

Tradição e modernidade se entrecruzavam na tentativa de fixar os traços dos personagens: é o retrato de uma sociedade em que algumas figuras em extinção convivem com outras que estão emergindo no cenário social. A caricatura capta esse panorama em movimento, fazendo-o aparecer sob a forma de imagens e esboços, ante uma plateia hipnotizada.

Os chamados *portraits-charges* adquirem cada vez mais popularidade. Em março de 1912, João Foca, Pederneiras e K. Lixto se apresentam no Teatro Cassino, em Petrópolis. O jornal *O País*, de 4 de março, já anunciava o espetáculo como uma tradição na vida cultural carioca:

> Constará essa soirée de duas partes: um ato de cabaret parisiense, no gênero do que fazia a tournée Foca-Chaby-Colaço, e uma hora de conferência humorística ilustrada, como a que há anos faziam com tanto êxito no Palace-Teatro e no Teatro da Exposição. No ato de cabaret, serão feitos os *portraits--charge* de figuras conhecidas por K. Lixto, Raul e Luiz (...). (Lima, H., 1963, p. 167)

O espetáculo constou da seguinte apresentação: enquanto João Foca contava anedotas e fazia imitações de tipos, os caricaturistas iam fixando os seus traços. Conjugava-se, dessa forma, fala e imagem.

As conferências humorísticas ilustradas prepararam terreno para um outro tipo de espetáculo: o "jornal falado", que seria encenado no Teatro Fênix em 29 de julho de 1914. Mais do que nunca se fazia presente a ideia da imprensa como espetáculo a ser encenado pelos jornalistas-atores. Em 1907, a revista *Fon-Fon* já aparecia como personagem, contracenando com os caricaturistas Raul e K. Lixto, mas, agora, os jornalistas também se apresentavam como atores da modernidade.

De fato, essa ideia da imprensa como espetáculo vivo não é de todo novidade; desde o século XIX a imprensa já vinha aparecendo como personagem obrigatório em algumas cenas do teatro de revista. Em "O carioca", peça de Artur Azevedo (1886), as folhas do jornal cantavam em coro: "Poder mais forte não há, decerto que o do jornal" (Sussekind, 1988, p. 80-81).

Por essa época, Paula Nei já tinha como hábito postar-se à porta da Confeitaria Colombo ou junto à *Gazeta*, com Pardal Mallet, promovendo o seu jornal falado.[20] Repórter da *Gazeta de Notícias*, *Gazeta da Tarde*, *Diário de Notícias* e *Cidade do Rio*, Nei era, no entanto, um defensor da comunicação oral. São atribuídas a ele estas palavras:

> (...) isso de permanecer horas e horas sentado à mesa, diante de tiras de papel, molhando a espaços a pena no tinteiro, a garatujar imagens, empacando em regras de gramática... Não, não é comigo! Adoro a liberdade, quero os movimentos livres e a palavra voa... Prefiro a palestra (...), leitura (...). A palestra é um rio ligeiro (...) o livro é água estagnada... (Menezes, R., 1944, p. 85)

Ao defender tais ideias, Paula Nei já deixava entrever a busca de novos canais de comunicação com o público. As conferências humorísticas ilustradas e o jornal falado incorporaram parte dessa dinâmica comunicativa que caracterizou a "cultura do modernismo".

O evento de 1914 viria, portanto, comprovar esses conceitos, integrando o jornal ao universo da moderna comunicação. Agora, o jornal não inspiraria apenas uma cena no teatro

---

20 O "jornal falado" acabou se convertendo numa espécie de tradição cultural entre os nossos intelectuais. Na biografia de Luz del Fuego (Agostinho, 1994) menciona-se o "jornal falado" que ocorria no salão da família Vivácqua em Belo Horizonte. Lá se reuniria a elite intelectual mineiro dos anos 1920: Milton Campos era o cronista político que geralmente abria o jornal; Abgar Renault fazia as poesias; Carlos Drummond de Andrade, a crônica literária; enquanto a Pedro Nava cabiam as ilustrações e caricaturas.

de revista, poderia comandar todo um espetáculo. Os "ases da imprensa" se apresentariam diretamente a um auditório "ávido e inquieto por ouvir e ver aqueles jornalistas fazerem a folha" (Magalhães Júnior, s.d; Menezes, R., 1966a).

Confeitaria Colombo.
Fonte: Fundação Casa de Rui Barbosa/ Biblioteca

A revista *Ilustração Brasileira*, organizadora do evento, anunciou sua realização com grande alarde. Nas primeiras páginas da publicação, as fotos dos participantes aparecem em grande destaque, como verdadeiras estrelas. A foto de K. Lixto é destacada, pois a ele é atribuída à função de ilustrar todas as palestras.

No *script* do espetáculo, estavam incluídos: o folhetim parlamentar (Batista Rego), humor (Bastos Tigre), noticiário policial (Viriato Correa), crônica teatral (Oscar Guanabarino), crônica elegante (Paulo Gardênia), literatura (João do Rio) e política (Costa Rego).

Em sua conferência, Costa Rego dramatizou magistralmente o papel de redator político. Começou exprimindo a sensação de mal-estar que significava passar do texto escrito para o falado. Ironizou a ideia, argumentando que na escrita podia permanecer anônimo, enquanto a fala o obrigava a se expor. Além do mais, argumentava, no jornal falado via-se obrigado a improvisar diante do público, podendo ser alvo da censura policial.

Ironizando o papel de articulista político, Costa Rego comparava-se a um cozinheiro: ambos teriam como função agradar o público, descobrindo suas predileções. Por isso, o artigo era escrito sempre de acordo com a opinião do leitor; o segredo do jornalista consistia em sustentar ideias que pertenciam ao público, fazendo-as parecer de sua própria autoria. Ao entrar em cena, quer dizer, na redação do jornal, era necessário deixar as ideias no cabide, junto do chapéu e da bengala. Este seria o meio mais indicado para escrever à vontade. Terminado o trabalho, retomavam-se os pertences e as ideias próprias (*Ilustração Brasileira*, 16/8/1914).

O texto é extremamente rico. Nele, o jornalista assume claramente o papel de ator, tanto ao escrever solitariamente a sua matéria, como ao improvisar diante do público espectador. A opinião pública aparece como protagonista do espetáculo.

A atuação de Bastos Tigre também se destacou, por seu caráter original: o autor fez uma espécie de metajornalismo, com os atores falando simbolicamente do seu papel; depois passou alguns minutos em silêncio, lendo e relendo várias tiras de jornal. Houve um momento de angústia para o auditório, que não entendia a razão de tal ato. O mal-estar acabou se convertendo em gargalhadas, quando se declarou que as coisas misteriosamente lidas em silêncio haviam sido cortadas pela polícia (Menezes, R., 1966a, p. 361). Essa forma irreverente de expressão iria preponderar entre os intelectuais do grupo, que frequentemente recorriam à paródia, encenando situações e *performances* destinadas à crítica social.

Desde o início do século XIX os caricaturistas já satirizavam a posição marginal que alegavam ocupar no universo artístico carioca. Na época, só participavam das exposições na Escola Nacional de Belas Artes os pintores e escultores consagrados pelo mundo oficial da cultura. A partir de 1907, a revista *Fon-Fon* começou a parodiar as exposições oficiais, conforme veremos mais adiante. Os humoristas encenavam o papel de críticos de arte, apropriando-se da sua retórica de valores (Silva, M. A., 1990). Entre os componentes do grupo, a figura do crítico era constante objeto de sátiras, e isso não passaria despercebido a Emílio de Menezes:

> Todo crítico, assim mais ou menos caduco
> Sendo em arte incapaz, na obra alheia é ranzinza
> — O crítico, em geral, é uma espécie de eunuco.
> (Menezes, E., 1980d)

Por meio desse humor ferino, os intelectuais expressavam seu desacordo frente aos padrões estéticos da vida cultural quando, apropriando-se dos parâmetros artísticos dominantes, parodiavam o seu linguajar. Fazendo a crônica humorística das exposições, o grupo já anunciava simbolicamente a ideia de promover seu próprio salão, e este projeto viria a se concretizar em 14 de novembro de 1916, dia em que foi inaugurado o Salão Nacional dos Humoristas no Liceu de Artes e Ofício, tendo à frente Raul Pederneiras, Yantok e Gil. A revista *Careta* anunciou o acontecimento com humor:

> Os hábeis caricaturistas do lápis, manejando também o escropo e até martelo, serrote e picareta inauguram o Primeiro Salão de Humor. (*Careta*, 18/9/1916)

A exposição reuniu os grandes nomes da caricatura, marcando época como acontecimento artístico. Entre os participantes estavam Julião Machado, Belmiro, Bambino, Hélios Seelinger, Raul Pederneiras, K. Lixto, J. Carlos, Yantok, Morales de los Rios, Fritz, Luiz e Romano. Na época, o evento foi bastante comentado pela imprensa, que chamava constantemente a atenção para sua organização e para o espírito de unidade do grupo. As fotos da abertura da exposição mostram uma plateia extremamente concorrida e alvoroçada.

Alguns expositores preparando a sala minutos antes da inauguração do 1º Salão do Humor.
Fonte: Fundação Casa de Rui Barbosa/ Biblioteca

No Salão do Humor ficou clara a relação que se estabelecia entre os caricaturistas e o universo publicitário. Logo na primeira página do catálogo da exposição (1916) aparece a seguinte nota, que ironiza:

> *Aviso*
> Havia um projeto para ser colocado aqui nesta página um anúncio e este seria o da Casa Leivas, Rua dos Ourives, nº 9, onde se faz chapéus tão bons que é da gente perder a cabeça; porém, à última hora, ficou resolvido que aqui não se anunciará nada.
> *A Comissão*

Recorrendo à *performance* humorística, os caricaturistas faziam propaganda dos seus próprios patrocinadores. Cada vez mais, a arte tendia a se aproximar do cotidiano, integrando-o como dimensão da vida moderna.

No Salão tornou-se clara também a reorganização da percepção artística, uma vez que aumentou o potencial sensível das palavras, perdendo-se características que até então lhes eram atribuídas. A sinestesia fez parte desse processo histórico, que veio alterar decisivamente as linguagens da cultura, juntamente com os seus valores, hierarquias e prioridades (Karl, 1988, p. 80). Nas esculturas apresentadas por K. Lixto e Raul Pederneiras, como se pode ver pelo catálogo, verifica-se esse redimensionamento da linguagem, que aparece diretamente associada à experiência visual: a escultura de um biombo ganha o título de "Quem é?"; já o criado-mudo é denominado "Às ordens", e o cinzeiro, "Sirva-se". Dessa forma, os objetos são redimensionados pela linguagem, que deixa de ser puramente descritiva para capturar os múltiplos sentidos sugeridos pela imagem. Para um porta-cigarros de madeira, Raul deu o sugestivo nome de "Carregador", enquanto denominava o porta-botões de "Quitandeira".

Amplia-se o potencial das palavras: se antes "carregador" se referia a alguém que transportava cargas, agora se referia também a objetos capazes de transportar outros objetos de um lugar para outro; se "quitandeiro" era associado a um indivíduo que ia de porta em porta para atender à demanda dos fregueses, agora o porta-botões também traduzia essa ideia. O grupo estava pesquisando, portanto, as novas possibilidades da linguagem, capaz de representar não só as coisas, mas as múltiplas sensações e associações que elas evocam.

Dentre os trabalhos apresentados no salão, a revista *Careta* destaca especialmente os de K. Lixto, Raul Pederneiras, J. Carlos e Luiz. O boneco de pano de Fritz representando Barbosa Lima foi especialmente elogiado, fazendo o articulista comentar: "Tenho a certeza de que Barbosa Lima rirá com o boneco de Fritz" (Lima, H., 1963, Vol. 1, p. 161,)

Fazendo um balanço das atividades do grupo boêmio, Rubem Gil (1944) iria destacar os trabalhos de Madeira de Freitas no Salão do Humor. Na "Arca de Noé", o humorista reunia os políticos de destaque, a sociedade mundana, intelectuais e artistas plásticos. Também eram objeto da caricatura de Freitas os intelectuais da Academia Brasileira de Letras e os velhos políticos. Desenhadas a nanquim, as figuras eram recortadas em tecido de casimira.[21]

Já a revista *Fon-Fon* saúda o Salão como mais uma prova de que o brasileiro não era um povo triste. Argumenta que o humor é um sinal iniludível de inteligência, enquanto a estupidez é séria e sisuda. Logo, devemos admirar e incentivar os humoristas que nos fazem rir dos outros e de nós mesmos. Na exposição, o público encontraria a verve e a blague, podendo passar horas bem divertidas (*Fon-Fon*, 7/10 e 4/2/1916).

A revista *Careta* publica uma caricatura de J. Carlos que traz a seguinte inscrição: "No *Salon* dos Humoristas há coisas do arco-da-velha" (*Careta*, 18/11/1916).

De fato: o salão inaugurava um novo espaço de sociabilidade para o grupo dos intelectuais humoristas. Se este já vinha marcando sua presença na vida cultural da cidade, agora essa presença seria institucionalizada num espaço próprio. No Salão de Humor, o grupo viu reforçados os seus laços de solidariedade e o *esprit des corps*. No ano seguinte, um novo evento reforçaria sua atuação no espaço público: a Festa do Riso, realizada a 20 de dezembro de 1917 no Palace Teatro. Raul Pederneiras fez a conferência humorística "O Riso"; Bastos Tigre e Julião Machado produziram comédias; Luís Edmundo, João Luso e Viriato Correa se encarregaram das cançonetas, e os "bonecos para rir" foram apresentados por K. Lixto, Pederneiras, Fritz, Luiz, Romano e Nemésio (*D. Quixote*, 5/12 e 19/12/1917).

Por meio desses espetáculos, que atraíam um público cada vez mais numeroso, o grupo conseguiu dinamizar a linguagem da imprensa, transformando-a em realidade viva, atuante e, sobretudo, risível.

---

21 A propósito da participação de Madeira de Freitas no evento, ver o livro de Lustosa (1993).

A cidade cenário: teatro, cinema e publicidade

Vislumbrando a cidade como uma espécie de palco, o intelectual humorista se apresentava como um ator, que ora era transfigurado no alegre "turuna",[22] assumindo a pose de *bamba*, ora no controverso "quixote", incorporando também a máscara do palhaço.

Paula Nei se autodenominava "palhaço da cidade". Parodiando o personagem de Cervantes, Bastos Tigre se apresentava com o pseudônimo de "Dom Xiquote", como já mencionamos. Já K. Lixto, Pederneiras e Gil eram carinhosamente chamados de "turunas da caricatura" (Bastos Tigre, 1905).

Misto de valente, irreverente, herói, justiceiro, vanguardista, objeto de riso e troça, a figura do intelectual humorista se destacava por sua multiplicidade de "eus". Essa temática, por via dostoievskiana, está presente em várias obras literárias da época, como as de João do Rio, Lima Barreto, Coelho Neto e Viriato Correia.

A máscara representa uma das metáforas mais expressivas do imaginário modernizador. Esconder a verdadeira identidade, fazer-se passar por outro, é uma maneira de confundir a si próprio e aos demais. Os pseudônimos, tão recorrentes no universo intelectual, funcionam como recurso dessa representação teatral infinita, onde Paulo Barreto representa João do Rio, que representa João de Lorena, que apresenta o dândi... (Antero, 1989, p. 29)

Entre os intelectuais humoristas, a recorrência aos pseudônimos é inusitada, seja como tentativa de estabelecer limites entre o homem sério e o humorista, códigos de solidariedade, proteção contra a censura, seja como forma de multiplicar seus escritos no mercado. Assim, o humorista está sempre por trás de um personagem que remete a outro infinitamente.

Nesse grupo, o recurso aos pseudônimos é maior entre os escritores do que propriamente entre os caricaturistas. Bastos Tigre, possivelmente, é um dos que assumem maior número de nomes, para cada publicação, ele geralmente cria uma iden-

---

22 "Turuna" é o valente, destemido, chefe. (Pederneiras, 1922, p. 64)

tidade fictícia. Assim, no *Rio Nu* é o Mané Fossa, na *Avenida* é K. Hem, Pif-Paf em *O Riso*, R. Dente no *Mercúrio*, Hilaritos no *Filhote da Careta*. Algumas vezes, o estilo literário determina o pseudônimo: quando escreve crônicas, Bastos Tigre pode ser P. Ingente ou Dom Xiquote, mas é a *persona* de Dom Xiquote que predomina na maioria de seus escritos (Menezes, R., 1966a, p. 391). Seja na *Tagarela*, revista em que apresenta os primeiros sonetos satíricos (1902) seja na *D. Quixote*, revista que criou em 1917, Tigre se identifica com a versão modernizadora do personagem cervantino, ou seja, um personagem que se faz passar por louco para poder dizer as verdades e assim exercer, com certa dose de humor, seu papel de justiceiro e crítico social.

Já Raul Pederneiras se apresenta como Luar, João Sena, César, João Fernandes, Bueno Amador e Lirão. Sua assinatura não se revela pelas letras, mas pelo desenho de um simpático vira-lata, que funciona como sinal identificador de sua obra. Criam-se, portanto, códigos de comunicação específicos.

A questão do pseudônimo enquanto máscara a ocultar identidades não passa despercebida. Quem se esconde? Por que se esconde? E de que forma o faz?

A partir dessas indagações, distingue-se a caricatura do chamado "artigo de fundo": o caricaturista é considerado leal porque ataca de frente, acaba se desmascarando aos olhos do leitor pelos próprios traços de seu desenho. Seu estilo é único, inconfundível e, enquanto tal, funciona como assinatura. Já o "artigo de fundo", argumenta-se, permite que o escritor se esconda por trás de pseudônimos e permaneça incógnito. Donde se conclui que é a "lealdade das armas" que está em questão (*D. Quixote*, 24/3/1926).

Apesar de escrito em medos da década de 1920, o artigo que acabamos de citar traz questões que já se faziam presentes no início do século XIX. O traço artístico é visto como sinal que revela, desvenda e expõe. Expressão fisionômica, gestos e vestuário funcionam como pistas através das quais se pensa chegar ao âmago do sujeito.

Num contexto de profundas transformações sociopolíticas, os intelectuais buscavam afirmar sua identidade social, lutando para reforçar a ideia da arte e da estética como um dos referenciais da sociedade moderna. Essa valorização da arte transparece nas atitudes cotidianas do grupo, refletindo-se em seu vestuário, comportamento e, sobretudo, no próprio envolvimento no que tange ao campo artístico.

Sua atuação em cinema, teatro e publicidade denota o interesse pelas mais variadas formas de comunicação e expressão cultural modernas. Em 1910, Lima Barreto, José do Patrocínio Filho e Bastos Tigre participam da criação da revista *Estação Teatral*, cuja proposta era ser um espaço de discussão para o teatro e as artes de modo geral. José do Patrocínio Filho também organizou, com Jardel Jércolis, a Companhia Trololó, que teria como estrela predileta a atriz Araci Cortes (Magalhães Junior, s.d.). Na realidade, desde o início do século, Pederneiras, Bastos Tigre, Patrocínio Filho e K. Lixto já vinham escrevendo roteiros para o teatro de revista.

Na vida cultural carioca, o teatro de revista é o cenário onde se dramatizam os impactos da cidade moderna, e as peças de Martins Pena e Artur Azevedo são típicas dessa dramatização do urbano. Seja para reforçar o brilho da Corte em oposição à vida pacata do interior (Martins Pena), ou para mostrar as conquistas da modernidade (Azevedo), a cidade está sempre em evidência, e é nas "revistas do ano" que esse senso de dramatização atinge seu auge: nelas, a história de um ano aparece num único espetáculo, enquanto a cidade passa a caber num pequeno palco. É notória aí a mudança que se opera nos referenciais de tempo e espaço (Sussekind, 1986, p. 62).

Concisão, condensação, veiculação de novas coordenadas de espaço e tempo, alegoria e humor: é através dessa linguagem que o teatro de revista procura recriar ficcionalmente o cidadão e a cidade, dando forma a uma realidade ainda difusa na sensibilidade coletiva. Esse linguajar e essa temática são familiares ao grupo dos intelectuais humoristas. O próprio Artur Azevedo, além de escrever peças para o teatro, também colaborava na imprensa da época. Mas em 1907 o teatro de revista entra em uma nova fase, da qual Artur não participaria.

Com os financiamentos cada vez mais problemáticos, o

teatro acaba sobrevivendo através de textos jornalísticos na imprensa. Surge, então, o "teatro-impresso", no qual o espectador se transforma em leitor, e o palco em folhetim. Na época, cria-se um personagem que dramatiza essa situação, noticiando a mudança do teatro, que deixava de ser encenado para ser publicado na imprensa (Sussekind, 1986, p. 111-114).

Esses fatos sinalizam mudanças de percepção mais ao nível da técnica do que ao da linguagem. A imprensa começava a se consolidar como força hegemônica no mundo da moderna comunicação, tendendo a integrar os demais recursos. Vale lembrar o sucesso que faziam na época as conferências humorísticas e o jornal falado. A imprensa tendia a transformar-se em um dos protagonistas da modernidade.

Vinculados ao universo jornalístico, Bastos Tigre, Pederneiras, José do Patrocínio e K. Lixto entram para a produção teatral, e é provável que as peças desses autores tenham sido financiadas pelos jornais aos quais se achavam vinculados. A linguagem cênica utilizada no teatro se assemelhava à dos caricaturistas na imprensa: divisão em quadros, cenas curtas, personagens alegóricos e representação do cotidiano carioca. É interessante a relação de afinidade que se estabelece entre o universo dos caricaturistas e o teatro. Vários caricaturistas vão se destacar enquanto "revistógrafos", atores, cenógrafos e figurinistas. Também participam na confecção dos cartazes, programas, em caricaturas de publicidade, na pintura dos "panos de boca" e na decoração da sala de espetáculos.

J. Carlos, autor da revista "É do outro mundo", executou todos os croquis para a montagem da peça, bem como os seus figurinos. K. Lixto também escreveu comédias, *guignol*[23] e peças

---

23 *Guignol* é um espetáculo de fantoches originário de Lyon, no final do século XVII, criado por Guignol e seu amigo Graton. No final do século XIX, surge em Paris uma manifestação com esse mesmo nome, cuja temática sensacionalista envolvia casos de horror, crimes, violência, raptos e cenas macabras. O objetivo era cômico, explorando-se o prazer que o susto e o medo suscitavam na plateia. O centro de criação e difusão do *guignol* foi o Théâtre du Grand-Guignol em Paris (1897). Esse tipo de teatro desfrutou de grande prestígio popular (Vasconcelos, L.P., 1987).

de fantasia, produzindo seus figurinos e cenários. Já Raul Pederneiras, que se popularizou como "revistógrafo", foi decorador, junto com Amaro do Amaral e Luiz Peixoto, do teatro da Exposição Nacional em 1908 (Carvalho, L., 1942). Essas informações revelam a estreita sintonia entre caricaturistas e teatrólogos; ambos pesquisavam uma nova linguagem, onde os efeitos visuais iriam desempenhar papel de fundamental importância.

Em "Pega na chaleira",[24] peça de Raul Pederneiras encenada em novembro de 1909, temos a dramatização da cidade moderna: as ruas se transformam em personagens alegóricos que dialogam entre si. O assunto são as inovações urbanas que mudam a percepção da época, introduzindo conceitos como os de funcionalidade, simplicidade e "espacialidade". A avenida Passos, por exemplo, que se configura como um dos símbolos urbanos da modernidade carioca, se apresenta como uma senhora bem tratada, bem calçada — orgulho da cidade. São nítidas as alusões eróticas na fala do personagem, que declara:

> Um leito como o meu, tão procurado,
> Disputado
> Ninguém com certeza encontrará.
> Um corte inteligente, bem traçado,
> Bem lançado
> Me alonga, me embeleza e mais me alarga
> E o grande movimento modifica
> Simplifica
> Do extremo do Rocio à rua Larga
> Tanta felicidade!

---

24 Expressão da época que surgiu como alusão às rodas de chimarrão de Pinheiro Machado, onde os mais bajuladores se prontificavam a ver se a água da chaleira já estava quente. A expressão seria consagrada pela modinha de Eduardo das Neves, que dizia: "neste século de progresso, nesta terra interesseira tem feito grande sucesso o tal pega na chaleira" (Lustosa, 1989a, p. 51). O título da peça de Pederneiras capta com malícia o clima da época, quando incorpora a bajulação como valor do cotidiano da cidade.

D. Quixote, *19/5/1920*.

Se as avenidas Passos, Central e Beira-Mar representam as conquistas da modernidade metaforizadas em mulheres sensuais e arrojadas, a tradição ainda se refugia nos sinuosos becos — da Cancela e do Cotovelo — e travessas como a do Paço.

Preterido pela modernidade sedutora das avenidas, o beco do Cotovelo assim reage:

> Não tenho inveja das avenidas
> Vivo contente estreito assim
> Se elas por largas são preferidas
> Há quem por paixão deite por mim!

Pederneiras capta com humor e malícia as transformações do cenário urbano carioca, mostrando as diferentes perspectivas através das quais se pode vislumbrar o moderno. À época de sua construção, a Avenida Central desencadeou forte polêmica nos meios intelectuais. Essa reação se deu, em parte, porque as obras de abertura da avenida sacrificavam o traçado original da rua do Ouvidor, que era um dos redutos da intelectualidade carioca. Oscar Lopes, num soneto satírico, lamentava a morte da Ouvidor, "cabeça da cidade que seria cortada ao meio por uma espada feroz".

Em 1904, a *Gazeta de Notícias* sugere que seja realizado um plebiscito para a escolha do nome da Avenida Central. José do Patrocínio Filho, ironicamente, sugere "Avenida Capadócia", "Engole arame", "Caveira de burro", "Avenida Errada" e "Sorvedouro" (Menezes, R., 1966, pp. 134-135).

Um dos projetos arquitetônicos destinados a embelezar a Avenida Central era a proposta de ornamentá-la com uma aleia de pau-brasil. A ideia rendeu enorme polêmica na imprensa: em 1904, Edgardo publica no *O Malho* uma caricatura sobre o assunto (Fonseca, 1941). Também se inspirando neste fato, Pederneiras maliciosamente faz do pau-brasil um símbolo fálico frustrado. Como fruto da colonização portuguesa, ele seria impotente para dar conta das conquistas modernas:

> Mal nasci, fui depressa plantado
> Na avenida Central a valer
> Mas não querem caprichos do fado
> Que este país possa ao menos crescer
> Mirrado e peco
> Desta maneira
> Não vejo um meio para grelar

> Tenho o pau seco
> E quatro folhas na cumeeira
> E... não há meio de levantar.

Em 1916, o tema controverso da modernidade que também inspira a peça de Bastos Tigre "O Rapadura". No palco, compareceM os grandes inventos tecnológicos: locomotiva, telégrafo, transatlântico e aeroplano. Todos cantam louvor à velocidade, à rapidez, à potência e à força do mundo moderno: o telégrafo transmitindo o pensamento humano através do espaço, a locomotiva ligando os dois polos da Terra, enquanto o aeroplano faz do homem uma águia, senhor e rei da amplidão (Bastos Tigre, 1916). Mas o pacato "Rapadura" permanece fora desse mundo vertiginoso dos inventos. Ele concorda com tudo e com todos, principalmente com o patrão. Avesso a discussões, é fino e jamais se zanga. Apesar de dar duro na vida, continua sendo um "rapadura":

> Cavo, cavo,[25] outra coisa não faço
> Não passo... de "Seu Rapadura"
> Rapadura lá em casa e lá na rua
> E na lua, talvez, se eu lá for
> Ando pronto como outro qualquer
> E não sou sequer senador...

Rapaduras, capangas, charlatães, capoeiras, cocotes e coquetes: esses são alguns dos tipos que trafegam na cidade moderna. E também a "mulher elétrica que é toda magnética", "a indústria alimentícia que envenena os mortais, sem receio da polícia". Portanto, nem tudo é perfeito. O cinema e o teatro se queixam do abandono em que vivem: falta capital, faltam espectadores. Diz o cinema:

---

[25] "Cavar" significa procurar achego, lutar pela vida, tentar a sorte: "cavação". (Pederneiras, 1922, p. 21)

> Eu por desdita
> Vivo sem fita
> de dez mil metros quadrados
> de sensações
> Por isso o Rio
> anda arredio
> E deixa às moscas
> minhas sessões.

Em abril de 1910 surge "Paz e amor", nosso primeiro filme "sonoro". O roteiro é de José do Patrocínio. Lançado no Cine Teatro Rio Branco, o filme se transforma num sucesso de bilheteria, atraindo grande público. Trata-se de uma sátira ao governo de Nilo Peçanha, e o título teria sido inspirado na frase proferida por ele ao assumir o governo em 14 de junho de 1909, por ocasião da morte de Afonso Pena.

"Paz e Amor" transpõe para a tela um gênero consagrado na cultura carioca: o teatro de revista. Calcado em personagens e fatos do cotidiano carioca, fazendo um gênero próximo da comédia de costumes musicada, o filme traduz para a linguagem cinematográfica um universo familiar ao público. Comentando o lançamento, a revista *O filhote* de 12/5/1910 assim o descreve:

> A revista "Paz e Amor" que está em exibição na tela do cinematógrafo, recorda, comenta ou reproduz acontecimentos da atualidade, caricatura ou fotografa as individualidades mais em voga, desenrola a fita álacre dos nossos costumes, através dessa revista de entrecho leve e chistoso, ao som de músicas saltitantes, canções ridentes e diálogos cheios de graça.

Mais adiante, reforça a ideia do filme como teatro de revista:

> Os diálogos e os cantos estão de tal forma adaptados ao

movimento das figuras que o espectador, surpreendido, esquece que está no cinematógrafo e julga assistir a uma representação viva no palco. (Magalhães Junior, s.d.)

Por meio de uma narrativa metafórica, José do Patrocínio Filho reconstitui o clima da cidade, à época marcado pelas lutas em torno da sucessão presidencial. Seu protagonista é o coronel Tibúrcio, personagem popular entre os leitores da revista *Careta* por suas "cartas da roça", que revelam um roceiro sempre bem-humorado. Em suas andanças, esse personagem chega a um reino governado pelo rei Olin I (inversão do nome do presidente Nilo Peçanha). Desejoso de conhecer a cidade, procura o rei, que lhe oferece como guia a Imprensa. O coronel não aceita a companhia, por estar a Imprensa demasiado envolvida com a tarefa de caçar tostões. Sai, então, em companhia do Mago Moussiu Baboseira (Múcio Teixeira), que se dispõe a lhe mostrar o que nada mais é do que o nosso Rio de Janeiro. No largo da Carioca, nos arcos de Santa Teresa, o cinegrafista flagra ou finge flagrar Nilo Peçanha, Rui Barbosa, Pinheiro Machado e personalidades dominantes da política brasileira (Arquivo do IBAC/ Embrafilme). Na cidade, os dois personagens conhecem o cronista Figueiredo Pimentel (Fifi), a moda, a política, a viúva alegre, o cinema alegre, o vatapá, os candidatos à presidência, os bichos, o guarda-civil, o xícara (Pires Ferreira) e o pajé Accioli, chefe da famosa oligarquia do Ceará.
Entre os candidatos Hermes da Fonseca e Rui Barbosa, a Presidência da República declara:

> Entre a toga e a espada, eis-me metida,
> num verdadeiro beco sem saída (...)
> Entre o direito da força
> E a força do direito,
> vejo-me sem jeito
> Como escolher?
> Decida quem puder...
> (Magalhães Júnior, s.d.)

O filme termina com a entrada apoteótica do encouraçado Minas Geraes na baía de Guanabara.

Nilo Peçanha foi uma figura extremamente caricaturada durante seu governo, e recebeu o apelido de "Moleque Presepeiro" (Lustosa, 1989a, p. 51). Foi se inspirando no presidente que, em janeiro de 1917, Álvaro Marins (Seth) lança no cinematógrafo Pathé o primeiro filme de caricaturas; um de seus grandes atrativos é a cena em que Nilo Peçanha vai explodindo numa enorme gargalhada, fixada num traço de progressão crescente até ocupar quase todo o espaço da tela (Efegê, 1985).

Em abril de 1917, o cinema Haddock Lobo apresenta o filme "Traquinas do Chiquinho e seu inseparável amigo jagunço", sendo protagonistas do enredo os heróis da revista *Tico-tico*, que eram criação dos caricaturistas Storni e Loureiro (Efegê, 1985, p. 199).

Esses dados revelam a relação que começa a se estabelecer, no início do século XX, entre o universo da técnica e o da produção cultural: as primeiras quadrinhas e sonetos publicitários surgem entre homens de letras como Olavo Bilac, Emílio de Menezes, Bastos Tigre e Hermes Fontes. Bastos Tigre se profissionaliza no assunto, montando em 1913 a empresa Publicidade Bastos Tigre, que atende aos mais diversos anunciantes, como Confeitaria Colombo, Cafiaspirina Bayer, cigarros York, Magazine Notre Dame, Drogaria V. Silva e cerveja Fidalga. São de sua autoria alguns slogans que chegaram até os nossos dias, como "se é Bayer é bom", "quem tem boca vai a Roma" (para o restaurante Roma) e "fidalga em qualidade, popular em preço" (para a cerveja Fidalga) (Sussekind, 1987, p. 63).

É Bastos Tigre quem lança no comércio o termo "crediário", e cria para a loja Exposição o nome Ducal: na ocasião, a loja fazia sua promoção de lançamento oferecendo um terno com duas calças. Nosso primeiro jingle publicitário, no início da década de 1930, também é de autoria de Tigre. Foi ele quem fez a letra para Ary Barroso musicar e Orlando Silva cantar o "*Chopp* em garrafa" (Funarte, 1982).

Essa produção destinada a atender às demandas do mercado gera alguns conflitos entre os intelectuais. Frequentemente, parece-lhes contraditório lidar com universos tão distintos entre si, e mais uma vez vem à tona a questão: como conciliar artesanato poético e indústria? Como evitar que o artista sucumba frente às exigências do mercado? Enfim, como articular a criatividade da obra de arte com as demandas do mundo moderno, que erige a técnica como valor supremo?

Os chamados "versos reclames" respondem em parte a essas aflitivas questões. Dando preferência aos sonetos e à propaganda rimada, o escritor continua fazendo o seu "artesanato poético" (Sussekind, 1987, p. 63). Daí a profusão de versos como as "Bromilíadas", onde Bastos Tigre elogia o xarope Bromil parodiando *Os Lusíadas* de Camões. Nas propagandas de cafiaspirina era comum o recurso a personagens históricos, através da menção a "dores célebres na história": por exemplo, Napoleão aparece num campo de batalha vislumbrando ao longe a imagem de sua amada Josefina. No *Almanaque Bayer*, estampa-se uma cena de batalha onde Caxias profere a famosa frase: "Quem for brasileiro, siga-me!" (Funarte, 1982)

A recorrência a autores da literatura clássica e a personagens da história pátria e universal são alguns dos recursos destinados a dar caráter mais erudito à produção publicitária, que só vai adquirir uma linguagem independente e inventiva quando incorpora o desenho de humor à mensagem de venda (Amaral, 1992. p. 74). Procurando integrar os artistas ao mercado de trabalho, argumenta-se que a poesia não é incompatível com as coisas "dinheirosas" do comércio. Afinal de contas, ela pode iluminar com bom gosto o lado prático e utilitário da vida — esta é a argumentação da revista *O Filhote da Careta* (agosto de 1909) ao convocar os caricaturistas a participarem do concurso de cartazes do xarope Bromil.

A publicidade era uma saída para o grupo aumentar seus parcos rendimentos. Na época, o redator-chefe de um grande jornal ganhava no máximo de 500 a 700 mil réis por mês; para fazer uma quadrinha publicitária ele recebia de 20 a 30 mil réis. Paulatinamente, os intelectuais vão adquirindo consciência do seu valor no mercado. Olavo Bilac é encarregado de fazer a propaganda do fotógrafo Leterre, que exige a assinatura do autor da quadrinha. Bilac não se faz de rogado, e envia a Leterre a seguinte fatura:

> Por uma quadra reclame...................30 mil réis
> Por uma assinatura do poeta.......... 200 mil réis

O fotógrafo aceita a quadra, mas prefere esquecer a exigência anterior (Lessa, 1958). Mas nem todos os boêmios tinham senso comercial tão aguçado, e muitos deles faziam versos a troco de um bom jantar regado com muito vinho. Os proprietários dos cafés, geralmente, viam com simpatia o grupo de artistas, que se constituía em fonte de atração para seus clientes. Dessa forma, o grupo acabava se transformando na propaganda viva da casa (Lessa, 1958, p. 16).

Emílio de Menezes, em vez de procurar enobrecer seu papel de agente publicitário recorrendo a nomes pomposos e fazendo malabarismos estilísticos, faz o inverso, ou seja, assume diretamente sua identidade de "homem-sanduíche", denominando-se ironicamente "Gabriel d'Anúncio", um trocadilho chistoso em que brinca com a adoção do pseudônimo erudito ao mesmo tempo em que revela sua vinculação ao mercado. Sem esquecer sua bagagem literária, Emílio procura uma maneira de torná-la mais leve, integrando-a às exigências da sociedade moderna.

Inspirando-se nos personagens do romancista Joaquim Manuel de Macedo, Emílio resolve homenageá-lo por ocasião do seu aniversário de morte, com um anúncio da cerveja Brahma:

> Nesta data morreu nosso Macedo,
> autor do *Moço loiro* e da *Moreninha*.
> Quando o releio penso assim em segredo:
> um *chopp* loiro e um copo da negrinha.
> (Sussekind, 1987, p. 66)

Adotando um estilo irreverente, Emílio de Menezes recorre constantemente aos trocadilhos em seus reclames. Em certa ocasião, é chamado a fazer a publicidade da Confeitaria Cavé; logo em seguida também o convida o proprietário da Confeitaria Lallet. Acontece que as duas confeitarias eram rivais; uma se localizava na rua da Carioca e a outra no largo da Carioca. Emílio resolve o impasse de forma criativa, e sugere que ambas façam uma faixa na esquina da rua, estampando uma frase de cada lado. De um, a inscrição: "Quem vem de *Lá, lê*". Do outro, a réplica: "Quem vem de *Cá, vê*" (Leite, s.d.).

Se os literatos se prontificam ao papel de homens-sanduíches, divulgando através de seus escritos os produtos do mercado, assim também o fazem os caricaturistas. Desde meados do século XIX os caricaturistas já começam a se envolver com os anúncios publicitários. O cartaz de Henrique Fleiuss para o lançamento da revista *Semana Ilustrada* em 1860, os anúncios de Julião Machado em 1896 para a revista *A Bruxa* e, finalmente, o surgimento do jornal *Mercúrio*, cuja proposta era se dedicar à propaganda comercial ilustrada (Sussekind, 1987) são alguns dados ilustrativos dessa relação entre caricaturistas e publicidade.

Há uma charge excelente caricaturando os conflitos entre a chamada cultura erudita e a cultura de mercado. Rui Barbosa — símbolo da erudição —, com uma pena na mão, desenha um cartaz de propaganda publicitária da revista *Eu sei Tudo*. Um grupo de populares o observa atentamente; outros riem com cumplicidade, olhando em direção ao suposto leitor (caso do pequeno jornaleiro). Jocosamente, a charge intitula-se: "Rui Barbosa, pintor de cartazes" (*Revista da Semana*, 4/8/1917).

Na revista *Fon-Fon*, em 3/9/1910, o caricaturista já apresenta explicitamente seus serviços profissionais ao mercado:

> Mefisto executa desenhos para a ilustração
> de anúncios, obras científicas, literárias,
> catálogos, jornais etc... em diversos estilos,
> gênero sério e humorístico. Preços módicos.
> Tratar nesta redação.
> (*apud* Silva, M. A., 1990, p. 72)

O pintor de cartazes

Revista da Semana, 4/8/1917

No início do século XX, a produção cultural já tende a um engajamento crescente com o mercado. Entre os caricaturistas, esse processo ocorre de forma um pouco menos conflituosa do que entres os literatos.

A tendência da vida moderna era articular cada vez mais a produção artística aos valores do mercado, e nosso grupo de intelectuais vivencia agudamente essa experiência. Lidando com a linguagem humorística, se transformam em verdadeiros *experts* na arte de registrar o circunstancial e os fatos do cotidiano, apreendendo-os com graça, leveza e ironia. Nesse sentido, os humoristas fazem a crônica da cidade moderna.

3. A CARICATURA COMO UM DOS "SINAIS" DA HISTÓRIA

O conhecimento histórico é indireto, indiciário, conjetural.

Carlo Ginzburg

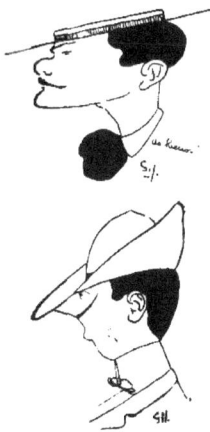

Um dos maiores desafios enfrentados pelo historiador é a concepção que constrói a respeito da ideia de passado, enfim, do que seja o seu próprio ofício.

O passado não está lá, à espera de resgate e reconstituição certeiros. Ao contrário: o passado, tal qual foi, não existe mais. Reconstituí-lo, portanto, é entrar em contato com a "desordem das lembranças", aventurando-se por labirintos, subterrâneos e fragmentos, conforme já sugeria a instigante reflexão de Walter Benjamin (Benjamin, 1987).

Assim, não existe uma história dotada de sentido unívoco e triunfalista, baseada na ideia de continuidade. A história torna-se então uma "obra em aberto" e, enquanto tal, não pode ser definitivamente interpretada; e justamente esse caráter inacabado faz com que seu sentido esteja presente nos lugares mais imprevistos: é nos interstícios da ação humana que se inscreve a história.

Benjamin enfatiza a descontinuidade como elemento central de sua filosofia da história; deve-se, assim, localizar a historicidade em dissonâncias, choques — elementos tidos como inassimiláveis, heterogêneos e inacabados (Mattos, 1989). O que interessa é a compreensão do fragmentário, do ambíguo e do efêmero.

De acordo com essa perspectiva, a história foge a uma explicação linear, pontuando sua presença nos indícios, nas pistas e sinais. A reflexão de Ginzburg (1990) neste sentido é extremamente sugestiva. Segundo ele, a história se ancora no que chama de "modelo cognitivo indiciário", que teria começado a se afirmar nas ciências humanas no final do século XIX, fornecendo elementos interpretativos para campos tão diversos quanto o da psicanálise, o da criminologia e o da história da arte. Ginzburg indaga: afinal de contas, o que poderia unir Freud, Sherlock Holmes e Morelli? Em outras palavras, o que tem a ver o trabalho do psicanalista com o do detetive e com o do historiador?

Ocorre que esses saberes têm um ponto em comum: a busca de coisas concretas e ocultas através de elementos que normalmente passam despercebidos à nossa observação (Ginzburg, 1990, p. 147). É a decifração de pistas que está em questão; elas estão presentes no nosso cotidiano, ou seja, nos pormenores, nos traços considerados triviais, enfim, no saber conjetural. É, portanto, através desses elementos que se pode atingir determinados aspectos da dinâmica social que geralmente são silenciados.

Ginzburg observa, no entanto, que o modelo cognitivo indiciário é bem anterior ao século XIX, remontando à sociedade dos caçadores. Neste sentido, levanta a possibilidade de que a ideia de narração tenha se originado, nessa sociedade, a partir da experiência da decifração de pistas. Assim, observa, o caçador teria sido capaz de ler nas pistas mudas deixadas pela presa uma série coerente de eventos (Ginzburg, 1990, p. 152).

A metáfora da caça ilustra bem a ideia de decifração de pistas. Mais do que isso: aponta para um método pelo qual se pode operacionalizar um trabalho. Como o caçador, o historiador também delimita áreas, rastreia, segue pegadas, percursos e trajetórias. Não é por acaso que esses termos aparecem tão frequentemente nos nossos *papers* e teses acadêmicas. Para o historiador interessa saber o que está por trás dos sinais e em que medida, afinal, estes podem contribuir para desvendar e tornar compreensíveis determinadas dimensões da ação humana.

Em entrevista sobre os novos procedimentos da pesquisa histórica, Duby (1988) estabelece claramente essa relação da história com o chamado modelo indiciário. A tendência da história moderna, segundo ele, seria partir no encalço das pistas imperceptíveis e das coletas incertas em terrenos ainda desconhecidos pelo estudioso.

Outra novidade dessa pesquisa, argumenta Duby, é o fato de deixar de lado o mais visível para interessar-se pelo oculto, pelo fugidio, pelo não-dito. Assim, conclui o autor, as descobertas mais emocionantes ocorrem quando o historiador consegue detectar aquilo que, voluntária ou involuntariamente, calava os discursos, ou que ficava oculto, consciente ou inconscientemente. Na maioria das vezes, há que se decifrar a história nos interstícios e entrelinhas do que é dito (Duby, 1988, p. 89).

Essas ideias trazem elementos sugestivos para se pensar na própria natureza do conhecimento histórico, ressaltando-se a sua especificidade. Na reflexão de Ginzburg (1990), o passado é apresentado como uma espécie de enigma a ser decifrado pela análise do historiador, e em Darnton (1990) também encontramos esse tipo de argumentação.

Para ele, o historiador, notadamente o historiador social, está sempre ombreando com mistérios e com a insondável estranheza da vida entre os mortos (Darnton, 1990, p. 13). Assim, ele explora as "tendências ocultas dos acontecimentos", mostrando que a história não está confinada a um passado remoto estacionário no tempo. É precisamente através do contato com o passado que o historiador altera o sentido do que possa vir a ser conhecido.

A partir daí, desfaz-se a ideia de um passado já dado e estruturado. Há uma dinâmica interna, uma interação viva do passado com o presente. Dessa forma, o passado "vem até o presente empurrando e impelindo coisas que parecem imobilizadas num estreito quadro temporal" (Darnton, 1990, p. 114).

Na reflexão de Walter Benjamin, Ginzburg e Darnton, o passado aparece como uma possibilidade de integração dinâmica, configurando-se como um "eterno construtor", algo que está se refazendo continuamente. Não é possível, para o historiador, tomar o passado como um todo; ele deve ter consciência de seu caráter necessariamente sem nexo e lacunar, fundado sobre fragmentos e ruínas (Ginzburg, 1991, p. 106) Assim, o passado não se apresenta de forma clara e assertiva, mas antes sugere, insinua, enfim, dá indícios de sua existência. É necessário então que o historiador se deixe sensibilizar por esses sinais que irão conduzi-lo a novas dimensões da experiência social.

Se abriu novos caminhos para a reflexão historiográfica, essa percepção do passado propiciou entre alguns historiadores, como percebe Chartier (1994), diagnósticos inquietos, que vêm enfatizando a existência de uma crise epistemológica. Tal crise teria eclodido quando foi questionada a crença num passado fixo e determinável, comprometendo-se a possibilidade da representação histórica. A partir daí, estaria minada a capacidade do historiador de se localizar no tempo (Chartier, 1994, p. 111).

Tais diagnósticos sombrios revelam o desaparecimento dos princípios norteadores das análises historiográficas que vigoraram a partir da década de 1960. Hoje, é inviável pensar o conhecimento histórico com base no "paradigma galileano" — matemático e dedutivo. Se é inegável que a história aciona construções e figuras da narrativa ficcional, é também inegável que está produzindo um corpo de enunciados cujo objetivo é controlar a produção de seus próprios objetos (Chartier, 1994, p. 111).

Em sua reflexão, Chartier deixa clara uma ideia: a necessidade de se abandonar os grandes modelos estruturais, procurando dar ênfase às dinâmicas pelas quais o indivíduo constrói seus vínculos sociais. Pertencentes ao domínio intuitivo, os "sinais" geralmente tendem a passar despercebidos ao olhar do historiador, mais inclinado a privilegiar os fatos considerados concretos. Nesse sentido é que proponho resgatar a caricatura como um dos sinais da história ou, mais especificamente, como um dos indícios expressivos que possibilitam pensar o modernismo no Rio de Janeiro. Por seu caráter de impacto, condensação de formas, debate sobre o cotidiano, e principalmente por sua agilidade na comunicação, o humor apresenta-se como linguagem amplamente identificada com as demandas da modernidade.

Por meio das charges, caricaturas e escritos satíricos, podem-se atingir novas formas de expressão, percepção e comportamento de uma determinada época. Ocorre que, historicamente, o humor tendeu a ser considerado coisa menor, uma espécie de matéria de segunda grandeza, objeto portanto, pouco digno de ocupar espaço no processo da reflexão social. Com isso, perderam-se sinais valiosos para o historiador.

Essa desqualificação do riso tem sido recorrente na tradição cultural ocidental, que nos vem desde a Grécia. Em *Arte da retórica*, Aristóteles define o cômico como imitação do sério, gênero pertencente aos homens inferiores (Olbrechts-Tyteca, 1974). Constantemente, intelectuais associaram a ideia de humor ao domínio do efêmero e dos sentidos (em oposição ao intelecto), definindo-o como uma espécie de diversão inconsequente. Vejamos alguns exemplos desse processo desqualificativo.

No final do século XIX, por volta de 1880, abre-se intensa polêmica no meio intelectual brasileiro sobre a natureza do teatro de revista. A questão discutida é se esse teatro poderia, efetivamente, ser considerado como arte, a tendência da época é negar "*status* artístico" a essas peças, consideradas "gênero ligeiro". A caricaturização dos personagens e a comicidade com que são tratados assuntos sérios são fatores de desqualificação (Sussekind, 1986).

Ao longo da década de 1930, quando se procede a uma releitura do movimento modernista paulista, alguns intelectuais ligados ao movimento católico recusam a tradição humorística do movimento, enfatizando a necessidade de encarar a "face séria da vida". Assim, condenam-se os escritos de Oswald de Andrade sobre a história do Brasil, vistos como poemas-piadas, historietas ou mero jogo de trocadilhos inofensivo. Nessa perspectiva desqualificadora, procura-se valorizar a poesia, compreendendo-se esta como expressão do sublime, eterno e essencial. Por fim, esses intelectuais recusam o espírito dionisíaco do humor e da blague que caracterizou a década de 1920 (Lafetá, 1974). Nesse contexto, o modernismo chega a ser avaliado como um "doloroso equívoco", marcando um momento de extrema superficialidade na nossa vida cultural.

Entre as décadas de 1940 e 1950, essa antinomia "comicidade" *versus* "seriedade" reaparece na contraposição "teatro sério" *versus* "teatro de diversão". O teatro sério seria encampado pelas companhias teatrais interessadas na dramaturgia, enquanto o "teatro para rir" incluiria as chanchadas. O primeiro representaria a "cabeça e a inteligência" da sociedade, e o segundo as suas "vísceras" (Adler Pereira, 1981). Curiosamente, vemos nessa argumentação o inverso da reflexão bakhtiniana, que une os planos indistintamente: o "superior" (cabeça) e o "inferior" (ventre) se complementam e se enriquecem mutuamente.

Entre nós, existe essa visão carnavalizada da sociedade, mas não extensiva ao pensamento e à reflexão intelectuais. No debate cinematográfico vemos também as marcas dessa ideologia, que desqualifica as chanchadas. Em nome do "filme sério", muitas vezes, aboliu-se o linguajar cotidiano e as gírias, argumentando-se que não prestavam para os diálogos cinematográficos (Viany, 1976).

Essa mesma desqualificação recaiu sobre a obra do grande escritor e dramaturgo Nelson Rodrigues.[26] Por muito tempo,

---

26 A obra de Nelson, apesar de admirada por escritores como Manuel Bandeira, José Lins do Rego e Sábato Magaldi, não era considerada literatura. Tampouco foi incluída no gênero humorístico ou de crítica de costumes. Em

os escritos de Nelson foram execrados, ou, pelo menos, vistos com maus olhos, fosse porque representavam a "versão *noir*" de nossa modernidade (que se queria dourada), fosse porque faziam a caricatura impiedosa de uma das nossas instituições mais caras — a família.

É importante retomar esse debate subterrâneo, onde o gênero humorístico-caricatural foi constantemente isolado, porque deixa entrever as linhas que presidiram a construção da nossa memória. Na tentativa de se ter uma arte "séria", confunde-se frequentemente seriedade com rigidez e erudição. O riso aparece, então, como coisa menor e pouco digna, em nítida oposição ao universo intelectual. De "ligeiro" a inofensivo, passando pela irresponsabilidade, superficialidade e pela imoralidade, o humor tem sido frequentemente desqualificado enquanto forma de expressão social.

Um dos argumentos reincidentes nesse discurso é a vinculação imediata e crua do humor com os fatos cotidianos. Daí as categorias de superficial, ligeiro e menor que lhe são atribuídas. É como se existisse um saber superior pairando sobre a realidade acidentada do cotidiano, capaz de ordenar os fatos dando-lhes lógica e sentido, e é em função dessa ideia que se opera a cisão entre conhecimento e realidade. Delimita-se um repertório de temas, fatos e procedimentos considerados científicos e sérios; do outro lado ficam os temas estigmatizados como menores, sem importância e, sobretudo, banais.

Essa visão polarizada da realidade se faz presente nos mais diferentes domínios da nossa vida social. Na área acadêmica, é ela que determina os critérios de legitimidade dos estudos, enquanto, na vida cotidiana, emite juízos de valor sobre atitudes, gestos e ideias.

Esse procedimento, que toma como referencial explicador da realidade a categoria da seriedade, foi objeto de reflexão de Luiz Baeta Neves (1979). Para o autor, a "ideologia da serie-

---

1957, quando Raimundo de Magalhães Júnior compila a sua *Antologia do humorismo*, não inclui na volumosa obra nem uma referência ao nome de Nelson Rodrigues. A propósito, consultar Ruy Castro (1992).

dade" evoca para si o *status* de teoria científica, colocando-se como única, genérica e verdadeira; e ao eleger-se como saber único, essa ideologia exclui as outras modalidades da experiência social. Nesse sentido, torna-se "monológica" (Bakhtin), constituindo um discurso autorreferenciado, centrado na ideia de uma suposta verdade.

Na realidade, essa visão autorreferenciada nos foi legada pela própria tradição do pensamento ocidental, que tem sido historicamente marcada pelo veto à ficção (Costa Lima, 1986) — desconsidera-se o ficcional enquanto forma de pensamento e reflexão, considerando-o como mero entretenimento, destinado ao passatempo.

Ao longo do século XIX, a ciência apresenta-se como o imaginário constitutivo da nacionalidade; nos romances, jornais, institutos e museus, o Brasil se faz autorrepresentar como sociedade "científica e moderna", e essa atitude não é isolada, nem específica da nossa história. Na "era dos museus", o movimento científico toma a dianteira na recuperação da memória das nações (Moritz Schwarcz, 1993, p. 68). Sem o aval da ciência, a atividade do pensamento parece ameaçada, sendo olhada com profunda desconfiança e ceticismo.

Se temos senso de humor, no momento de *pensar* não admitimos piada: "queremos a coisa séria". Dessa forma, o pensamento acaba se transformando numa operação especulativa, sem qualquer raiz na realidade; perde-se assim uma das funções básicas da filosofia, que é justamente a de construir um pensar crítico e indagativo. Na sua reflexão "séria" e bem-humorada, Roberto Gomes (1977) argumenta que nós, brasileiros, vivemos cindidos entre duas percepções conflitantes: temos agilidade mental, capacidade de ver o avesso das coisas revelado numa frase, palavra ou ato, há uma espécie de tendência espontânea para ver o avesso, uma "oblíqua maneira de olhar"; no entanto, essa agilidade desaparece quando transformamos essa percepção (agilidade no ver) num pensar, falar e escrever extremamente formais e rígidos. Assim, nossa aversão à pompa, argumenta o autor, acaba convertendo-se em seu oposto: o triunfo da cultura formalística e da razão ornamental (Gomes, 1977, pp. 16-17).

Essa percepção da realidade foi captada ironicamente em uma das crônicas de Bastos Tigre (*D. Quixote*, 8/12/1920). Conta-se que, no final do século, Paula Nei costumava desfilar pelos cafés carregando um amontoado de jornais e obras alemães. Interrogado por um amigo se sabia esse idioma, Nei responde, empertigadamente: "Não, mas sei o país em que vivo!"

Esse predomínio da cultura da aparência levaria a uma dissociação profunda entre nosso pensamento e nosso comportamento. Em outras palavras: há distanciamento entre a esfera do pensamento e as percepções cotidianas, é como se o pensamento fosse algo superior, e não fruto das elaborações sugeridas por nossas próprias vivências e percepções cotidianas. Luiz Costa Lima (1981) chama atenção para esse fato, mostrando a cisão que caracteriza o nosso sistema intelectual, no qual a fachada externa é que vale — as insígnias e os brasões da cultura. A dinâmica interna é coisa de casa, só servindo para o consumo também interno.

A historiografia recente vem alertando para os riscos dessa visão compartimentada da realidade, que acaba acarretando consideráveis perdas para a memória histórica. (Thuillier, 1985). Ratifica-se a ideia do historiador como elemento destinado a resgatar o passado do esquecimento, elaborando sua integração no processo reflexivo.

Há que se considerar que a história também vai estar presente nos domínios do efêmero, do furtivo e do gestual. Essa perspectiva implica uma redefinição do campo historiográfico que se traduz por uma verdadeira "dilatação da memória histórica" (Le Goff, 1984b). "O que é história? E o que não é história?", indaga Thuillier.

> *(...) mais qu'est-ce qui est l'histoire et qui est-ce que ne l'est pas ? La rêverie, le regard, les larmes sont choses historiques tout comme la perception du temps ou la perception de notre environnement. Il est difficile de prétendre que ce qui est peut-*

être le plus important dans notre vécu n'appartient pas à l'histoire. (Thuillier, 1985)

É nessa perspectiva que o autor defende o *invisible quotidien* como esfera integrante da história. Por que o olhar, as lágrimas e os sonhos não seriam coisas históricas? Por que não considerar o humor e o riso como forma expressiva de conhecimento? Se essas expressões fazem parte do nosso cotidiano mais íntimo, certamente interferem na percepção e compreensão que construímos a respeito da realidade social. Logo, não faz sentido excluí-las da reflexão, do pensamento e da história.

"Humor é coisa séria" — essa afirmação, expressa num diálogo entre os atores Regina Casé e Luiz Fernando Guimarães num programa humorístico de TV, indica que o assunto está longe de se dar por encerrado. Ao contrário: a polêmica está aí, instigando um pensar mais crítico e criativo sobre o nosso cotidiano. *O Globo* (11/9/1994), por exemplo, publicou uma matéria sobre o "humor referencial" na qual o considerou uma das expressões típicas da linguagem moderna ou pós-moderna.

Inspirado na paródia das nossas mais diversas tradições culturais, esse tipo de humor exige do leitor um sólido núcleo de informações, sob pena de a mensagem não ser decodificada: corre-se o risco de perder a própria razão do riso, por falta de referenciais. Essas ideias mostram o quanto o humor está integrado na trama das nossas tradições culturais, fazendo parte das percepções e vivências cotidianas.

A caricatura, uma das modalidades mais expressivas do humor, tem mostrado ao longo da nossa história o seu alto grau de impacto social, sendo capaz de promover adesões, despertar protestos, neutralizar situações e formar opiniões.

O conflito entre as esferas pública e privada: o "direito de caricaturar"

"A caricatura é a melhor intérprete de sua época. Se os

J. Carlos, os Nemésios, os Rauls e os Romanos desaparecessem com o seu lápis e sua ironia, desapareceria a alegria do Brasil" (Costallat, 1922) — esta argumentação é apresentada em uma das crônicas de Benjamin Costallat, que traz o curioso título "O direito de caricaturar".

Inspirando-se num episódio ocorrido em Paris, onde uma atriz do teatro de comédia ameaça processar um caricaturista por discordar do retrato que este lhe fizera, o cronista assume a defesa do caricaturista, e argumenta que o direito de caricaturar faz parte do exercício da crítica. A polêmica ganha repercussão na imprensa, onde se confrontam a Comédie Française, representada pela atriz Cécile Sorel, e o Salão dos Humoristas.

O fato é sugestivo. Primeiro, porque leva ao confronto profissionais que, a princípio, estariam lidando com o mesmo universo simbólico: para constituírem sua arte, tanto os comediantes quanto os caricaturistas buscariam inspiração na caricatura dos nossos costumes e tradições; então, por que a polêmica? Que motivo levaria a atriz a sentir-se insultada pelo trabalho do caricaturista? Por que, enfim, ela radicalizaria sua atitude a ponto de ameaçar apelar para uma sentença judicial?

A situação é mais complexa do que pode parecer à primeira vista; o que está em questão são os limites entre as esferas pública e privada. Assim, a pergunta pode ser formulada de uma outra maneira: quem tem o direito de tornar pública uma questão que se pretende restrita ao âmbito privado?

Um nariz demasiado pontiagudo ou um queixo proeminente podem sugerir, ou mesmo revelar determinados traços de personalidade que seriam indesejáveis. Até o Renascimento, o caricaturista era considerado uma espécie de "aprendiz de feiticeiro", porque representava o mal e as formas diabólicas, e mesmo depois que a caricatura torna-se uma expressão integrada à vida moderna essa ideia persiste ainda persiste. Quando era hábito dos caricaturistas pedir prévia autorização ao seu modelo, Lamartine nega-se a ser caricaturado, argumentando que isso seria uma "ofensa", não à sua figura, mas à própria natureza humana (Melot, 1975, p. 14).

Mas no século XIX a caricatura passa a ser pensada de modo bem distinto, e perde essa associação com aspectos mágico-demoníacos, apresentando-se como uma reação à norma realista da representação (Melot, 1975, pp. 10-14). A ideia é que as coisas não têm uma forma única, mas se apresentam de distintas maneiras, dependendo do olhar do observador.

É na "cultura da modernidade" que se processa a destruição de um espaço plástico ainda calcado na visão renascentista. Caricatura e modernidade estão, portanto, intrinsecamente relacionadas.

A análise de Sennet (1988) traz elementos importantes para se pensar a caricatura como expressão do conflito de valores que ocorre entre a esfera pública e a privada. No século XIX, vivencia-se uma profunda dificuldade de se estabelecer limites entre as ordens pública e privada e o universo de valores objetivos e subjetivos, exteriores e interiores. Procura-se apagar essas distinções, acreditando-se que o domínio público é uma imposição social que, fatalmente, desnuda o indivíduo e o expõe aos olhares alheios.

Para Sennet (1988), essas ideias se originam na reestruturação do código de conhecimento, que no século XIX passa a enfocar o mundo de uma outra maneira. Antes, vigorava o princípio da *transcendência*, que alocava na ordem da natureza o fator de explicação da vida social; depois, é a ideia de *imanência*, que se afirma em detrimento da transcendência. A partir daí, as coisas adquirem uma dimensão inusitada, ou seja, passam a ter significação em si próprias. Num mundo regido pela imanência, tudo tem importância, merecendo o olhar acurado do observador, e nesse contexto os traços físicos, o comportamento e os trajes adquirem forte densidade psicológica — isso, porque seriam capazes de oferecer-se enquanto instrumentos de leitura e de decodificação da própria pessoa.

No domínio público, as coisas falam por si:

> (...) as aparições em público, por mais mitificadoras que fossem, ainda tinham que ser levadas a sério, porque podiam

construir pistas da pessoa oculta por trás da máscara. Qualquer aspecto visível da pessoa era de algum modo verdadeiro, porque tangível (...). (Sennet, 1988, p. 37)

Na modernidade, ocorre essa exposição forçada do indivíduo na esfera pública. Nada, nem ninguém, consegue passar despercebido e ficar fora do campo da observação social; a "leitura dos outros" expõe e desvenda inevitavelmente a intimidade de cada um. Parte-se de um princípio taxativo: o que cada pessoa é aparece involuntariamente, tanto física quanto emocionalmente. Não há, portanto, como se livrar dessa leitura, que traz à superfície o universo recôndito das emoções e sentimentos.

A ideia de que não havia mais uma ordem externa — a ordem da natureza — organizando o mundo social, e de que tudo estava imanente ao indivíduo, provoca mudanças decisivas na percepção social. É a partir daí que começa a ser construída uma linha imaginária que associa o mundo social ao teatro.

Nas reflexões filosóficas de Rousseau, a cidade aparece associada à ideia de teatro, prostituição e desordem. O teatro produziria o jogo da simulação, reproduzindo a hipocrisia e o artificialismo dos comportamentos. Segundo o imaginário romântico, esta arte teria o efeito nocivo e extremamente prejudicial de dissociar o indivíduo de seu eu, levando-o a esconder-se sob máscaras, e é justamente essa dissociação que se estabelece entre a aparência e a essência do homem que é objeto da crítica rousseauniana. O ator vê-se obrigado a dizer o que não pensa, a viver outras vidas, simulando uma personalidade que não é a sua (Rago, 1987, pp. 87-93).

Também nos escritos de Balzac, passando por Baudelaire, Thomas Mann e chegando a Freud, essa temática tem sido reincidente (Sennet, 1988, p. 53). De modo geral, esses autores buscaram chamar atenção para as falsas aparências de que se revestia a vida moderna cotidiana, fosse pela "comédia da vida humana", fosse pelo "mal-estar da civilização". Parte-se do seguinte raciocínio: se cada pessoa pode desempenhar vários papéis, assumindo os mais variados perfis em cada cena, como inferir a natureza humana a partir das ações? Como diferenciar o "eu verdadeiro" de suas máscaras? O que é a interioridade?

O homem é um ator que representa continuamente. As ruas da cidade são o seu palco; as máscaras fisionômicas, o artifício que utiliza para esconder sua verdadeira personalidade — essas ideias são extremamente familiares ao universo de nossos humoristas, para os quais o traje era um dos elementos fundamentais na composição do personagem que se desejava representar. Excentricidade, elegância, desmazelo, irreverência — são várias as facetas através das quais o grupo se expressa e se impõe como tal.

Martins Fontes (s.d.) descreve com detalhes a forma de vestir de K. Lixto. Cada peça do vestuário adquire um sentido, nada se apresenta por acaso. Mas deixemos falar o próprio autor:

> K. Lixto usava sapatos bicudíssimos, cujas ameaças de pontapé aterravam, com fivelas de prata onde iniciais se entrelaçavam, fraques agudos, em forma de tico-tico, coletes altos, colarinhos ainda mais altos, gravatas de quatro voltas à Diogo Feijó, e caveirinhas de ouro, de prata, de coral, de marfim, por todo o corpo (...). (Fontes, s.d., p. 13)

Na sua vestimenta, K. Lixto tanto faz a *performance* do intelectual dândi como a do malandro, no sentido de bamba. Se usa gravata à Diogo Feijó, fraque e fivelas de prata, seus sapatos de ponta fina podem de repente se transformar em poderosa arma; já as caveirinhas que usa como adorno simbolizam a tentativa de uma convivência pacífica com a morte. Os boêmios cultivavam a ideia de uma existência breve, intensa e ousada. Viver cada dia perigosamente, como uma aventura, exigia fôlego e certa astúcia.

A associação do caricaturista à figura do bamba aparece com certa frequência nos textos da época, e talvez a própria natureza do seu trabalho tenha inspirado tal identificação. Explicando melhor: a agilidade do traçado e a própria possibilidade de captar múltiplos perfis numa fração mínima de tempo exigem alta perícia, argúcia e "jogo de cintura". O caricaturista é um *expert* na arte de flagrar, captar e registrar, e quando elogiados nessa arte de lidar com o imprevisto, são frequentemente chamados de "turunas" ou "bambas" — assim se refere Bastos Tigre a K. Lixto, Gil e J. Carlos na dedicatória de seu livro *Versos perversos* (1905).

A caricatura faz rir pela ideia do contraste.

O tipo de Emílio de Menezes é descrito por seu biógrafo como propício às caricaturas: perfil avantajado, longos bigodes, faces adiposas e excessiva proeminência do papo, a cair sobre a gravata. Um amplo chapéu e bengalão retorcido completam o retrato (Menezes, R., 1974, p. 158).

Bastos Tigre é frequentemente objeto de trocadilhos dos seus colegas por seus "bastos bigodes" e cabeleira leonina. É interessante observar como esses personagens cultivam determinados traços, buscando de todas as maneiras reforçar sua identidade social — um bigode demasiado grande para os padrões estéticos da época, gordura ou magreza excessivas, roupas destoantes e comportamento marcado pelo caráter irreverente e zombeteiro. Cultivam os traços físicos caricaturados; é como se os intelectuais humoristas tomassem a si mesmos como modelo de inspiração artística.

K. Lixto e Raul Pederneiras formavam uma dupla inseparável. O primeiro era baixo e magro, enquanto Pederneiras apresentava a figura oposta. Volta e meia eram caricaturados por seus colegas ou por eles próprios, inspirando-se justamente nessa ideia do contraste.

As *performances* eram incentivadas. O que podia começar como mero acaso acabava sendo integrado como parte dessa dinâmica performática: uma piada, um evento intempestivo, um detalhe no modo de vestir ou de se apresentar. Quase tudo acabava remetendo para um sentido imanente: através das coisas, o indivíduo se revela continuamente...

O chapéu de Raul Pederneiras, por exemplo, é um modelo exclusivo, bolado por ele próprio, que exigia da casa a garantia da originalidade. Já Lima Barreto fazia da pobreza de seus trajes a marca da sua individualidade — o direito de expressar na aparência o que sente no interior é uma resistência aos padrões estético-comportamentais da época. Assim, Lima se apresentava com um *sans-cullote*, argumentando que seu esbodegado vestuário era sua elegância e pose (Resende, 1993, p. 131). Era inspirando-se muitas vezes no ridículo sugerido por sua própria figura que o caricaturista fazia sua arte.

Já se observou que a caricatura funciona como uma espécie de "*strip-tease* moral" do indivíduo, sendo capaz de revirá-lo pelo avesso: reforçando determinados traços gaiatos ou grotescos se consegue desnudar pessoas diante do público, provocando o inevitável riso. A arte do caricaturista consiste em apreender aquele movimento imperceptível, em que se esboça uma deformação que é aumentada e exposta aos olhos dos outros. Portanto, a referência humana é sempre necessária: "Não existe riso fora do humano", conforme enfatiza Bergson (Rabaça & Barbosa, 1987).

Através das caricaturas, tanto verbais quanto visuais, os humoristas procuram trazer à tona o universo privado, onde pressupostamente, conforme Sennet, estariam "escondidos" os indivíduos. Essa exposição à arena pública seria inevitável, conforme deixa entrever a crônica de Costallat (1922). Que sentido teria se J. Carlos fosse pedir licença a Epitácio Pessoa para caricaturá-lo com aqueles enormes olhos de nanquim e seu tamanho liliputiano?

A polêmica entre a Comédie e o Salão dos Humoristas franceses no início da década de 1920 denota o quão imbricada é a rede de valores que preside a chamada modernidade. Se, por um lado, é irrecusável a exposição à arena pública, principalmente quando o personagem é público (caso da atriz Cécile Sorel), essa ideia não é aceita assim tão pacificamente. A intimidade é uma tentativa de se contornar o problema público, negando a sua existência, e neste sentido, conforme afirmou Sennet, o século XIX se estendia pelo século XX.

Se a origem da caricatura é muito anterior a esse período, temos que considerar o impacto inédito exercido na modernidade por essa linguagem. O crescimento do público urbano, cada vez mais cioso de informações, favorece a enorme popularidade das revistas humorísticas que circulam semanalmente, e estas funcionam como verdadeiro termômetro social, formador de opinião. A caricatura humorística transforma-se num meio de expressão irrecusável para a época: se nem todo ridículo é apresentado como sério, temos que considerar que quase tudo que é sério tem o seu lado ridículo.

Esse aspecto é absolutamente contagiante em termos de adesão do público. Introduzida no jornalismo como recurso técnico para amenizar o texto, a caricatura se transforma, pouco a pouco, em elemento visual de forte peso informativo (Bahia, 1990). Desde o início do século XX a produção do humor visual nas revistas já vinha sendo objeto de ensaios, conferências e artigos como os de Gonzaga Duque (1929), Sinzig (1911), Fleiuss (1916) e Lobato (1917). Apesar da distinção que frequentemente se estabelece entre o popular (caricatura) e o erudito (cultura), é visível o esforço de alguns desses autores para que a caricatura fosse vista como dimensão constitutiva das artes plásticas brasileiras. Para tanto, as categorias riso, alma, espontâneo e natural são atribuídas ao domínio do popular em contraste com o erudito. Distingue-se, portanto, o espaço da fruição e o espaço da competência criadora (Silva, M. A.,19, pp. 76-86).

O conjunto dessas reflexões traz uma ideia-consenso: o alto poder de comunicabilidade da linguagem caricatural. Em 1911, fazendo uma conferência sobre a "arte dos calungas", Pederneiras observa que, na vida agitada do jornalismo moderno, o caricaturista que não puder inventar ao menos uma "charge" está "irremediavelmente perdido" (Pederneiras, 1911). O fato comprova a estrita conexão entre caricatura e modernidade. A caricatura pode dizer mais do que as palavras, e essa linguagem encontra profunda ressonância na sensibilidade da época, afetando significativamente seus padrões de comportamento e pensamento. Além disso, pode escapar sorrateiramente ao olhar atento do censor.

Esses aspectos, constantemente destacados, aparecem na quadrinha "Ode à caricatura":

> O que as palavras exprimir não podem
> O que às pessoas e às línguas a lei veda
> Pode o lápis dizê-lo impunemente
> No papel branco saracoteando (...).
> (*O Malho*, set. 1902)

O Malho, *1902*

Daí o impacto exercido por essa arte, que visualiza e torna públicas questões e personalidades que pretendiam estar circunscritas ao universo privado. A ideia de desmascarar os outros, desmascarar a si próprio e à sociedade é um dos leitmotivs da época: Quem é quem? Quem se esconde por trás da máscara fisionômica?

A revista *Mercúrio* (1898) inaugura uma seção denominando-a provocativamente "Charada Fisionômica — procurai os donos". Trata-se de um desafio, conforme sugere o significativo título. A proposta adivinhatória consiste nos seguintes passos: apresenta-se uma máscara, na qual se reúnem traços fisionômicos de diversas personalidades públicas; a caricatura é esboçada de tal forma que os traços se perdem no conjunto da imagem, ou seja, deixam de pertencer a seu "dono" original para fazer parte do perfil apresentado.

Aqui reside o desafio, explica o articulista da sessão. Para esclarecer o jogo, ele traz exemplos a respeito da máscara apresentada. A testa e o nariz são do barão de Cotegipe; a boca e o queixo, de João Caetano; e os olhos do marechal Floriano (*Mercúrio*, 26/07/1898). Assim, cabe ao leitor decompor cada parte, classificando-a. Os detalhes fisionômicos — olhos, boca, nariz e gestos — funcionam como índices reveladores da personalidade.

Esses estudos de expressão, tão em voga na Europa entre os séculos XVII e XX, se fazem presentes em trabalhos de metafísica, estética, fisiologia, medicina e criminologia, e se inspiram na fisiologia de Lavater, na frenologia de Gall, no trabalho de Darwin sobre as expressões das emoções e na antropologia criminal de Lombroso. A pretensão é controlar uma sociedade marcada pela emergência das massas; através do deciframento da aparência, procura-se penetrar no jogo crucial da política, compreendida como teatro, farsa e encenação.

No século XIX, as caricaturas de Daumier e Charivari seriam diretamente influenciadas por essas teorias fisionômicas, especialmente pela frenologia, que se faz divulgar através de jogos, cursos e museus. Nessas caricaturas deforma-se o físico popular, representado, frequentemente, tanto pelos bêbados e mendigos de Daumier quanto por burgueses de feições marcadamente hipócritas sustentando uma grande barriga (Haroche, 1987; Moritz Schwarcz, 1993, p. 48).

No início do século, a revista *Kosmos* publica uma série de estudos com esse objetivo. Carlos Henze (1906) analisa os vários desenhos de boca, associando-as a determinados tipos: políticos, juristas, artistas. Vejamos como descreve a boca de um presidente:

> (...) os lábios não aparecem, os bigodes são compactos e cobrem-na como um reposteiro de gabinete secreto. Quando fala, não se vê modular as palavras, não se lhe percebe a comoção que as dita (...). Fazer ouvir sem se perceber é um ideal para o homem de Estado. (Henze, 1906)

A boca voluptuosa, em geral, exprime a alma do artista. Paulo Barreto (João do Rio) é mencionado como exemplar de sensualidade, ironia e meiguice infantil. Nesses tipos, as bocas risonhas são raras, como a de Raul Pederneiras, que é uma "verdadeira boca doce".

Continuando seu estudo sobre fisionomia e caráter,

Henze (1907) estuda seis tipos de personalidades através dos narizes. Só a título de exemplo: em um nariz considerado "esborrachado", lê-se tendência à imitação, inabilidade manual, vulgaridade, mentira, inteligência vivaz... É nítida a tentativa de reter o íntimo, o inconfesso. Tudo fala no homem: os movimentos da cabeça, do busto, dos braços e sobretudo as mãos (Almeida, J. L., 1906).

Nossos autores demonstram estar a par das teorias criminalistas de Lavater e Lombroso, e frequentemente associam traços fisionômicos a etnia e raça. Em *Lições de caricatura* (1928), Pederneiras desenha vários tipos de narizes, associando-os a tipos étnicos, como o negroide. É provável que, como delegado de polícia, tenha se aperfeiçoado nessa arte de decifrar fisionomias e fazer retratos falados dos tipos populares.

Na França, em 1841-1842, surge uma onda de panfletos populares denominados *Phsyiologies*, descrições breves, frequentemente humorísticas, de tipos sociais e costumes. Philipon, editor de *Le Charivari* e *Le Journal pour rire*, é apontado como autor dessas fisiologias, em que são retratados o perfil do poeta, do estudante, ou da vida escolar (Seigel, 1992, pp. 34-35). Associa-se a identidade do indivíduo à fisionomia e à constituição física (formato do crânio, disposição óssea, peso, altura); é dessa maneira, quando busca decifrar a dualidade humana entre *aparência e interioridade*, que a caricatura se inscreve no debate da modernidade.

Na modernidade, a visibilidade e a arte do deciframento se apresentam como instrumental decodificador, capaz de dar sentido ao conjunto. Na revista *Estação Teatral* (1910), são várias as seções do tipo, "O que dizem de nós", "O que dizem uns dos outros" (23/7/1910). Há um frenesi em revelar e trazer à tona as opiniões e impressões dos "outros", sejam elas favoráveis ou adversas. No editorial da publicação, informa-se que o interesse da revista é a vida teatral, mas "sem desprezar as miuçalhas dos bastidores, as anedotas e bisbilhotices" (*Estação Teatral*, 2/7/1910).

A caricatura é uma das expressões mais significativas

no discurso dessas revistas que se pretendem "modernas". Comentando a eleição de Coelho Neto para a diretoria do Theatro Municipal, Lima Barreto não perde ocasião de fazer o seu *portrait-charge*, onde o caricaturado aparece como o "Porfírio Díaz da pena". Em cada jornal, o escritor teria um embaixador, possuindo também um bando na "Academia Brasileira de Letras". Além do mais, seria conselheiro dos editores e tomaria conta do maior teatro oficial do Brasil. Querendo passar-se por moderno, simples e natural, o escritor, no entanto, remonta a um modismo "já cadáver exumado do dicionário". Daí conclui Barreto, ironicamente: "Ele pensa com 50 mil palavras, das quais só conhecemos 45" (*Estação Teatral*, 6/5/1910 e 24/6/1914). Verborragia, prolixidade, pedantismo e desmando de poder — este é o retrato de Coelho Neto via Lima Barreto.

Na *Estação Teatral* é significativa a presença do nosso grupo de intelectuais, sendo alguns deles colaboradores assíduos, como Lima Barreto, Bastos Tigre (D. Xiquote), José do Patrocínio Filho e, ocasionalmente, Julião Machado.

O que está em discussão, embora de maneira fragmentária, são os fundamentos de uma nova estética, não apenas teatral, mas válida para as artes de modo geral. A caricatura merece espaço significativo na publicação, sendo considerada uma expressão inovadora. Frequentemente a revista promove concursos de caricaturas e noticia exposições como o Salão que ocorre em Paris em 1911. Há uma curiosa polêmica sobre o trabalho de Julião Machado: seria ele predominantemente humorista ou caricaturista? Conclui-se que seu desenho é mais reflexivo, porque provoca sorrisos, e não efeitos cômicos violentos. É recorrente a valorização da ironia como forma de expressão humorística.

Escrevendo sobre teatro, Lima Barreto enfatiza a necessidade de responder ao gosto popular. E indaga se o circo Spinelli, por exemplo, não estaria lançando as bases do teatro nacional. Nessa mesma linha de raciocínio, Álvaro Moreira salienta a expressividade dos cabarés em detrimento do Theatro Municipal: no cabaré não ocorreria distinção entre plateia e tablado, todos são atores, "desde a inglesa típica que soluça e a mulata gorda que se desmancha em requebrados maxixes" (*Estação Teatral*, 6/8 e 3/9/1910).

Essa tentativa de inserção do cômico popular na nova estética é recorrente na revista. Os intelectuais do grupo participam diretamente dessa discussão, ou são seu alvo frequente. Lima Barreto, por exemplo, destaca os nomes de Bastos Tigre, Patrocínio Filho e Hermes Fontes como autores novos no teatro que, no entanto, permanecem à margem da cultura oficial. A obra de Bastos Tigre "faz rir e faz pensar", configurando-se como esperança de uma nova estética, na qual a ironia deve ter papel central.

Lima Barreto é categórico: é necessário que a nossa cultura se liberte das "coisas pesadas, cacetes, adormecidas e cheias de dísticos". Aponta Emílio de Menezes como influência positiva no meio intelectual, considerando-o "mestre de todos nós no espírito, na facécia e no bom dito" (*Estação Teatral*, 23/7 e 6/8/1910, 20/5/1911).

De fato, em seus perfis caricatos, Emílio de Menezes prima pela mais fina ironia. Por meio de epitáfios humorísticos, por exemplo, declara a morte simbólica dos intelectuais adversários. Graças a esses escritos, Emílio conseguiria finalmente ser eleito para a Academia Brasileira de Letras, cujos intelectuais, temerosos da sátira, prefeririam aceitá-lo como um de seus pares a tê-lo como inimigo.

Oliveira Lima foi uma das figuras mais visadas pela pena de Emílio. Como diplomata, conseguiria por algum tempo o apoio do Barão do Rio Branco para barrar as pretensões acadêmicas de Emílio de Menezes, que não o perdoa. O retrato vem impiedoso:

> De carne mole e bambalhona
> Ante a própria figura se extasia!
> Como oliveira ele não dá azeitona;
> Sendo lima, parece melancia.

E conclui mais adiante, ferinamente:

> Eis, em resumo, essa figura estranha:
> Tem mil léguas quadradas de vaidade,
> Por milímetro cúbico de banha!

João do Rio concorre para a Academia na mesma época que Emílio, e enquanto este vê negada a sua entrada, João do Rio recebe calorosa saudação de Coelho Neto. Na quadrinha que lhe dedica Emílio, o alvo é certeiro:

> Na previsão dos próximos calores
> A Academia, que idolatra o frio,
> Não podendo comprar ventiladores
> Abriu as portas para o João do Rio...
> (Menezes, R., 1974)

Se a entrada de João do Rio para a Academia foi criticada por Emílio, mais ainda o seria a do cientista Oswaldo Cruz. O grupo atua em conjunto: Bastos Tigre bola o argumento e Storni a caricatura onde Emílio aparece batendo à porta do "Instituto de Manguinhos" para tomar posse do mesmo como "bacteriologista" (Leite, s.d., p. 11). Emílio não perdoa a "panelinha" que elege Oswaldo Cruz em detrimento de sua figura, e a resposta vem rápida e cortante:

> Alexandre Dumas entrou para a Academia Francesa tendo como credencial o seu romance *Os três mosqueteiros*. Por que, então, não ser eleito o Oswaldo, que tem, não três, mas milhares de mosquiteiros, toda uma legião de mata-mosquitos? (Leite, s.d., p. 24)

Por meio de suas quadrinhas caricaturais, Emílio de Menezes escancara questões que eram veiculadas no âmbito secreto do privado. Assim, ridiculariza o sistema de poder que preside as eleições da Academia na figura "bambalhona" de Oliveira Lima e na "legião de mata-mosquitos" apadrinhada por Afrânio Peixoto. Não hesita nem mesmo em tornar público o estigma do homossexualismo de João do Rio, dizendo que a Academia abrira as portas a ele por falta de ventiladores...

Os escritos satíricos de Emílio funcionam como uma espécie de "jornal falado", fazendo a "crônica miúda" da cidade. Leôncio Correia, contemporâneo de Emílio, é quem conta: era na "Confeitaria Pascoal", entre garrafas de madeira e Vilar d'Além, que se improvisava o jornal falado com a máquina da fantasia, os tipos da imaginação e os rolos da crítica (Leite, s.d., p. 34). Elaborados na mesa dos cafés, sob o impacto dos acontecimentos, os versinhos tinham um estilo telegráfico, ágil, alcançando popularidade imediata junto ao público. Neles registrava-se o circunstancial e o cotidiano que geralmente não aparecem nas páginas da grande imprensa. Muitos dos versos de Emílio publicados na *Fon-Fon* são paródias diretamente inspiradas nas manchetes de jornais como *O País, Gazeta de Notícias, Dos Jornais* e *Jornal do Commercio*.

Emílio costumava recortar um fragmento da notícia, tomando-o como tema para fazer sua sátira. É o caso do comentário feito por Gil Vidal em 1909, sobre a fraude nas eleições no Rio de Janeiro, no qual o articulista constata ser este um fato antigo, com o qual possivelmente teremos de nos conformar. Emílio reage ironicamente a tal ideia:

> Enquanto o voto, que é de crítica
> Alta função do senso e moral
> Da inteligência lúcida e analítica
> For exercido por qualquer boçal,
> Hão de rir os patifes da política
> Que ensanguentam esta capital".
> (Menezes, E. 1980d, p. 122)

Nestes termos, o sufrágio universal é criticado por Emílio porque permitiria as "patifarias" da política, cabendo aos setores mais esclarecidos das elites lutar contra, já que os "boçais" são corrompíveis. A visão caricatural e irônica oferece uma outra leitura dos fatos, extrapolando aquela veiculada pelas agências da comunicação formal. Quando um indivíduo pretendia mostrar-se informado, costumava perguntar aos outros: "Você já sabe a última do Emílio?" (Edmundo, 1957).

Na "última do Emílio" vinha não só a sátira aos homens do poder político, como marechal Hermes, Rodrigues Alves, Venceslau Brás, Lauro Müller (ministro do Exterior) e Aurelino Leal (chefe de Polícia), mas também aos do poder intelectual, da administração e da Igreja.

Da rede de ironia emiliana não escapam os amigos e nem mesmo os próprios caricaturistas, que se esmeram em seus autorretratos. A Pederneiras, um de seus amigos mais chegados, dedica o epitáfio:

> Aqui jaz magro sujeito
> Que foi boa criatura
> Depois de estudar Direito
> Formou-se... Em caricatura.
> (Menezes, R., 1974)

Catedrático da Faculdade de Direito do Rio, Raul, na primeira década do século, já se distinguia como um dos maiores caricaturistas da imprensa brasileira. Emílio ironiza essa conciliação entre o solene catedrático e o irreverente caricaturista. Como vimos, na época o campo de atividades intelectuais era extremamente diversificado, poucos escapavam à condição de doutores, notadamente na área do Direito. Obtido o título, passavam a exercer os ofícios disponíveis ou desejados. Daí a alfinetada irônica: era necessário estudar Direito para formar-se em caricatura...

No imaginário da época, os perfis satíricos adquirem força expressiva, funcionando como veículos infalíveis de difamação pública. De um lado, seus autores são temidos por revelar determinados aspectos da realidade que se deseja encobrir;

de outro, são reverenciados como "exímios lutadores". Na arte da caricatura, é recorrente este aspecto da belicosidade, conforme vimos no capítulo 1.

Bastos Tigre, companheiro de Emílio, capta com ironia esse imaginário, onde a figura do caricaturista se identifica com a do esgrimista:

> O florete sutil de um pérfido epigrama
> Não há quem, como Emílio, ousadamente esgrima
> Ai de quem do seu verso a estultice deprima,
> Vibrando-o a gargalhar, como um látego em chama!

Ante tal fúria do caricaturista, só resta terminar o verso:

> — Livrai-nos, santo Deus, dos inimigos nossos,
> E da língua fatal do Emílio de Menezes!"
> (Menezes, R., 1974)

K. Lixto publica na *Fon-Fon* uma caricatura de Emílio de Menezes especialmente significativa. Glosando a ideia dos epitáfios humorísticos do companheiro, K. Lixto o faz subir aos céus. Gordo, com cara de bonachão, Emílio se equilibra precariamente nas nuvens, devido à bagagem excessiva que leva: no ombro esquerdo, o corvo negro de Alan Poe, e debaixo do braço, um tremendo estoque de garrafas de bebida. Leva também um mensageiro de cartas e mais uma penca de cachorros (*Fon-Fon*, 20/4/1907). Tal caricatura sintetiza com perspicácia a vida de Emílio: seu gosto inveterado pela bebida, pelas mensagens satíricas e seu amor aos cachorros, que ultimamente preferia aos homens.

A caricatura é eloquente: mesmo depois de morto, Emílio continuaria usando sua "língua fatal": o humor lhe conferia a tão desejada imortalidade. Afinal de contas, fora através desses escritos que conseguira sua vaga na Academia entre os imortais.

Em 1903, a revista *Avenida*, que se propunha ser "larga

e ampla" como resultado das ideias modernizadoras, lança uma seção, "Os Prontos", onde se acoplam as caricaturas verbal e visual. O título da seção é duplamente significativo. Refere-se à situação de permanente "dureza" dos intelectuais, sempre com os recursos à míngua, mas também aponta para outra dimensão cognitiva: "pronto" significa já, agora, "num pronto" (Pederneiras, 1946).

É este aspecto que interessa resgatar: como a linguagem passa a ser percebida como veículo da imediaticidade, sendo capaz de captar os traços efêmeros da realidade. Nessa tentativa de flagrar o movimento, a palavra solda-se com a imagem. "Prontos" são os intelectuais caricaturistas, os caricaturados e a linguagem.

Em "Os Prontos", a escrita verbal fica a cargo de Bastos Tigre ou de K. Hem, enquanto Gil esboça os perfis. No retrato de João do Rio (*Avenida*, 26/9/1903), a visualidade não está apenas nos traços fisionômicos esboçados por Gil, mas transparece na própria linguagem que o descreve:

> Quando sai da *Gazeta* arranja a pose
> E assestando o monóculo solene
> Vai discutir o Teófilo e o Taine
> Nas mesas do Paris, das 9 às 12.

O pedantismo de João do Rio é descrito com tal vivacidade que o vemos com seus gestos e expressão corporal.

Também nessa linha que une o discurso visual ao verbal temos a seção "A Porta do Garnier", publicada na revista *O Filhote da Careta*. Enquanto Bastos Tigre, com o pseudônimo de Esao & Jacub escreve os versos, o caricaturista J. Carlos faz os desenhos. Geralmente, as sátiras se dirigem aos intelectuais que integram o círculo liderado por Machado de Assis na *Garnier*. Os críticos literários são o alvo predileto: Medeiros de Albuquerque por sua "erudição oceânica" e "crítica tirânica", e José Veríssimo com seu "farejante e crítico nariz" (*O Filhote*, set. e out. 1909).

Já a figura de Emílio de Menezes representa um desafio para o caricaturista: como meter num soneto o seu volumoso corpanzil? Impossível: "Ficam-lhe de fora a papada, os bigodes e o talento" (*O Filhote*, out. 1909).

A seção "Os Prontos" alcança imensa popularidade, aumentando a tiragem da publicação para 15 mil exemplares. Na época, essa cifra significava um verdadeiro estouro de vendagem (*Nosso Século*, (10), 1900-1910).

Integrada ao discurso escrito, a visualidade tende cada vez mais a atingir autonomia de expressão. Herman Lima (1963) destaca a influência das artes plásticas na literatura de ficção em escritores como José de Alencar, Machado de Assis, Raul Pompéia, Aluísio de Azevedo, Monteiro Lobato e Gustavo Barroso. Para estes autores, escrever era pintar mentalmente: "Primeiro desenho os meus romances, depois redijo-os", diz Aluísio de Azevedo. Também Monteiro Lobato iria se declarar um pintor de palavras, argumentando ser a sua impressão predominantemente visual. Não foi por acaso que vários desses escritores também se fizeram caricaturistas e desenhistas, como Gustavo Barroso, que publicou na *Fon-Fon* (1911), e de Monteiro Lobato, que ilustrou a primeira edição de *Urupês* e colaborou com algumas charges também na revista *Fon-Fon* (1908 e 1909), sob o pseudônimo de H. B (Lima, H., 1963, Vol. 4, pp. 670-688).

É clara, portanto, a mudança que a caricatura introduz nos padrões da sensibilidade moderna: a linguagem visual torna-se para o público um atrativo cada vez maior. Em junho de 1911, falando sobre o assunto, Pederneiras argumenta que as caricaturas constituem documentos mais insinuantes do que as frases dos noticiários. Substituindo as longas crônicas por retratos e instantâneos, a caricatura "dá o seu recado" de maneira a atingir diretamente a sensibilidade do leitor:

> Aos olhos de quem pensa, ao pensamento de quem vê, a imagem (...) é uma revelação, é uma denúncia dos sentimentos e costumes de uma época; a gravura popular, alegre ou

comovente, tem um considerável alcance histórico e social. (Pederneiras, 191, p. 106)

A conferência de Pederneiras se configura como um dos depoimentos mais lúcidos sobre a "arte de caricaturar", relacionando-a argutamente com a problemática da modernidade.

Caricatura e modernidade

É isso que marca o verdadeiro artista, sempre durável e vivaz, inclusive nessas obras fugazes, por assim dizer, suspensas nos acontecimentos, denominadas caricaturas.

Baudelaire

A caricatura, pictórica ou escrita, apresenta-se como possibilidade irrecusável para o artista moderno, interessado em captar o caráter fantasmagórico, absurdo e paradoxal de seu tempo.

Essas ideias são expostas por Baudelaire (1863/ 1991), que comparece aos salões de Paris na condição de crítico de arte, sendo considerado o primeiro teórico do humor gráfico (Melot, 1975). Seus textos "Da essência do riso e, de um modo geral, do cômico nas artes plásticas" e "Alguns caricaturistas estrangeiros" revelam o impacto da modernidade no mundo das artes. Ao integrar a caricatura nesse universo, articulando-a como expressão da modernidade, Baudelaire dá um passo decisivo na reflexão sobre a arte moderna, alterando os padrões de pensamento e sensibilidade de toda uma tradição intelectual.

Na reflexão baudelairiana, é incessante a pesquisa de outras linguagens e signos artísticos, capazes de exprimir a complexidade e a pluralidade de sentidos que emergem no universo da modernidade. Contrapondo-se à visão de seu tempo, Baudelaire mantém com as artes em geral — notadamente com a pintura, o desenho e a música — uma relação não-hierárquica, estabelecendo para cada uma o seu juízo crítico (Gonçalves, 1991).

É neste sentido que me interessa resgatar suas ideias, que privilegiam a caricatura como uma das expressões mais ricas da modernidade. Imerso no tempo presente, na história, que se constitui em matéria prima da modernidade, o caricaturista seria capaz de flagrar o cotidiano com argúcia. É, portanto, o pintor das circunstâncias, o *flâneur* e o filósofo. O ritmo vertiginoso do tempo e dos acontecimentos exige velocidade de execução; o caricaturista responde, portanto, às exigências de seu tempo. Concisão, intensidade, simplicidade, maneira direta de apresentar o tema — esses seriam alguns dos traços da pintura moderna, segundo a visão crítica de Baudelaire.

Analisando a obra do inglês Seymour, o autor destaca suas caricaturas sobre a pesca e a caça, chamando-as ironicamente de "dupla epopeia de maníacos" (Baudelaire, 1863/1991, p. 55), mas é para a alegoria da aranha que se volta a atenção do crítico, quando observa que teceria sua teia no ângulo que se forma entre a linha do pescador e seu braço, cuja "impaciência nunca fez tremer". Descrevendo a obra de Seymour, Baudelaire exercita em sua própria escrita o que seria o estilo do artista moderno: uma maneira simples e direta de abordar o tema, visualidade expressa através do humor e da ironia.

Entre os caricaturistas que analisa, Baudelaire detém-se sobretudo na obra de Goya, que considera uma figura singular por ter aberto novos horizontes no cômico (Baudelaire, 1863/1991, p. 57), um cômico, observa, que chegaria rapidamente ao cruel; suas fantasias mais grotescas conteriam frequentemente algo de sombrio (idem, p. 43). Em "Da essência do riso", no qual desenvolve suas ideias sobre uma teoria do riso, Baudelaire já destacara o caráter cômico da cultura espanhola.

Cabe esclarecer que, na concepção filosófica de Baudelaire, o grotesco constitui o patamar supremo do cômico, devido ao seu caráter paradoxal, desordenado e excessivo. Esses elementos são, portanto, traços característicos da modernidade estética.

Em contraposição à Espanha, a França, país da claridade de pensamento e da demonstração, teria uma arte inspirada no "cômico significativo". Tendendo a fugir do excessivo e do absoluto, a arte francesa, segundo a percepção baudelairiana, caracterizar-se-ia por um cômico "pouco feroz" e "controlado", no qual estaria sempre presente a perspectiva do útil e do racional. Mesmo na obra de Rabelais, mestre do grotesco, predominariam esses elementos de controle.

Essas observações são extremamente interessantes para a minha reflexão, uma vez que resgatam a arte espanhola como uma das vertentes expressivas para se pensar a modernidade. A ideia do paradoxo e dos contrastes violentos, a força expressiva do ridículo, enfim, a junção de elementos tragicômicos marcaria a originalidade dessa percepção estética — esse é um dos aspectos que vou desenvolver ao longo deste trabalho, no intuito de resgatar uma vertente da modernidade que, a meu ver, permanece praticamente ignorada.

O que chama a atenção de Baudelaire na obra de Goya é o amor ao inapreensível, o sentimento de contrastes violentos, o espanto da natureza e as fisionomias humanas estranhamente animalizadas (Baudelaire, 1863/ 1991, p. 58). Nos cenários de Goya alternam-se luz e sombras, "bruxas, sabás, espanholas brancas e esbeltas sendo preparadas para a prostituição" (Baudelaire, 1863/ 1991, p. 59). A ousadia no absurdo embasaria toda a obra do pintor espanhol; dessa forma, o artista seria capaz de viabilizar seus monstros, vícios e fantasias, dando-lhes a forma humana. Em uma palavra: Goya ousaria, mais do que qualquer outro artista moderno, adentrar o "absurdo possível":

> Ninguém ousou mais do que ele no sentido do absurdo possível. Todas essas contorções, esses rostos bestiais, essas caretas diabólicas estão penetradas de humanidade. (Baudelaire, 1863/ 1991, p. 61)

Torna-se difícil na obra de Goya delimitar as fronteiras

entre o real e o imaginário, já que o aspecto fantasmagórico envolve toda a sua arte. A reflexão de Baudelaire é extremamente sugestiva ao captar a conexão entre *riso, caricatura e modernidade*. A arte moderna deve buscar sua inspiração na linguagem visual, na medida em que esta seria capaz de exprimir com vivacidade toda a explosão de movimentos que caracteriza os tempos modernos, uma explosão particularmente captada por Baudelaire numa tela de Goya que tem por tema uma tourada. Vale a transcrição:

> (...) um touro furioso, um desses vingativos que se lançam ferozmente sobre os mortos, rasgou o fundilho da calça de um dos combatentes. Este, que está apenas ferido, arrasta-se pesadamente sobre os joelhos. A formidável fera levantou com seus chifres a camisa lacerada e pôs à mostra as nádegas do infeliz, e baixa de novo seu focinho ameaçador; todavia, essa indecência na carnificina não comove absolutamente a assembleia. (Baudelaire, 1863/ 1991, p. 61)

Obra fugaz, suspensa nos acontecimentos, a caricatura mostra-se capaz de apreender o movimento incessante do tempo, revelando seu caráter paradoxal. O humor e a ironia são expressões irrecusáveis no contexto da modernidade. Nos escritos de Baudelaire, é clara a intuição de uma nova linguagem estética, que deveria, doravante, reger a percepção da sensibilidade moderna.

Visualidade, humor e ironia: o olho que ri. É com este título sugestivo, *L'œil qui rît*, que Melot (1975) analisa os princípios que presidem o processo de criação da caricatura. Logo de início, o autor chama a atenção para a *especificidade da imagem* em relação à linguagem formal: diferentemente desta, que é unívoca, a imagem se define por seu caráter plural. Assim, remete incessantemente para a pluralidade dos sentidos: há várias formas de ver e compreender as imagens.

Essa questão da subjetividade do humor na caricatura

é especialmente destacada na reflexão de Melot (1975). Ele observa que, diferentemente do artista em geral, que configura o objeto de sua criação como "significante absoluto", o caricaturista conforma o modelo à sua própria visão; enquanto os demais artistas, explica ele, captam o objeto dentro do espaço, o caricaturista é o "mestre de seu espaço".

O caricaturista consegue transformar o representante em representado. Assim, não é mais o objeto que está em primeiro plano, e sim a percepção do próprio artista: é por seu olhar que o objeto adquiri forma. Essa ideia diz respeito à plástica moderna, que busca manter uma relação criativa com o referencial.

Em *Lições de caricatura* (1928), Raul Pederneiras chama didaticamente a atenção para este aspecto: o desenhista deve assumir sua própria perspectiva, jamais tentando copiar modelos. Assim, ele enquadra o objeto em sua própria perspectiva espacial, e a chamada "deformação" da caricatura advém desse deslocamento de perspectiva. É a subjetividade do artista, "mestre da forma", que está em questão.

Na reflexão de Melot (1975) estão contidos alguns aspectos de fundamental importância para a análise da caricatura, e um deles é justamente a questão da chamada "deformação", que é criticada pelo autor, para quem trata-se de uma questão nitidamente cultural. Explicando melhor: a partir do momento em que assumimos uma determinada perspectiva visual passamos a ver as demais como deformação. Nossa percepção de imagem calca-se na norma realista da representação (Melot, 1975, p. 33); o caricaturista rompe justamente com essa percepção do real, fundada nos princípios da estabilidade e da permanência das formas.

A própria origem da palavra já é esclarecedora: *caricare*, que vem da Itália, do século XVII, significa mudar, exagerar de forma cômica, ou seja, carregar, no sentido de "acrescentar uma carga". Assim, a estabilidade das formas dá lugar aos traços, e predomina a ideia de mudança (Melot, 1975, pp. 9-11). Para o caricaturista, não existe um real permanente a ser captado, mas fragmentos de realidade, formas em trânsito, *flashes*, traços. É a partir do princípio da *esquematização* que a caricatura começa a se estabelecer enquanto gênero.

Falando sobre o ofício do caricaturista, Raul Pederneiras (1911) destaca seu estudo das expressões em poucos traços. Argumenta que a maioria das pessoas exige que uma figura tenha necessariamente de se parecer com seu modelo. Mas não é assim. Na caricatura, o que vale é o traço, o detalhe, enfim, um ponto característico. O que está se questionando é a norma realista da representação: não se trata de copiar a imagem, e sim de experimentar outras perspectivas que esta possa sugerir ao artista. A caricatura não traduz nenhuma deformação do real, mas possibilita que se experimente outra representação visual do real.

Para o caricaturista, observa Pederneiras ironicamente, não há fisionomias "ingratas", já que ele busca se ater apenas aos "traços" de seu personagem. Assim, o Sr. Rio Branco deve ser visto de costas, Pereira Passos, através de suas sobrancelhas, Rodrigues Alves pelo cavanhaque, José Veríssimo pela barba, e o K. Lixto escondido debaixo do seu chapéu (Pederneiras, 1911, p. 109).

A ironia é parte significativa da linguagem caricatural, garantindo-lhe o sentido. Ela não se expressa apenas no esboço dos desenhos, mas penetra sorrateiramente na própria fala do caricaturista. Pederneiras termina sua conferência fazendo uma dramatização social do seu papel, e dessacraliza o espetáculo denominando-o *caricatura de conferência*. Constrói uma relação lúdica com os termos: não é uma conferência sobre caricatura, mas uma *caricatura de conferência*. Quanto ao desenho que lhe cobra uma senhora da plateia, diz não conseguir executá-lo porque o tamanho desproporcional do chapéu usado pelo modelo ocupa todo o espaço do papel. A senhora passa, então, a ser representada por seu próprio chapéu...

Através da caricatura, instaura-se uma nova percepção do cotidiano. Para que uma caricatura tenha efeitos de comicidade, é necessário que viole uma regra, contrariando o modelo de representação: deve-se estabelecer uma contradição flagrante entre a caricatura e os motivos acadêmicos do ideal, do belo e do harmônico.

Nesse sentido, Melot (1975) ressalta a estreita relação entre a história da caricatura e a história do academicismo: "É justamente do contraste entre os ideais acadêmicos renascentistas — beleza, harmonia, estabilidade — que nasce a comicidade da caricatura", observa ele.

Ao violar uma dessas regras, a caricatura provoca irresistíveis efeitos cômicos. O autor cita o exemplo de Goethe, que se inspirava constantemente nos perfis clássicos gregos para produzir imagens caricaturais: da mais pura perfeição, extraía ele o imperfeito; do belo, o feio; da estabilidade apolínea, os esboços fortuitos...

A ideia é que toda caricatura se origina de uma norma; quanto mais essa norma for rígida, mais dará margem a situações caricaturais — essa perspectiva de análise se adequa ao desenvolvimento de minha reflexão.

A ideia do Rio de Janeiro, capital da República, configurando-se como *cidade modelo* acaba inspirando uma série de imagens caricaturais, nas quais o Rio apresenta-se como o inverso da imagem idealizada de cidade. Lembremos Melot: a caricatura opera por contrastes, e quanto mais rígido e inflexível é o modelo, quanto mais se tenta firmá-lo enquanto tal, mais será incentivada a visão caricatural. Assim, é da norma, do modelo e do exemplar que se origina a comicidade da caricatura. É do sério, ou, mais precisamente, do esforço de sê-lo, que nasce o riso...

Cenas da vida carioca

No início do século XX, obras de urbanização e infraestrutura sanitária visam a transformar o Rio de Janeiro numa espécie de cartão postal, capaz de atrair investimentos externos. As obras do cais do porto são anunciadas na imprensa em grandes manchetes, sinalizando o despontar de uma nova cidade.

Satirizando essa imagem modelar, Pederneiras publica na revista *Tagarela* (25/6/1903) outro mapa da cidade. E esclarece: "Como é mania atual de todos os jornais a publicação do mapa da cidade com as reformas futuras, nós também estampamos hoje a obra atual que não se endireita com certeza..." O ponto central do mapa é a "Praça da República", também denominada "campo das adesões". Um pouco à frente, na altura da atual "Praça XV", estaria a "praia deserta dos eleitores". Todas as ruas, travessas e avenidas da cidade acabam desembocando num mesmo ponto: a Praça da República. A avenida das "Madamas", onde se instala o "Colégio Suzana",[27] a rua da Misericórdia, a travessa dos Filantes — travessa das Notas Falsas — e a travessa dos Pistolões comunicam-se diretamente com a República (*Tagarela*, 25/6/1903).

Assim, a cidade se transforma numa metáfora grotesca do regime republicano, cuja arquitetura se baseia em adesismo, corrupção, imoralidade e falcatruas. Numa paródia da remodelação urbana como veículo da sonhada modernidade, Pederneiras prefere retratar a "obra atual que não se endireita..."; à maquete idealizada da cidade, o caricaturista sobrepõe a sua cartografia de ruas tortuosas e de má fama.

É clara a articulação que vai se estabelecendo entre os intelectuais — no caso, os humoristas e caricaturistas — e as camadas populares, no que se refere ao imaginário da cidade e de seus habitantes: há um esforço para deslocar o foco da retórica oficial para a fala das ruas, parodia-se essa retórica para mostrar, como contraponto, uma outra realidade. Este é um dos procedimentos mais correntes do estilo irônico, conforme mostra a sugestiva análise de Braith (1994).

Na charge intitulada "Política de esquina" é visível essa intenção de deslocamento. Dois mendigos dialogam, um de

---

27 Referência ao *rendez-vous* de Suzana Castera, cujos salões eram frequentados pelas elites políticas da época. O termo "madamas" é uma corruptela que o autor usa, satirizando o termo *madame*. Em nossa língua, o termo de origem francesa se refere a prostituta, dona de bordel, a uma dimensão não-familiar, conforme observa Braith (1994).

muleta, o outro de perna de pau e sem braço. Um deles, tentando convencer o outro, argumenta: "Acho justa a ideia. Devemos tratar da revisão da nossa Constituição" (*Tagarela*, 20/8/1903).

A charge é rica de significados quando dribla os termos, brinca com o sentido das palavras. No dicionário, uma das definições mais usuais de "política" é "ciência referente ao Estado, ou conjunto de regras referentes aos negócios públicos". Já o termo esquina, no imaginário da cidade, é o espaço associado à malandragem e à boemia. Enfim, é o espaço facetado que serve às mais variadas escusas, encontros e também surpresas (Gens & Carvalho Gens, 1993, p. 10). A política, quando localizada nas esquinas, perde o seu sentido original de *locus* do domínio público, referente ao Estado, e ganha sentido no âmbito privado das carências sociais. Para os excluídos da cidadania, a ideia de constituição política não faz sentido nenhum, a não ser quando se refere à sua vivência cotidiana. Ou seja, às fraturas de sua própria constituição física... Vem daí a força da caricatura, que teatraliza e dá forma aos acontecimentos apenas esboçados. Constrói-se uma espécie de dramaturgia do cotidiano — cenas da vida carioca.

Nas páginas da revista *Mercúrio* (1898), Raul Pederneiras começa a publicar suas charges sobre a cidade e seus habitantes, enfocando principalmente os tipos populares. Em 1924, o *Jornal do Brasil* reúne algumas dessas caricaturas publicando o álbum *Cenas da vida carioca*. São os traços de uma realidade em movimento que interessa resgatar.

Nessa dramaturgia do cotidiano está impresso comicamente o perfil do carioca, seu comportamento e suas reações. Na *Mercúrio* (13/8/1898), há uma charge especialmente digna de nota, também reproduzida no álbum, onde se enriquece com a denominação: "O título crônico e popular". Trata-se de uma cena também passada na rua. No primeiro quadro, se movimentam tipos os mais diversos, como a polícia, o ladrão, o vendedor de jornais, o varredor de rua, a mãe com seu filho. Surge ao longe um indivíduo, cuja intenção é se dirigir a um dos transeuntes. Começa, então, a chamar: "Psiu! Ô Zé, ô coisa, ô aquele!" Ninguém atende ao seu chamado. A conversa continua, até que o indagante resolve mudar sua abordagem: "Ô doutorrr!" Num instante, todos se viram obsequiosos, até o cachorro vira-lata...

Pederneiras capta, com astúcia, um dos principais elementos mobilizadores da nossa dinâmica social: a busca de individuação. Devido ao próprio caráter altamente hierarquizante e excludente da nossa sociedade, todos desejam ardentemente se distinguir dos demais, ninguém quer se identificar com o anônimo "Zé"... O marco clássico dessa busca de individuação estaria expresso na frase "Você sabe com quem está falando?". Nos dias atuais o termo "doutor" ainda aparece como elemento social diferenciador, simbolizando o estatuto de cidadania (DaMatta, 1981; Carvalho, 1992).

Entre os caricaturistas cariocas, é clara a referência à rua como espaço inspirador, uma maneira de pensar a cidade e os limites que então se estavam esboçando entre a esfera pública e privada. É nesse sentido que Roberto DaMatta (1987) elege a *casa* e a *rua* como duas categorias sociológicas fundamentais para se pensar a sociedade brasileira. Assim, esses elementos não só remetem à compreensão de um determinado espaço físico, como constituem a esfera onde se desenvolve a ação. O espaço não é mero código arquitetônico, e sim um sistema de significados sociais.

Embora mantenham relações complexas entre si, a casa e a rua não estão necessariamente separadas. É possível identificar a rua com o público, o formal, o visível, o masculino e, em contrapartida, associar a casa ao privado, ao informal, ao invisível e ao feminino. Mas essa identificação não é estática, podendo encontrar outras modalidades de expressão em função de sua própria contextualização. Essas categorias se apresentam, portanto, como significantes privilegiados, cuja combinação e significados variam contextualmente (Vogel & Silva Mello, 1981).

No próprio trabalho de Raul Pederneiras é possível entrever as variadas nuances desses espaços. Assim, a rua tanto pode aparecer como espaço público, masculino e formal, como também ser o espaço que se confunde em determinados aspectos com o universo privado. Na charge "Nos salões e nas ruas" (*Mercúrio*, 6/9/1898) fica clara essa linha divisória entre os dois domínios, identificados como masculino (ruas) e feminino (salões). A própria disposição gráfica das figuras determina o que é próprio de um e outro espaço. Nos salões, as mulheres são o foco de atenção: movimentando seus olhos e leques, estabelecem silencioso código de comunicação; os homens, que estão a um canto da sala, são objeto do olhar e dos comentários femininos. Já na rua modifica-se radicalmente essa disposição: os homens, em roda, olham para as mulheres que passam na calçada, encaram-nas diretamente e lhes dirigem gracejos.

São dinâmicas distintas, que remetem a determinado contexto social, referente à prática das camadas burguesas e das elites. Para os homens do século XIX, o domínio público é o espaço onde exercitam sua liberdade, que seria coibida no âmbito familiar. Já para as mulheres, ocorre o inverso: a rua é ameaça constante, propiciando aventuras com desfecho quase sempre imprevisível (Sennet, 1988).

Uma das concepções mais difundidas da modernidade é a que configura a rua como espaço da passagem e das relações contratuais e formais, mediadas pela lei ou pelo dinheiro. Em *Cenas da vida carioca*, nosso caricaturista mostra outros aspectos da realidade. A rua não é composta apenas pelos pedestres apressados, sempre correndo para alcançar algum destino ou realizar alguma transação; ao contrário, há "pontos" onde se trabalha, se diverte, enfim, onde as pessoas se encontram informalmente. Em "Os ambulantes" (Pederneiras, 1924, p. 34), a rua se transforma no espaço do mercado informal de trabalho: a baiana com seu tabuleiro, o vassoureiro, o amolador de facas, o peixeiro, o jornaleiro e o baleiro. Todos anunciam suas mercadorias no assobio, na cantoria, no grito...

Já "No olho da rua" (Pederneiras, 1924, p. 25), é a trapaça que está sendo focalizada. Um popular toca seu realejo enquanto o macaco dança, e uma pequena aglomeração se forma em círculo para assistir ao espetáculo. Quando, findo este, o macaco começa a correr o chapéu para recolher a féria, o público rapidamente se dispersa...

A rua é, por excelência, o lugar de contato com o "outro". É também o palco do social, lugar onde se desenrola o espetáculo. Assim, calçadas, esquinas, muros e janelas se configuram como palco ou plateias, o que se vê e de onde se vê (Vogel & Silva Mello, 1981, p. 83). Em "A serventia das janelas" (Pederneiras, 1924, p. 57), o caricaturista as mostra como plateias que, às vezes, também funcionam como palco: quem está na janela tanto pode ser espectador quanto ator, a janela se apresenta como uma espécie de fronteira entre o que ocorre dentro e fora. A comunicação entre casa e rua é incessante, assumindo as mais variadas modalidades: notificação de noivado, anúncio da costureira, ou, simplesmente, o espaço do espectador-*voyeur*... Vejamos como o caricaturista descreve cada janela e o seu respectivo ocupante:

— Com reposteiro: para noivos praticantes, amanuenses e oficiais;
— De costureira: com o infalível papel de figurino na vidraça;
— Burguesa: quando os patrões não estão em casa... (empregados assumem o posto);
— Feira livre, belchior: pau pra toda obra;
— De ministério: em dia de audiência, ninguém se abala para ver o que se passa na rua.

A janela é uma espécie de reflexo do que ocorre no interior da casa. A janela da costureira, por exemplo, mostra a dupla utilização do espaço como moradia e trabalho, sinalizada pelo figurino colado na vidraça. Já a janela do ministério é ocupada pelos funcionários públicos, *voyeurs* em tempo integral, só trabalhando nos dias de audiência.

Na revista *O Filhote da Careta*, J. Carlos caricatura alguns tipos cariocas, estabelecendo analogias irônicas, como a existente entre o bicheiro e o lixeiro. Observa que ambos vivem fazendo a "limpeza da cidade", mas a diferença essencial entre eles é que o lixeiro, de consciência limpa, anda com as mãos no lixo, ao passo que o outro tem o bicho nas mãos e o lixo na consciência (*O Filhote da Careta*, 18/11/1909).

Ironizando o "smartismo" da cidade-capital, J. Carlos transveste o guarda-civil em um refinado representante da elegância, que passa a fazer "o policiamento *smart*, civilíssimo e impassível das avenidas elegantes" (*O Filhote da Careta*, 16/12/1909). De costas para o tumulto das ruas, braços cruzados, pose arrogante, o guarda não zela pela ordem pública, mas por sua própria aparência...

A caricatura reforça os traços do antimodelo, pondo em relevo o avesso daquilo que se apresenta como "realidade". Há uma situação especialmente propícia a essa configuração, o carnaval, onde a inversão da ordem e dos valores é generalizada. K. Lixto brinca com essa ideia, fazendo-se protagonista de sua própria charge: "Raul e Calixto depois do carnaval" (*O Malho*, 20/2/1904). Sob os efeitos da folia, os dois se debruçam sobre a mesa de trabalho coalhada de figurantes carnavalescos: um enorme bumbo se impõe, ameaçando fazer em pedaços a cabeça dos caricaturistas; índios com flecha, polichinelos e bêbados ocupam o espaço em cima ou embaixo da mesa e da cadeira. Em meio a tamanha confusão, as pranchas de desenho permanecem em branco... Abaixo da charge, o comentário: "Estamos aqui, estamos sem ideia nenhuma! Se os Democráticos e os Fenianos puseram tudo nos seus carros de ideias..." A dessacralização da arte, tema tão caro à modernidade, se apresenta como um dos motivos inspiradores dessa charge.

Em "A perda do halo", conto publicado em *O Spleen de Paris* (1855), Baudelaire faz seu personagem, o poeta moderno, perder acidentalmente a aura no lodaçal de um viaduto; acuado pelo movimento do trânsito, o poeta resvala, deixando cair o signo que o distinguia dos demais. Mas a dessacralização da arte, na visão do autor, nada tem de trágico, ao contrário, é cômica. Na tentativa de suster a aura, o poeta realiza uma dança que evoca o *vaudeville*, a palhaçada e as *gags* metafísicas de Chaplin e Keaton (Berman, 1987, p. 152).

Se a aura se perde na lama, é para ser integrada ao fluxo energético da arquitetura moderna. Daí em diante, o poeta se sentirá mais à vontade para estar entre os mortais, frequentar os lugares sórdidos e promíscuos onde imperam os vícios e a decadência. Na visão baudelairiana, o artista moderno é justamente aquele que mais se aproxima dos homens comuns, compartilhando com eles a experiência cotidiana. Ele deve se unir-se à multidão, "*épouser la foule*".

Antonio Candido mostra que os escritos de Baudelaire exerceram influência decisiva sobre uma parcela da geração intelectual dos anos 1870 e 1880. Segundo Candido, nossos baudelairianos fariam uma leitura unilateral da obra, dando prioridade às atitudes de rebeldia, libertação, tédio e irreverência. Em nosso contexto, esses valores são encampados como arma de combate contra as tradições românticas, consideradas decadentes. Em termos literários, defende-se o "realismo poético", que implica uma poesia progressista no que se refere à política e desmistificadora em relação à vida cotidiana (Candido, 1987, pp. 24-27). Daí a crença na República e nos ideais libertários e anárquicos que caracteriza parte expressiva da geração boêmia.

O grupo dos intelectuais humoristas recebe influência direta dessa geração intelectual, da qual se considera filho legítimo, não apenas em sentido figurado, se lembrarmos que uma das figuras mais proeminentes dessa geração era o pai de José do Patrocínio Filho — entre eles, talvez quem incorpore mais profundamente os ideais baudelairianos. No prefácio da obra de Theo-Filho, considerado por Candido (1987) um dos nossos baudelairianos, Patrocínio defende a concepção do artista como um aventureiro que se entrega totalmente à arte. Sua escrita deve ser como sua vida, marcada por violência, revolta, hostilidade, paixão, sensualismo e doçura (Patrocínio Filho, 1923).

O ideal libertário e a irreverência, juntamente com a busca de novos caminhos estéticos de expressão, têm em Baudelaire uma de suas fontes inspiradoras. No início do século

XX, é visível na boemia carioca a influência de autores como Baudelaire, Anatole France e, notadamente, Henri Murger (*Scenes de la vie boème*), cujos personagens do submundo serviriam frequentemente de modelo, de inspiração e forma de vida (Barbosa, F. A., 1959, p. 124).

> *Je veux parler maintenant de l'un des hommes les plus importants, je ne dirai pas seulement de la caricature, mais encore de l'art moderne, d'un homme qui, tous les matins, divertit la population parisienne, qui, chaque jour, satisfait aux besoins de la gaiaté publique et lui donne sa pâture. Le bourgeois, l'homme d'affaires, le gamin, la femme, rient et passent souvent, les ingrats! sans regarder le nom.*
>
> *Jusqu'à présent les artistes seuls ont compris tout ce qu'il y a de sérieux là dedans, et que c'est vraiment matière à une éttude. On devine qu'il s'agit de Daumier*
>
> *Ch. Baudelaire*
>
> (Quelques Caricaturistes Français, 1857)

Daumier. Croquis de Vollotton.

Soa familiar entre nós, a ideia do artista enquanto elemento integrado à vida popular cotidiana, experimentando toda sorte de experiências. Misturar-se dionisiacamente aos festejos carnavalescos, embriagar-se a ponto de perder a inspiração e as ideias, conforme mostra a hilariante caricatura de K. Lixto, são formas de banalizar o ato de criação, dessacralizando-se tanto a arte como o artista. A arte nada tem de sublime — no sentido de "algo separado do comum"; o artista é um homem comum, porque vive aquele mundo. Essas ideias estão presentes em várias caricaturas, propiciando uma sugestiva leitura da nossa modernidade onde se destaca o elemento cômico.

Em "Belas artes" (Pederneiras, 1924, p. 23), todos os gêneros considerados artísticos são banalizados quando trazidos para a experiência cotidiana. O caricaturista cria o seu próprio código, que é o do humor, parodiando os padrões artísticos vigentes. O procedimento é o seguinte: temos um quadro (no caso, uma caricatura), e logo abaixo uma legenda explicativa que discrimina aos olhos do leitor o gênero artístico, o material usado etc. É justamente essa matéria normativa que serve de inspiração para a comicidade. Lembremos de Melot: é da norma que se extrai a caricatura...

No primeiro quadro, vários meninos estão desenhando no muro da rua. Abaixo, a legenda explica: "desenho linear, figurado, a mão livre". Em seguida, uma casa prestes a desabar, portas, janelas e telhado ameaçam ruir. Ao longe, um casal observa consternado o espetáculo. Na legenda: "arquitetura: gênero moderno edificante". Para os bebês que se divertem entre choro, risos e pancadaria, a legenda dita: "artes menores". Já o casal que se enlaça num beijo é agraciado com "a gravura".

Desde as suas origens, a caricatura configura-se como uma crítica à representação realista; se o realismo está alocado nas palavras, então a imagem subverte o seu significado original. "Artes menores" faz parte do código da Escola Nacional de Belas Artes, servindo para rotular determinados gêneros artísticos; a caricatura vem justamente subverter esse código, mostrando que as coisas não são detentoras de um sentido unívoco. Por meio da imagem, pode-se apontar para outras dimensões cognitivas da realidade; assim, "artes menores" pode se referir a um grupo de crianças brincando. A palavra *arte* perde aqui sua conotação formal, passando a significar brincadeira, astúcia, o ato de experimentar novas vivências.

Cumpre observar que na época, de modo geral, era problemática a integração da caricatura como expressão ao universo das belas-artes. As ideias de um crítico como Gonzaga Duque, por exemplo, não constituíam senso comum no meio artístico. Por lidar com procedimentos distintos daqueles consagrados pelo universo acadêmico, a caricatura foi considerada um gênero à parte, menor, daí a ironia da charge.

A intenção dos caricaturistas é criticar a produção plástica erudita, parodiando os pintores e escultores da Escola Nacional de Belas Artes, e os salões cômicos e humorísticos são criados com base no Salão de Exposição dessa instituição. Várias revistas na época exploram essa temática parodística entre o universo das belas-artes e o da caricatura, como é o caso da *Fon-Fon* (Silva, 1990, p. 73).

Na "Exposição de Aquarelistas" (*O Malho*, 11/7/1903), Raul e K. Lixto parodiam quadros de Visconti, Seelinger, Gustavo Dallara e R. Amoedo. Para a aquarela de Seelinger que mostra a cabeça de S. João Batista em uma bandeja, os caricaturistas apresentam a seguinte legenda: "Prato do dia: sirva-se". A pintura de R. Amoedo que retrata uma mulher de expressão compungida, tendo o queixo pousado sobre a mão, ganha a legenda: "Quexosa". Já o tema de Visconti, casas numa montanha rodeada de nuvens espessas, se transforma em "algodão dirigível e indigerível".

Utiliza-se o visual como transcrição literal de imagens verbais. Assim, a expressão compungida da mulher, retratada por Amoedo, aparece literalmente como "quexosa", ao invés de queixosa. O elemento visual (tamanho desproporcional do queixo) acaba dando o sentido da obra. Obteve-se efeito cômico quando se fez o desvio abrupto do espírito e dos sentimentos para a materialidade, e o que aparece em primeiro plano é a deformação física.

Nesse diálogo permanente com as linguagens artísticas, os caricaturistas constroem o espaço para sua própria expressão. Entre as aquarelas dos pintores, aparece uma caricatura de Julião Machado: malabarista abarbado, fragmentos.

A fotografia e o cinema também seriam objeto de indagação desse olhar. Aliás, mais do que isso: o caricaturista não é o *voyeur* que examina "de fora", mas ele próprio experimenta e incorpora as várias linguagens artísticas da modernidade, ou seja, é "de dentro" que ele reelabora os vários procedimentos artísticos, desmontando-os, para, em seguida, reconstruí-los sob a ótica do humor.

Em "Vaidade Fotográfica", Pederneiras faz a caricatura de uma fotografia. As silhuetas, postadas em círculo, estão rígidas, imóveis, atentas. Só esperam o clique da máquina para retomarem sua posição normal. Os homens de *smoking* e as mulheres em trajes elegantes evidenciam uma situação de cerimônia, formal. O comentário do grupo deixa entrever o chiste: "Pouco importa não sair parecido, a questão é sair nas folhas" (Pederneiras, 1924, p. 83). De fato. Não sairá parecido. Quem está tirando a foto não é um fotógrafo, mas o próprio caricaturista. Da foto espera-se a cópia fiel do modelo, mas a caricatura não obedece a esses procedimentos. Pederneiras utiliza, então, o negativo da foto. Diluem-se os traços fisionômicos. A nitidez de imagem é substituída por manchas, esboços, sombras. Através do negativo de uma foto, chegamos à inversão da imagem.

Os caricaturistas também dialogam com a linguagem cinematográfica, ressaltando seu aspecto mágico e ilusionista. Em "Cinema Catete" (*O Filhote da Careta*, 28/10/1909), J. Carlos transforma-se no personagem de sua própria charge. Por um momento, ele abandona seu lápis para manusear a máquina de cinema, mas o filme que projeta na tela — "Paz e Amor" — já foi traduzido para a linguagem caricatural. A tela cinematográfica se transforma então na prancha do desenhista, que vai dar visualidade ao enunciado verbal: Paz e Amor. Um anjo, provavelmente Cupido, e uma mulher seminua, que sugere uma deusa da mitologia grega, seguram uma cornucópia, da qual vão saindo frutos em abundância, que ameaçam ocupar todo o espaço da tela. Na plateia, junto aos músicos, uma figura que por seu tipo físico parece ser José do Patrocínio Filho, diretor do filme, que assiste boquiaberto ao espetáculo. Na legenda: "A Pomicultura" — grandiosa fita colorida de efeito embasbacante — gênero saborosíssimo.

Uma estética da visualidade: os "humoristas da imagem"

A arte de um povo não resulta da vontade de um grupo nem da tentativa de uma escola.

Gonzaga Duque, 1908

A frase acima foi proferida no discurso de abertura da Exposição Nacional de 1908, na seção de belas-artes. Fazendo um balanço da nossa evolução artística, Gonzaga Duque (1929) defende a ideia de que a arte é a "alma da nacionalidade". É através da arte, inspirada nas tradições populares, que a nacionalidade vai-se definir enquanto tal.

Essa ideia é original, considerando-se que um dos objetivos da exposição é enaltecer os inventos científico-tecnológicos da nacionalidade.[28] Em sua fala, Gonzaga Duque chama a atenção para a organização precária da seção de belas-artes: faltou tempo, material e pesquisa, segundo sua avaliação criteriosa.

O autor reivindica um espaço maior para as artes, não apenas nos recintos da exposição, mas no cotidiano da vida nacional. A arte educa pelo afeto, instrui pela imagem e dignifica pela rememoração (Duque, 1929, p. 254). Por isso não se justifica o caráter marginal em que se encontra em nosso país, argumenta o autor.

Discordando do ponto de vista de que ainda não dispomos de uma arte "nacional", Gonzaga contra-argumenta, mostrando que ela está implícita no "modo de ser e sentir" do povo (Duque, 1929). Esse ponto de vista assume particular importância. O autor defende a necessidade de uma renovação estética, mas observa que não será levada a cabo através de vanguardas

---

28 Sobre as exposições nacionais, consultar Souza Neves, abr. 1988, pp. 29-41; e Hardman, 1988.

ou escolas artísticas; a arte nacional se processa através da "natureza admirável" da nossa etnia (Duque, 1929, p. 255).

É na estética simbolista que Gonzaga Duque vislumbra a possibilidade de afirmação do nosso espírito artístico. Enquanto crítico de artes visuais, o autor integra o trabalho dos caricaturistas como dimensão constitutiva da renovação estética, e esse é precisamente o ponto que nos interessa. No ensaio "Imagistas nefelibatas" (1906), Duque ressalta um aspecto de crucial importância: a influência da estética simbolista sobre a nossa pintura e caricatura. Através de que ideias essa estética poderia inspirar o trabalho de nossos caricaturistas?

A sedução pela imagem se apresenta como a primeira pista. Procurando contrapor-se à estética romântica e naturalista, o simbolismo se caracterizaria pela síntese rápida: ao invés das descrições minuciosas, a sensação das coisas. Assim, o poeta busca "condensar uma porção de existências humanas numa só, que é a sua própria". O ritmo da vida moderna se reflete na literatura, que projeta a imagem de um "mundo 'spleenético'" (Duque, 1906).

É esse mundo-imagem que os simbolistas tentam captar em seus escritos, mas o processo não resultaria fácil. Isso, porque, segundo Duque, a estética simbolista tendia para a abstração, dificultando a forma figurada. Surgem, então, os *tipos*, que são formas idealizadas, ligeiras, tendendo para a simplificação. As ideias de síntese rápida, condensação, brevidade e sobretudo *visualidade* são apontadas por Duque (1906) como integrantes do imaginário simbolista.

A visualidade não se restringe apenas à escrita, faz-se presente também no recurso gráfico dos livros. Assim, um livro em forma circular corresponderia ao título *Lua Cheia*. Já *Manchas*, de Antônio Austregésilo, traz a capa toda manchada de negro, mostrando os dedos sujos do tipógrafo. A dimensão visual constitui-se numa das preocupações centrais dos escritos simbolistas, recurso de que mais tarde os modernistas também iriam lançar mão (Broca, 1956). K. Lixto e Pederneiras ilustram com frequência os textos e capas de livro do grupo dos simbolistas.

A simplificação através de tipos é essencial no trabalho dos caricaturistas. Nesse sentido, Gonzaga Duque (1929), em texto escrito em 1901, observa a ênfase de Pederneiras nos tipos cariocas: "a pacholice do capadócio, a gibosidade de orango dos manéis arremangados, a fealdade símia dos crioulos e o enlanguido tuberculoso das sinhazinhas janeleiras (...)". Na descrição dos tipos vemos claramente presente a influência das teorias criminalistas de Lavater e Lombroso, sempre voltadas para a associação entre etnia, primitivismo e barbárie. Veja bem, Gonzaga Duque não se refere à fealdade símia dos louros, mas dos crioulos.

Historiando, em 1901, a evolução da caricatura no Brasil, Duque nos conta como entrou em contato com o trabalho de Pederneiras e K. Lixto. Pederneiras era um profissional em início de carreira ao entrar para a *Mercúrio*, reduto dos simbolistas. A partir daí, integra-se ao grupo. Além de ter uma seção semanal, colabora também com toda a parte gráfica, ilustrando textos e contribuindo em termos literários. Mais tarde, o caricaturista participaria da revista *Pierrot*. Com K. Lixto ocorre o mesmo. Foi através de um professor do Liceu de Artes e Ofícios que o trabalho de K. Lixto chegou às mãos de Gonzaga Duque, que o leva para a *Mercúrio* onde, por unanimidade da equipe, K. Lixto passa a integrar o quadro de colaboradores da publicação (Duque, 1929, pp. 236-242). Também Belmonte conta que, no início de sua carreira, seria fortemente influenciado por Gonzaga Duque, Lima Campos e Mário Pederneiras através da revista *Fon-Fon* (Lima, H. 1963, p. 1367).

Fazendo um balanço da história da caricatura, Pederneiras (1922) salienta o apoio que recebeu do grupo simbolista, composto por Duque, Mário Pederneiras, Lima Campos, Manoel Porto Alegre e Luiz Jordão, e observa que a revista *Mercúrio* é pioneira na arte da caricatura, tendo vários profissionais em seu quadro de colaboradores.

Gonzaga Duque se interessa pela imagem caricatural motivado pelas diferentes possibilidades de linguagem e humor que esta corrente estética oferece (Silva, M. A. 1990, p. 80). Na sua percepção, os caricaturistas seriam os "humoristas da imagem", aqui compreendida como fruto da imaginação — esse é seguramente um dos traços mais valorizados pela estética simbolista.

Num mundo que se apresenta cada vez mais imediatista e utilitário, a questão da subjetividade é complexa. Busca-se resgatar o mistério, a sinuosidade, a espiritualidade e a imaginação (Lins, V., 1991, p. 34). De fato, esses são os elementos valorizados pelo olhar do crítico: a presteza inventiva e a capacidade para reproduzir, em forma gráfica, as ideias e fantasias oriundas da imaginação. Analisando o trabalho de Pederneiras, Duque observa:

> A caricatura (...) sai-lhe espontânea, surge inesperadamente de seu lápis, completada num jato como se a mão copiasse automaticamente o que está na visão interior do artista. (Duque, 1929, p. 238)

O que chama sua atenção no trabalho de K. Lixto também é sua capacidade inventiva e sua espontaneidade. Por intermédio do desenho, a imaginação do caricaturista teria encontrado amplitude para se desenvolver; suas ideias e pensamentos adquirem formas materiais, permitindo uma comunicação mais imediata, e também é enfatizada a capacidade comunicativa do artista com seu público.

Mais especificamente, o que mobiliza o olhar do crítico em relação ao desenho de K. Lixto são suas formas originais. Para Gonzaga Duque, a arte é "feita para a visão", para o encanto da forma, que é obtida pela simplificação, pelo espírito sintético e lúcido (Duque, 1929, p. 244).

O impacto da linguagem visual é forte. Frequentemente os caricaturistas são saudados como "novos", introduzindo uma percepção inédita da realidade — esse é o tom do artigo de João do Rio publicado na *Gazeta de Notícias* em março de 1908, no qual o crítico convida os leitores a examinarem com atenção o trabalho de J. Carlos:

Abram a Fon-Fon e acompanhem o desenho de J. Carlos. Há um traço novo, uma maneira especial e ácida, o imprevisto da legenda e do feitio inteiramente novo. (Magalhães Júnior, 1978, p. 91)

Nesses termos, João do Rio prevê o êxito do caricaturista no gênero, uma nova linguagem que combina traço e escrita.

Outro aspecto-chave da estética moderna, como já vimos, é sua afinidade com o grotesco. Essa tentativa de captar o disforme e o assimétrico não se dá ao acaso. Na modernidade, os "pintores da fealdade" têm clara intenção de fixá-la como documento hilário de um tempo (Duque, 1908). Por trás de uma fisionomia disforme pode-se captar o sublime, o nobre e a simpatia, e é justamente essa capacidade transfiguradora do grotesco que parece instigar o nosso crítico de artes. Segundo sua avaliação, a obra de K. Lixto estaria fortemente inspirada no estilo grotesco. O caricaturista torce, recalca, aleija linhas para conseguir o grotesco da figura. Seu cenário é a sociedade vadia de cocotes, dândis e malandros (Duque, 1929, p. 243). Para o nosso crítico, o trabalho de K. Lixto adquiriu fundamental importância justamente por sua ênfase no social:

> Fascinante por elegância e expressão, já é sua obra de hoje, que aos poucos se afasta, com feliz teimosia, da sátira política para os assuntos sociais, apanhando os episódios de sala e rua, fixando entidades de plateia e de camarins, que constituem interessante documento caricaturado de um tempo. (Duque, 1929, p. 244)

A mudança de enfoque de K. Lixto, que passa do político para o social, é aplaudida como um ato de "feliz teimosia". Na estética simbolista, os artistas devem assumir simultaneamente o papel de atores e espectadores, tomando a rua como palco e público: é desse ângulo que observam o mundo. A arte se configura, portanto, como o único território onde se pode falar e dar forma à desordem instaurada pela cultura da modernidade (Lins, 1991, p. 42).

É nesse contexto de ideias que deve ser pensada a modernidade carioca, onde a percepção estética do universo vai se tornar extensiva a todos os setores da cultura e da vida. Trata-se, portanto, de uma reflexão fragmentada que aparece nas conferências, prefácios de livros, comentários de exposição, passagens íntimas de diários,[29] em crônicas e romances. Em *Mocidade morta*, romance escrito em 1900, Gonzaga Duque narra a história do grupo boêmio. Os personagens da obra incorporam a situação vivenciada por nossos intelectuais, o sentimento de marginalidade e a busca aflitiva da arte como canal de expressão social. O grupo de artistas se autodenomina os "insubmissos", propondo-se resistir à estupidez reinante. A "Academia Brasileira de Letras" é apontada como um dos principais obstáculos ao progresso da arte:

> A artezinha que possuímos está cediça, a senilidade invadiu a Academia, chegou a hora da derrocada, os deuses foram-se. O Pedro Américo já deu o que podia, o Meirelles está esgotado. (Duque, 1973, p. 111)

Frequentemente, o grupo se dirige em bandos às galerias de arte da rua do Ouvidor, sujando as pinturas consideradas burguesas. Os "dissidentes" fazem mil planos para criar um salão de artes onde pudessem expor o seu trabalho, mas acabam sendo imobilizados pelos obstáculos de uma sociedade que não os reconhece. Outra passagem interessante do romance de Duque (1973) é a fala de um personagem que vai defender a revista como porta-voz da estética moderna. É um romance autobiográfico, sem dúvida. Gonzaga Duque, por meio de uma narração fictícia, contextualiza com precisão a posição do grupo boêmio ao qual se achava vinculado.

---

[29] A reflexão contida no diário de Gonzaga Duque é analisada em Lins, V., 1991. Sobre o diário de Lima Barreto, ver Resende, 1993.

Ao avaliar o trabalho de Raul Pederneiras, Duque (1929) atribui sua genialidade ao fato de pertencer à boemia:

> Raul faz a caricatura porque tem o espírito alegre e galhofeiro, ainda conserva neste melancólico tempo de pesadas agitações a mocidade da extinta estudantada boêmia e ruidosa. (Duque, 1929, p. 239)

Para Gonzaga Duque, o inspirador de Pederneiras seria Henri Murger, famoso caricaturista da vida burguesa parisiense. Assumindo a posição de boêmio, o artista moderno pode desmascarar as tristes funções sociais, corrigindo e demolindo pelo ridículo (Duque, 1919, p. 239). A visão da modernidade, em todo o seu aspecto caótico e paradoxal, só pode ser apreendida pela sensibilidade da imaginação artística. Só o artista, segundo Gonzaga Duque, seria capaz de construir uma visão humanizada da vida urbana moderna (Lins, V., 1991, p. 96).[30]

Inspirando-se nessas ideias, Lima Barreto vai escrever o romance *Vida e morte de M. J. Gonzaga Sá* (1919), cujo protagonista seria a figura do próprio Gonzaga Duque. É através da percepção estética que Lima focaliza a cidade moderna, transformando-a num memorial a ser captado pelo artista. Assim, Gonzaga Sá é o "historiador artista", cuja percepção social contrasta com a dos demais cidadãos.

Em que aspectos se distinguiria o historiador-artista? Por que ele seria indicado para escrever a história de sua cidade? A primeira qualidade é, sem dúvida, a criatividade. Assim, ele aparece como um "sutil anotador da vida", porque sabe ver os fatos e comentá-los de maneira original; é a paixão pela narração que o leva a registrar os episódios pequeninos e tristes do cotidiano (Barreto, 1956, pp. 42, 56 e 57). Ao contrário

---

30 O tema foi rediscutido por mim em "O 'historiador-artista': indagações sobre o modelo narrativo clássico. In: Cléria Botêlho da Costa & Maria do Espírito Santo Rosa Cavalcante Ribeiro (Orgs.). *Fronteiras Móveis: história, literatura*. Belo Horizonte: Fino Traço, 2015.

dos demais historiadores, que fazem seus relatos baseados em forais, cartas de arrendamento e sesmarias, Gonzaga Sá toma a vida como fonte da narrativa. Assim, sua exatidão criadora reside na memória plástica, na capacidade de apreender com fruição e calma. Fugindo dos padrões temporais da modernidade, nosso historiador recomenda aos apressados transeuntes do passeio público: "Andem devagar, devagarinho. Não se corre nem para a morte" (Barreto, 1956, p. 39). Há paisagens, prédios e becos esperando o nosso olhar para se fazerem memória. A arte se apresenta como forma de integração humana com a vida moderna: a cidade só pode ser apreendida pela sensibilidade singular do "historiador-artista".

Essas ideias destacam o papel da arte como elemento corporificador, capaz de dar sentido à própria nacionalidade. Em *A estética da vida* (1912), Graça Aranha descarta a ciência como caminho, argumentando que ela decompõe, analisa e fragmenta o universo. A partir daí, observa, perde-se a possibilidade de uma visão integrada da brasilidade. Para obtê-la, seria necessário, então, privilegiar a via intuitiva, emocional e emotiva, valorizando-se a apreensão intuitiva da realidade (Jardim de Moraes, 1979).

As reflexões de Graça Aranha (1912) e Gonzaga Duque (1900) integram uma das vertentes significativas da nossa tradição intelectual, a que associa *moderno* e *estética*. Para ambos os autores, no Brasil, a representação do universo passa basicamente por uma função *imaginativa*, e, por isso, o ritmo moderno deve ser convertido em ritmo estético.

Essa ênfase na subjetividade do artista faz parte da "cultura do modernismo", que abrange o período de 1880 ao início do século XX. Assim, são privilegiadas as figuras do errante, do solitário, do desgarrado e do sem-lar, por estarem do lado de fora; o foco de valores desloca-se da sociedade para o indivíduo. Nesse contexto, a figura do poeta assume papel primordial, cabendo-lhe a função de unificar, através de uma nova linguagem, a experiência social e individual (Karl, 1988; McFarlane, 1989, p. 64).

É complexa a construção do imaginário na modernidade, centrado na figura do intelectual e do artista, podendo abrir várias vertentes de pensamento. Para pensar a nossa modernidade, tomaremos a figura de D. Quixote como um dos paradigmas.

4. De como D. Quixote chega às terras de Santa Cruz

> *Novos leitores criam novos textos.*
>
> Roger Chartier

Em 1895, o caricaturista Ângelo Agostini funda no Brasil uma revista satírico-humorística denominada *D. Quixote*. A publicação prosseguiria até 1902. Os personagens de Cervantes, D. Quixote e Sancho Pança, constituem as figuras centrais da revista, acompanhando, atuando e comentando os acontecimentos políticos e sociais do cotidiano. Bastos Tigre viria a publicar, em 1917, outra revista com esse mesmo título, na qual também figurariam como personagens centrais D. Quixote e Sancho Pança. A nova publicação, de periodicidade semanal, tornar-se-ia extremamente popular, marcando lugar na história do humorismo nacional (1917-27), como faria *A Manha*, do barão de Itararé, no final da década de 1930 (Magalhães Júnior, s.d.).

Capa de D. Quixote, *de Bastos Tigre, 16/5/1917.*

Da mesma forma que o chofer na revista *Fon-Fon* (1907-58) e o moleque da *Revista Ilustrada* (1876-98), D. Quixote também aparece como personagem-símbolo da revista que leva seu nome. Se na medida em que conduz um de seus símbolos, o automóvel (Silva, M. A., 1990), o chofer representa a modernidade, o moleque representa a nacionalidade — mestiça, jovem e com certo ar de malandragem.

Há, portanto, uma condensação de sentidos expressa nesses personagens, o que nos leva a indagar: qual o poder de síntese contido na dupla D. Quixote/ Sancho? Como esses personagens saem das páginas de um clássico do século XVII para se integrarem ao moderno contexto brasileiro? Por fim, que apelo de atualidade e impacto os personagens cervantinos podem oferecer ao nosso público leitor?

A reflexão que Chartier desenvolve sobre a história da leitura é particularmente sugestiva. Para o autor, a questão que se coloca é investigar como um mesmo texto pode ser diversamente captado, manejado e compreendido (Chartier, 1992, p. 54). Para entender essa dinâmica, é necessário fugir de uma visão macroscópica do social, que acaba opondo elite e povo, dominantes e dominados. Tal perspectiva deixaria de considerar a dinâmica do campo social onde circula o conjunto de textos, ideias e normas culturais, acarretando uma apropriação social bem mais complexa do que costumam mostrar as abordagens tradicionais da história da leitura. Chartier é categórico: as obras e os objetos produzem antes um campo social de recepção do que divisões sociais cristalizadas. Assim, a realidade é contraditoriamente construída pelos distintos grupos compõem a sociedade.

A partir dessas ideias, o autor propõe que se repense o conceito de "apropriação cultural", acentuando-se a pluralidade de empregos e compreensões, dada a liberdade criadora dos agentes. Seu objetivo é destacar o dinamismo e a liberdade criadora que presidem a construção da realidade. Assim, argumenta: "novos leitores criam novos textos".

Um exemplo dessa dinâmica seriam as representações das obras de Shakespeare na América no século XIX, que, mescladas com formas de teatro provenientes da farsa, do melodrama, do balé e do circo, acabaram criando um público numeroso, muito além dos círculos das elites letradas (Chartier, 1992, pp. 56-60). A construção do sentido da obra está, portanto, diretamente relacionada às questões, dúvidas e desejos colocados pela dinâmica histórico-social.

Essas ideias mostram que o processo de apropriação cultural deve ser pensado a partir da dinâmica interativa, ou da "circularidade cultural" entre a chamada cultura erudita e a cultura popular (Bakhtin, 1987; Ginzburg, 1987). Em sua origem, a produção cultural pode destinar-se a determinado público; porém, desde que começa a circular no campo social, essa marca de pertencimento tende a desaparecer, devido à reelaboração e à criação sociais contínuas.

Em decorrência dessas ideias, Chartier propõe outro enfoque para a história da leitura. É preciso que se pense a leitura além do ato de "ler em silêncio e com os olhos". Por isso, ele propõe que sejam pesquisados gestos e costumes esquecidos. Nos séculos XVI e XVII, por exemplo, a leitura se constrói como oralização: há um leitor que se dirige, em voz alta, a um público de ouvintes; assim, o texto escrito se submete às exigências da "performance oral". A obra de Cervantes, *D. Quixote*, é um exemplo desse vínculo que se estabelece entre texto e voz (Chartier, 1992, p. 55).

Na obra, há várias passagens em que D. Quixote pede a Sancho que lhe conte histórias conhecidas de memória. Através da ficção, Cervantes caracteriza uma cultura de recitação e narração oral, livre, espontânea, apoiada em distintas maneiras de ler o texto escrito.

Conforme Chartier (1992, pp. 130-137), na Espanha, mais do que em outros países, a relação fundamental com os textos é de oralização e escuta. De modo geral, a leitura silenciosa era vista com desconfiança, na medida em que o leitor acabava sendo capturado pela trama do texto, não conseguindo mais distinguir os limites entre o universo fictício e a realidade. Contrapondo-se a essa visão, *D. Quixote* aparece como figura emblemática de uma nova relação entre leitor e texto; buscam-se formas de identificação entre os dois, e a obra se transforma numa espécie de narração autobiográfica, despertando a simpatia do leitor para com o herói. Essas ideias são importantes, uma vez que lançam luz sobre a leitura do romance de Cervantes, associado a modalidades da tradição oral — aspecto extremamente interessante para nossa análise.

Em um minucioso estudo etnográfico, Câmara Cascudo (1976) comprova a presença via tradição oral dos personagens cervantinos, notadamente de D. Quixote, na memória popular brasileira. O autor sugere a possibilidade de a obra já ser reconhecida aos olhos do Brasil seiscentista; relembra que ela foi escrita durante o reinado de Felipe II, período em que nosso país estava sob domínio espanhol. Em 1605, ano em que foi publicado o 1º volume, já se tem registro de mais de 300 exemplares de *D. Quixote* na América hispânica (Rodriguez Marin, 1911, p. 40; Cascudo, 1952, p. 406). Portanto, a possibilidade desse intercâmbio cultural é um fato a ser avaliado.

Grande parte das correntes migratórias espanholas que se dirigiram para o Brasil no final do século XIX compunha-se de agricultores, donde se conclui que uma gama expressiva de suas tradições tenha sido transmitida pela "voz humana", conforme observa Câmara Cascudo. Assim, parte significativa da herança cultural espanhola teria sido incorporada à nossa cultura através de narrativas familiares, contos, provérbios, refrãos e trocadilhos passados sistematicamente de pais para filhos (Cascudo, 1976 e 1952).

No intuito de comprovar essas ideias, Câmara Cascudo analisa várias narrativas populares brasileiras, notadamente nordestinas, comparando-as com histórias e lendas populares espanholas. O autor encontra na literatura picaresca clássica o modelo inspirador de muitas de nossas narrativas, e observa que obras do tipo "O imperador Carlos Magno" e a "A donzela Teodora", ambas originárias da Espanha, inspiram os nossos cantadores, autos e dramas populares, geralmente lidos em voz alta para auditórios atentos no interior do Brasil. O próprio Câmara Cascudo revela ter sido um desses leitores em 1912 (Cascudo, 1976).

Contos leves, de vivacidade zombeteira e alegria satírica, reaparecem, segundo ele, com assombrosa insistência no anedotário brasileiro, fato que o leva a concluir que a contemporaneidade do imaginário Brasil-Espanha pode ser explicada, em grande parte, pela eficácia dessa comunicação oral.

No intercâmbio cultural Espanha-América há também que se considerar o papel dos "embaixadores espontâneos" (Rama, 1982): através dos emigrantes, exilados, viajantes, sacerdotes e revolucionários divulgam-se ideias e esquemas culturais. Quando confrontados com o acervo cultural americano, esses esquemas tendem a se tornar maleáveis, permeáveis a determinados elementos da realidade local (Rama, 1982, p. 13). Enfim, há toda uma dinâmica de "releitura" dessas tradições.

A influência da narrativa espanhola em nossas tradições populares deve ser pensada a partir da dinâmica da apropriação cultural. Assim, não se trata de concluir que entre nós predominou apenas uma leitura de Cervantes via tradições populares, da mesma forma que soaria falso privilegiar essa leitura através dos canais eruditos. Essa interpretação seria demasiado simplista, deixando de considerar a dinâmica e a criatividade do processo. Se determinados elementos da obra de Cervantes estão integrados ao imaginário popular brasileiro via tradição oral, é essa mesma tradição que também irá inspirar os nossos intelectuais.

É possível que os intelectuais brasileiros tenham se baseado nos elementos extraídos dessa tradição para construir parte de seu discurso, metáforas e caricaturas abordando os personagens cervantinos.

Por exemplo, a expressão *"poca sal en la mollera"* — citada no capítulo VII de *D. Quixote* — significa "pouco juízo" (Cascudo, 1952, p. 394).[31] Ocorre que a sabedoria popular incorporou de tal maneira este provérbio que suas origens foram

---

31 Uma discussão sobre a contribuição da obra de Câmara Cascudo para os debates da história cultural no Brasil está em "Uma história dos nossos gestos; a abordagem de Luiz Câmara Cascudo no campo da história cultural". In: Marcos Silva (Org.). *Câmara Cascudo e os saberes*. 1. ed. Vol. 1, pp. 148-168. São Paulo: Fundação Biblioteca Nacional - CNPq; Fundação Miguel de Cervantes, 2013.

praticamente apagadas, e a associação *sal/ juízo* passou a fazer parte do imaginário nordestino.

Os intelectuais da revista *D. Quixote* (1917-27) retomam essa ideia, elegendo o sal — significando sabedoria, juízo, lucidez e maturidade — como uma espécie de metáfora-símbolo da publicação. O objetivo é legitimar o humor como discurso coerente, capaz de fazer uma reflexão "ajuizada" sobre a nacionalidade. É significativo o lema: "Muito riso, muito siso".

A construção do imaginário D. Quixote/ Sancho, no Brasil do final do século XIX e meados dos anos 1910, deve ser pensada a partir do complexo entrecruzamento de influências das chamadas culturas erudita e popular. Assim, as figuras de D. Quixote e de seu fiel escudeiro não foram recortadas diretamente da obra de Cervantes por nossos intelectuais, o que significa dizer que a apropriação desses personagens deve ser compreendida na dinâmica das várias tradições socioculturais, que a revista *D. Quixote,* ao recriar os personagens, atualiza e relê.

À exceção de Lima Barreto (Barbosa, F. A., 1983) e de Bastos Tigre, não temos conhecimento de outros intelectuais da revista que tenham realmente feito a leitura sistemática da obra de Cervantes, ou mencionado a influência deste autor em seus escritos e em sua formação. O fato reforça a tese de Marias (1990, p. 15), que diz ter ocorrido na Espanha e em outros países uma impregnação difusa e popular do quixotismo, muitas vezes alheia até mesmo à leitura da obra original.

Figuras como as de D. Quixote e Sancho e episódios da história acabaram se convertendo em algo extremamente familiar e conhecido, e a familiaridade com personagens muito esquematizados propiciou essa circulação universal da obra. Entre os intelectuais, era mais comum entrar em contato com *D. Quixote* através de estudos interpretativos, críticas e polêmicas do que propriamente lendo o texto original (Marias, 1990, p. 216). Foi, provavelmente, o que ocorreu também no Brasil.

Temos, portanto, um campo livre para o imaginário, já

que no processo de apropriação foram apagados, enfatizados ou mesmo abolidos elementos da narrativa original, e é justamente essa *releitura* da figura de D. Quixote que me interessa analisar. Que fontes teriam inspirado nossos intelectuais a construir esse imaginário?

A leitura dos modernistas espanhóis

> *La salvación está en volver, con sabor moderno, con verdadero sabor moderno, no con ciencia (...), a nuestros místicos.*
>
> Unamuno, 1905

Em fins do século XIX e início do XX, uma vertente de nosso imaginário resgata alguns personagens da tradição clássica espanhola, como Gil Blas e D. Quixote, que serviriam, inclusive, de inspiração para títulos de nossas revistas. Utilizando-se dessas figuras picarescas, os intelectuais brasileiros dariam um enfoque satírico-humorístico aos problemas da nacionalidade e aos fatos do cotidiano carioca.

Nessas publicações, o intelectual aparece frequentemente como guia da nacionalidade. Espécie de visionário intuitivo e precursor de ideias sociais, ele é considerado um herói cuja tarefa é salvar a nacionalidade ameaçada. Ocorre que nessa tarefa nosso herói, como o pícaro — anti-herói por excelência —, se confronta irremediavelmente com a adversidade, que acaba determinando o curso de suas batalhas (Marias, 1977).

Essa recorrência ao imaginário espanhol não se dá ao acaso: é preciso considerar a conjuntura em que está se processando essa busca de sintonia. Em fins do século XIX e início do XX, o movimento jacobino e antilusitano assume força crescente no Rio de Janeiro; apoiando a luta contra a carestia de vida e combatendo a atuação dos portugueses na vida pública, o movimento obtém crescente popularidade. Na época, surgem vários jornais e revistas que seriam porta-vozes dessas ideias, como é o caso das revistas *Gil Blas* e *Brasiléia*.

O antilusitanismo acaba corporificando a demanda de quase todos os setores sociais que aspiravam a uma nova sociedade moderna industrial e urbana. Dessa forma, há uma vertente de pensamento que associa a ideia de modernidade à de antilusitanismo, identificando Portugal com o atraso de nosso passado colonial[32] (Lippi Oliveira, 1990, p. 93). Entre os intelectuais humoristas, o elemento significativo nessa desqualificação da herança portuguesa é o fato de aparecer associada à ideia de tristeza. Assim, o saudosismo é visto zombeteiramente como "patrimônio de Portugal" (*D. Quixote*, 7/10/1925).

Essa temática que associa a tristeza ao caráter nacional brasileiro é desenvolvida de forma sistemática por Paulo Prado em *Retrato do Brasil* (1928). Questionando os fundamentos dessa obra, Eduardo Frieiro escreve *O brasileiro não é um povo triste,* publicado em 1931, na qual argumenta que o tema da tristeza — considerada fruto de três raças — não passa de uma "invenção literária" que teria sido construída por diversos autores, como Sílvio Romero, Ronald de Carvalho, Graça Aranha, incluindo o próprio Paulo Prado. Em contraposição, argumenta Frieiro, nosso folclore mostraria uma imagem inversa do brasileiro, que se caracterizaria pelo senso de humor (Frieiro, 1957).

A discussão é interessante, deixando entrever como essa temática mobiliza opiniões e define noções no campo intelectual. Na revista *D. Quixote*, temos essa ideia da literatura como responsável pela tradição do pessimismo, da tristeza e da choraminguice (*D. Quixote*, 24/7/1918). Se a literatura revela o modo de ser de um povo, então é de fundamental importância construir esse imaginário literário. Em seus primeiros editoriais, a *D. Quixote* apresenta a proposta de construir uma literatura humorística, no intuito de comprovar que não somos um povo

---

32 Vários estudos na área de história mencionam os conflitos populares entre os chamados "cabras" (brasileiros) e os "pés-de-chumbo" (portugueses), como os de Chalhoub (1986), Soihet (1989), Moura (1983) e Velloso (1988).

triste. É recorrente, portanto, a ideia que procura associar humor, nacionalidade e modernidade.

Num contexto de crescente desprestigio das tradições portuguesas, forma-se um clima favorável à penetração de algumas ideias e valores espanhóis. Assim, a herança cultural hispânica seria recuperada, por exemplo, através de um personagem de sua literatura clássica, como D. Quixote.

Sintomático, nesse sentido, é o discurso proferido por Olavo Bilac, em 1912, no Gabinete Português de Leitura, no qual Bilac compara a epopeia dos navegadores portugueses às façanhas de D. Quixote. Por seu ímpeto heroico e loucura divina, ambas as empresas acabam se identificando. Curiosamente, o orador não faz nenhuma menção à obra de Camões. O discurso termina com uma exortação ao "quixotismo", que estaria na "massa do nosso sangue" (Bilac, 1917/ 1965).

Essa questão é instigante: por que motivos o "quixotismo" adquiria tal expressividade entre nós, a ponto de aparecer associado à própria epopeia da conquista? Por que os Lusíadas cediam lugar a Quixote? Que perfil de herói estaria em jogo?

O antilusitanismo pode ter favorecido esse deslocamento dos mitos fundadores, mas a questão não se explica apenas por aí. Nesse momento há, certamente, um forte apelo de nacionalidade e modernidade envolvendo o personagem de Cervantes, não se trata apenas de resgatar o herói pícaro criado pela narrativa espanhola do século XVII. O que aparece nas revistas humorísticas ilustradas é um D. Quixote atualizado e vivo, capaz de traduzir valores e anseios dos tempos modernos.

Toda leitura de um clássico é, na realidade, uma releitura, lembra-nos Calvino (1992). E essa releitura é como se fosse uma leitura de descobrimento. O que caracteriza uma obra clássica, observa ainda Calvino, é o fato de ela nunca terminar de dizer o que tem para ser dito. No entanto, a leitura da atualidade é sempre o ponto de partida obrigatório; do contrário, tanto o livro quanto o leitor podem acabar se perdendo numa nuvem atemporal (Calvino, 1992, p. 18).

Vamos, portanto contextualizar esse "novo" D. Quixote.

Afinal de contas, quem é esse personagem? Através de que roupagens ele se apresenta aos nossos olhos?

Na virada do século XIX para o XX, a Espanha atravessa uma crise política sem precedentes na história. Abalado pelo fim das guerras coloniais e pela intervenção dos Estados Unidos, o país experimenta a mais profunda desilusão com a política e perda de confiança nacional. Desconfia-se não da política em si, mas dos homens e métodos da política. Os intelectuais vivenciam particularmente essa situação de desorientação social, declarando-se dispostos a buscar novos referenciais para resgatar o sentido da nacionalidade. Esse sentido será frequentemente buscado na esfera artística.

Entre a geração dos intelectuais boêmios espanhóis do fim do século, a política é rechaçada como espécie de corpo estranho à modernidade. Deposita-se, de modo geral, uma confiança ingênua no poder da arte e da literatura, como instrumento de transformação social (Aznar Soler, 1980, p. 78-79).

Esse tema da inoperância da política na modernidade desfruta de certo consenso entre a geração dos intelectuais espanhóis de 1898, para os quais a "alma da Espanha" estaria no *pensamento*, e não mais na política. A ideia era que a "Espanha real" se encontraria em algum lugar distinto do mundo da política ou das tradições históricas, deveria ser procurada na vida cotidiana do povo e não mais na história espetacular.

Nesse sentido, Miguel de Unamuno salienta a vida dos milhares de homens sem história; Canivet destaca a classe operária como verdadeiro arquivo da nacionalidade, enquanto Pio Baroja estuda os costumes e hábitos populares (Ramsden, 1980, p. 21-22).

Surge daí inusitado interesse em conhecer a vida provinciana e regional, fato que faz da geração de 1898 uma "geração de excursionistas". Inspirando-se nos ensinamentos de Azorin, configura-se a geografia como base do patriotismo. Só por seu intermédio seria possível retomar a continuidade nacional (Ramsden, 1980, pp. 24-25).

Inspirada nos ensinamentos de Taine, essa vertente

nacionalista não é criação apenas dos intelectuais espanhóis (1898), uma vez que já ocorrera uma elaboração ideológica similar na Alemanha — após a derrota de Iena em 1806 — e na França – após o conflito franco-prussiano de 1870 (Lopez Morilas, 1980). No Brasil, essas ideias são encampadas pelo grupo Verde-Amarelo, que constitui a vertente conservadora do movimento modernista paulista (Pimenta Velloso, 1993).

Várias são as metáforas que mostram o desencanto com o universo da política na geração dos modernistas espanhóis de 1898. Assim, Joaquim Costa diz que a Espanha não passa de uma "sombra e aparência de nação". Já Maetzu compara a Espanha com uma menina morta, enquanto Francisco Silvela vê uma Espanha sem pulso (Lopez Morilas, 1980, p. 13). Assim, caberia ao escritor e à literatura, através das tradições populares, desvendar o enigma da nacionalidade. Da mesma forma que o historiador, o escritor também deveria se colocar como espelho da consciência coletiva (Ramsden, 1980, p. 26).

Essa missão grandiosa do intelectual na modernidade não se constrói ao acaso. Fez-se necessário resgatar tradições e mitos que garantissem sua legitimidade e seu respaldo social. E é nesse sentido que se dá a incorporação do mito quixotesco à literatura modernista espanhola (Alonso, 1987/88). Projetado e atualizado em utopias modernizadoras, o símbolo quixotesco serviria de estímulo à ação intelectual de caráter regeneracionista. Nesse contexto, o resgate da figura de D. Quixote significa a recuperação das ideias, dos símbolos e das utopias como instrumentos eficazes no processo de transformação social.

Interessa investigar em que medida essa releitura de D. Quixote empreendida pelo modernismo espanhol atuaria sobre o modernismo brasileiro. Até que ponto D. Quixote, eleito símbolo da Espanha moderna, poderia servir também como expressão para se falar do Brasil moderno? Em suma, por meio de que ideias é possível estabelecer essa ponte que estaria unindo o Brasil, a Espanha e a modernidade via D. Quixote?

Comecemos pela obra clássica de Miguel de Unamuno, *Vida de Don Quijote y Sancho*, escrita em 1905, ano em que se comemorava o terceiro centenário de publicação de *D. Quixote*. Não é por acaso que se dá o resgate do pensamento de Cervantes, identificando-se seu personagem como símbolo da nacionalidade espanhola.

Num primeiro momento, pode parecer incompreensível a ideia de converter o "cavaleiro da triste figura", que teve seu projeto derrotado, em símbolo redentor da própria nacionalidade. No entanto, a lógica de Unamuno desenvolve-se no sentido de mostrar a perfeita compatibilidade entre as ideias de heroísmo e derrota. Uma situação aparentemente difícil e insolúvel pode ser transformada, segundo a lógica unamuniana, em motivo de glória, a partir da ação individual — esta é a leitura que Unamuno faz da figura de D. Quixote, visando a resgatá-la como símbolo do movimento de "regeneração intelectual".

Em termos mais amplos, sua obra pode ser vista como uma reflexão sobre o papel do intelectual na construção da nacionalidade moderna. O próprio Miguel de Unamuno, no papel de reitor da Universidade de Salamanca, atribuiria a essa experiência aspecto quixotesco, daí o caráter autobiográfico da obra, permitindo a analogia entre D. Quixote e a figura do intelectual moderno.

A geração de 1898, da qual Unamuno faz parte, tem clara consciência de seu papel enquanto vanguarda política e social. O autor seria um dos primeiros intelectuais espanhóis a adotar em seus escritos o termo "intelectual". Vale lembrar que a origem da palavra era bem recente: França, 1897, por ocasião do caso Dreyfus: liderados por Émile Zola, um grupo de escritores assina um manifesto denunciando a ação manipuladora do Parlamento, que seria denominado pelo editor do jornal *L'aurore* "Manifesto dos Intelectuais". Desde sua origem, portanto, o termo "intelectual" aparece associado à ideia de vanguarda e de subversão dos poderes. O caso Dreyfus teve repercussão importante entre os formadores de opinião espanhóis, sobretudo no setor liberal.

Da mesma forma que na França, o caso desencadearia no meio intelectual espanhol uma desconfiança em relação ao sistema parlamentar e uma crítica aos poderes militar e clerical (Fox, 1980, pp. 31-36). A partir daí, os intelectuais começariam a reivindicar sistematicamente o papel de guias da nacionalidade, declarando-se incumbidos da tarefa de regeneração nacional. É justamente com base nessas ideias regeneracionistas que Unamuno escreveria *Vida de D. Quijote y Sancho* (1905).

Logo de início, o autor esclarece que sua narrativa se desenrola no plano simbólico. A história é considerada "coisa do passado" e a política "coisa de burocratas e ativistas". Nesse sentido, Unamuno valoriza a tradição das lendas, argumentando que a imagem lendária é que persiste no espírito do povo (Unamuno, 1905, p. XII).

É nesse contexto que a tradição literária, inspirada na obra de Cervantes, se apresenta como fonte sugestiva para se repensar a nacionalidade. Unamuno pretende provar que D. Quixote e Sancho tiveram existência real, e argumenta que os personagens transcendem o próprio Cervantes, que "(...) *los sacó de la entraña espiritual de un pueblo*". É nesse sentido que Unamuno declara pretender, com sua obra, libertar D. Quixote de Cervantes, elegendo-o como referencial para se pensar a Espanha moderna (Unamuno, 1905, p. 20).

Mas vejamos como se desdobra sua argumentação, e por meio de que ideias esta chega até nós. O autor começa sua reflexão fazendo uma espécie de elogio da loucura, calcado na figura de D. Quixote, e argumenta que a loucura do personagem é superior, porque fruto da maturidade do espírito. Ao sair pelo mundo em busca de aventuras, D. Quixote iria vivenciar outro nascimento: o espiritual.

Esse é um dos eixos fundamentais da argumentação de Unamuno: a discussão entre o mundo da matéria e do espírito, ciência e filosofia, real e fictício. É também nessa linha que Ortega y Gasset desenvolve, em 1914, sua reflexão sobre D. Quixote, dedicando-a significativamente a um escritor da geração de 1898, Maetzu. O autor critica a hipocrisia do caráter moderno, que nega o infra-humano, a importância das coisas simples e profundas que nos são inerentes. Assim, observa, a realidade seria algo bem mais complexo do que aparentemente se apresenta a nossos olhos. Temos que considerá-la em seu duplo aspecto: o da materialidade e o do sentido. A modernidade tende a privilegiar o aspecto da materialidade em detrimento do sentido, compreendido enquanto dimensão profunda (Ortega y Gasset, 1967, p. 98).

Inspiradas na simbologia do personagem D. Quixote, essas ideias denotam uma leitura da modernidade que privilegia o aspecto místico e espiritual, e a reflexão de Unamuno se inscreve nessa visão filosófica. Declarando-se contrário à onda de cientificidade, essa "informe bazófia", ele observa que a salvação está em voltar, com sabor moderno, aos nossos místicos (Unamuno, 1905, p. VI). O homem moderno, segundo ele, teria se distanciado de um postulado central que confere sentido à sua própria existência.

Buscando reforçar essa argumentação, Miguel de Unamuno chama a atenção para a própria construção etimológica da palavra "existere" — *ex-istere*, que significa "estar fora". Assim, a vida só faz sentido quando nos situamos fora dela, ou melhor, em outra esfera, a espiritual; "estar fora" significa paradoxalmente estar dentro. Essa perspectiva de inserção social permitiria ao indivíduo uma ação marcada pela originalidade e pela singularidade, o que configuraria, nas palavras de Unamuno, uma ação heroica. O herói é herói porque só ele tem consciência de sua missão: "*Yo sé quien soy*", diz repetidamente D. Quixote. O herói é a consciência do universo, ideia divina que se manifesta no tempo e no espaço.

Não importa que a sociedade não reconheça o herói. Aliás, essa recusa em reconhecê-lo como tal é uma de suas marcas identificadoras, por isso o herói é um ser solitário, um "cavaleiro andante", enfim, uma "triste figura". Incompreendido no seu projeto que transfigura a realidade de acordo com seus desejos mais recônditos, o herói está irremediavelmente condenado ao escárnio e à burla.

Unamuno (1905) procura mostrar que é na derrota de D. Quixote que reside paradoxalmente sua vitória. Assim, argumenta, seu projeto é motivo de descrédito e riso porque vai contra a realidade do mundo das aparências, ou seja, ele enfrenta os gigantes que se fazem passar por moinhos. Só D. Quixote pode ver as coisas em sua essência e interioridade; nesse contexto, a missão do herói (ou do intelectual) é revelar a verdade, e a verdade estaria no interior de cada ser humano. O povo, no entanto, não ousaria experimentá-la, temendo ser acusado de ilusionista, louco ou ridículo. Só o herói pode fazê-lo, só ele é capaz de viver essa experiência de ousadia.

Aqui, vemos estabelecer-se claramente um paralelo entre o herói e a situação da Espanha moderna. Como o herói, também a Espanha moderna teria que enfrentar a covardia moral, a falta de fé, para impor-se como nação. Segundo as reflexões de Unamuno (1905), só o herói seria capaz de arcar com a tarefa da redenção nacional. Cheio de fé no absurdo e sem medo de se expor ao ridículo, ele encarnaria as inspirações superiores da sociedade.

Chegamos a um ponto de fundamental importância: a associação que se pretende estabelecer entre o herói (intelectual) e o riso.

Para o autor, o riso seria a única maneira de o herói (intelectual) ser reconhecido em sua diferença e originalidade. Isso, porque o senso comum acreditaria que os heróis nasceram para divertir e servir de joguetes. Assim, o herói é visto como uma espécie de mártir, que deve se expor ao ridículo, já que esta é a única maneira de ser escutado: "*Con la risa los lleva tras de ti, te admiran y te quieren*" (Unamuno, 1905, p. 110).

É pelo riso que se dá a "quixotização" do mundo, argumenta Unamuno. É com humor que o herói (intelectual) consegue atrair a atenção da sociedade para suas ideias. Não importa que elas sejam implementadas; importa o impacto social que ocasionam.

Além do mais, essa figura está sempre à frente de seu tempo; daí a improbabilidade de que suas ideias sejam postas em prática. Ser absurdo em suas pretensões e expor-se ao ridículo: esse é o perfil do herói-intelectual, conforme nos mostra Miguel de Unamuno.

A obra desse autor incorporaria de maneira marcadamente idealista a figura de D. Quixote à modernidade espanhola. Nessa mesma linha estariam os escritos de outros modernistas, como Antonio Palomero, Azorin e Maetzu (Alonso, 1987/88). Todos esses escritores teriam um ponto em comum: a exaltação da loucura de D. Quixote interpretada como grandeza, ousadia, enfim, como elemento indispensável ao empreendimento nacional. A cega confiança de D. Quixote em si mesmo, argumenta-se, deve ser exemplar para a Espanha moderna. Da mesma forma, a utopia e o sonho do personagem devem inspirar o país em sua passagem para a modernidade.

Essas ideias também iriam se fazer presentes entre nós por ocasião da comemoração do 3º centenário da publicação de *D. Quixote*. Em junho de 1905, foram realizadas exposições e palestras sobre o tema no Gabinete Português de Leitura,[33] e é nítida a preocupação de resgatar nossa latinidade. Assim, D. Quixote aparece frequentemente como a "encarnação da nobre alma latina": bravo e contemplativo, imaginoso e forte; mas o que torna sua figura imortal é a "bizarra loucura" e a capacidade incessante de sonhar (Almeida, F., 1905).

Também entre nós reaparece a ideia de Unamuno, que associa o riso à transformação social. Argumenta-se que a marcha da civilização para a justiça tem sido conduzida por aqueles que têm o dom do riso, como Pantagruel, D. Quixote, Gil Blas e Candide — personagens espirituosos que seriam capazes de fazer uma crítica dos costumes pelo riso e pela ironia (Soares, 1947).

D. Quixote na América

O projeto de regeneração intelectual inspirado no mito de D. Quixote foi bem mais abrangente do que se costuma su-

---

33 Sobre o assunto, ver Jansen do Paço (1905). A Exposição Cervantina foi realizada em 12/6/1905, por ocasião do 3º Centenário do *D. Quixote*.

por. Na América hispânica, em meados dos séculos XIX e início do XX, várias obras reconstroem parodicamente as figuras de D. Quixote e Sancho como motivo de sátira político-social à nacionalidade. Predomina a ideia de que por trás do riso e da caricatura está a reflexão filosófica, resultando daí o caráter universal da obra.

Em Havana, temos a obra de Luiz Pimentel, *Las nuevas aventuras de D. Quixote* (1886); na Venezuela, a de Tulio Febres Cordero, *D. Quijote en América* (1905); na Colômbia, José Caicedo Roja escreve *Miguel de Cervantes* (1849), e no México, Fernandez de Lizarde *La Quijotita y su prima* (1818) e *Don Catrín de la Fachenda* (1832); no Equador, a obra de Montalvo, *Capítulos que se olvidaron a Cervantes* (1895); e na Argentina, a obra de Juan Bautista Alberdi, *Peregrinación de Luz del Día* (1871) (Zuleta, 1984; Rodriguez Marin, 1911, p. 22-23).

Embora não seja a tônica geral, em algumas dessas obras é visível a ênfase americanista: "*Hemos escrito un Quijote para América española y de ningún modo para España*" (Zuleta, 1984, p. 150).

Apesar da obra de Unamuno (1905) desempenhar influência decisiva na reflexão dos escritores latino-americanos, alguns destes já vinham se antecipando às suas ideias. É o caso do equatoriano Montalvo (1898), que defende o arrojo do personagem cervantino como exemplo para a América. Assim, aventurar-se no terreno do ridículo visando a alcançar a virtude é a "mais cervantesca das empresas e um programa de vida para o continente americano" (Uribe Echevarría, 1949).

Esse ponto é sensível. Como os intelectuais hispano-americanos iriam integrar as tradições espanholas? Vale lembrar que nesse período está se processando o movimento modernista (de 1882 até meados do século XX). Há, portanto, uma reavaliação das influências culturais que passa pela própria criação e "invenção" da nacionalidade. O escritor José Marti observa que não haverá literatura hispano-americana enquanto não houver a América hispânica. O momento, diz ele, é de ebulição e de mistura de elementos culturais (Schulman, 1968, p. 350).

Nesse contexto, procede-se a um trabalho seletivo da tradição. Assim, as obras de Quevedo, soror Teresa e Cervantes são apontadas como caminho neste processo de construção da identidade latina (Phillips, 1968). O romance de Cervantes adquire realidade extraliterária, somando-se aos valores concretos da realidade. Assim, seu personagem converte-se numa espécie de modelo espiritual e literário (Carrila, 1951; Monner Sans, 1916).

Este é um ponto que merece ser analisado mais detidamente: o estatuto de realidade e o caráter paradigmático atribuídos pelo modernismo à obra de Cervantes. Por que a figura de D. Quixote aparece invariavelmente ligada à ideia de verdade? Como é que esse personagem, de perfil marcadamente fantasioso e tão familiarizado com o universo da ficção, acabou sendo eleito intérprete da realidade? Afinal de contas, por que o herói cerventino inspira a criação de tantas paródias na América? Que densidade simbólica estaria contida em sua figura? Todas essas questões podem ser remetidas a uma mesma indagação: que contexto social favorece essa ênfase na ideia de *verdade*?

A reflexão de Jacques Le Goff (1984b) é sugestiva, na medida em que desmonta a pretensa polaridade entre realidade e ficção. Historicamente, é inviável a ideia de um documento-verdade, capaz de desvendar e trazer à tona a realidade. Nesse sentido, afirma Le Goff, "todo documento é mentira" — mentira porque não passa de uma construção subjetiva, elaborada pela mente do historiador. Para entendermos de fato o que pretende dizer um documento, é necessário analisar criticamente as condições em que foi elaborado.

Na virada do século XIX para o XX, há uma exigência de reconciliação da análise com a fantasia e o universo onírico. O que caracteriza a modernidade não é exatamente a fusão dos opostos, mas essa exigência premente de efetivá-la. O tema do duplo é vivido intensamente (McFarlane, 1989). Nesse contexto, imaginação e materialidade passam a ser facetas de uma mesma realidade.

O escritor equatoriano Montalvo (1898) apresenta D.

Quixote como símbolo da imaginação e Sancho como símbolo da matéria. A dupla representa, portanto, a junção e a fusão de coisas antes consideradas opostas. Nesse contexto, a imaginação, mesmo a mais desenfreada, encontra espaço respectivo. Em várias revistas latinas, inclusive na nossa *D. Quixote*, encontrei uma seção curiosamente intitulada "Espanholas" — narrativas humorísticas, histórias inverossímeis que beiravam o absurdo, nas quais cada narrador buscava suplantar o outro na arte de ludibriar o leitor com fatos visivelmente irreais. A recorrência dessas "espanholas" nas edições *D. Quixote* não é casual. Riso, ironia e fantasia passam a fazer parte da cultura cotidiana.

Falando sobre o impacto da obra de Cervantes, observa Luiz Costa Lima (1986):

> O Quixote relaciona o fictício com o cotidiano, não para que apenas ria do primeiro e corrobore a sensatez necessária do segundo (...). Com Cervantes nasce o ficcional moderno, a partir de uma dupla negação: negação da fantasia indiscriminadora e negação da intocabilidade do cotidiano. (Lima, 1986, p. 62)

D. Quixote criaria uma nova visão — a da ficção —, a partir da qual a realidade passa a ser compreendida como fantasia *e* cotidiano, ambos os aspectos sujeitos à ironia, ao questionamento e à relativização (Lima, 1986, p. 63). Donde se conclui ser necessário tomar o aspecto do imaginário como parte constitutiva de uma visão de mundo moderno.

Outro aspecto que reforça ainda mais esse estatuto de "verdade" de *D. Quixote* é o fato de se configurar como um livro sobre outros livros, um jogo de diversos narradores que inclui manuscritos árabes, apócrifos e cartas. Essa pluralidade de vozes levanta uma questão decisiva na modernidade, a crise de autoridade do narrador; o que significa dizer que o mundo pode ser visto através de diversas perspectivas, daí ser possível construir uma narrativa com diversos narradores. Torna-se possível, então, a intromissão máxima do autor na novela que vai se compondo, assim como faria Velásquez no quadro "As meninas", ao pintar-se pintando (Zuleta, 1984, pp. 155-156).

Para Foucault (1981), a obra de Cervantes inauguraria a moderna literatura. A partir de *D. Quixote*, a linguagem "rompe com sua velha afinidade com as coisas", passa a ter voz independente. Se antes as palavras estavam diretamente vinculadas às coisas, servindo para descrever, denotar e delinear, na modernidade esse quadro muda de configuração: as palavras são empregadas para descrever sonhos e capturar imagens do inconsciente. Modifica-se, assim, o código fundamental de uma cultura (Karl, 1988, pp. 79-80), o que significa dizer que se modifica a percepção do tempo e do espaço.

Esse é o procedimento da obra cervantina. Deslocando o tradicional eixo narrador-narrativa-leitor, a obra estabelece múltiplas possibilidades de interpretação. Assim, volta e meia, o autor — Cervantes ou D. Quixote — interfere no texto, expressando sua opinião sobre o mesmo. Também o leitor é convidado, direta ou implicitamente, a opinar e a participar da construção narrativa, conforme já vimos. Busca-se estabelecer uma cumplicidade entre o leitor e o narrador, em que o primeiro se sente interatuando no desenvolvimento do enredo. Assim como Cervantes, que aparece como autor, espectador e personagem de seu texto, Velásquez é também, ao mesmo tempo, autor e figurante de sua própria obra.

Essa "obra em aberto", se é que assim se pode chamá-la, possivelmente suscitou e mesmo incentivou as mais variadas interpretações, reconstruções e paródias. Vale lembrar a declaração bombástica de Miguel de Unamuno: "Pretendo libertar D. Quixote de Cervantes! Também o escritor equatoriano Montalvo propõe resgatá-lo, o D. Quixote símbolo da verdade e da virtude, não o D. Quixote representação da derrota e da impotência (Montalvo, 1898, p. VI).

Os estudos de Rodriguez Marin (1911) e Uribe Echevarría (1949) mostram que a obra de Cervantes, notadamente *D. Quixote*, teve ampla divulgação na América Latina logo após sua publicação. Na realidade, se havia disposições legais que impediam a publicação de obras de ficção na América, estas não conseguiram impedir sua ampla circulação. Assim, a obra de Cervantes tem uma aceitação surpreendente no continente para os padrões da época. Ricardo Palma (1906) confirma essa ideia, argumentando que *D. Quixote* teria chegado à cidade de Lima no ano de 1605 — seis exemplares destinados às autoridades, contendo um deles dedicatória do próprio Cervantes (Palma, 1982, p. 310).

A obra, no entanto, não ficaria restrita ao círculo dos letrados, alcançando grande ressonância nos meios populares, onde se destacam frequentemente o ridículo da figura de D. Quixote e o aspecto cômico de suas façanhas. Os personagens cervantinos aparecem nas mascaradas e nas festas coloniais. Em 1607, no Peru, durante os festejos de posse do novo vice-rei, registra-se a presença de convidados mascarados como D. Quixote, Sancho, Dulcinéia e o cura. Em meio a esses personagens clássicos, os índios nativos faziam a apresentação de suas danças (Rodriguez Marin, 1911, pp. 88-92).

A obra de Cervantes acolhe a justaposição de elementos culturais distintos, fato que também caracteriza a história da América Latina; daí que seus personagens tenham atualidade e impacto simbólico entre nós. Por outro lado, servem de metáfora e emblema para expressar uma realidade marcada pela contradição, pela ambiguidade e por contrastes socioculturais profundos. A própria oscilação cervantina entre ficção, realidade, mentira e verdade, além da intercomunicação incessante entre esses domínios, nos são extremamente familiares: o realismo fantástico latino-americano expressa claramente essa tradição cultural.

É nítido o desencanto latino com o universo da política republicana, vivenciado enquanto farsa, mentira e ficção; vários são os escritos hispano-americanos que seguem esse viés analítico. D. Quixote é julgado na obra do argentino Juan Bautista Alberdi (1887), mas acaba sendo absolvido por demência, enquanto Sancho é condenado por cumplicidade. Para o autor, o projeto político republicano europeu, quando transposto para a

América, redunda em tremenda farsa. Se na Europa D. Quixote enxergava os moinhos como gigantes ameaçadores, na América passou a ver os carneiros como cidadãos...

Dessa maneira, Alberdi (1887) faz uma sátira política à Argentina de Sarmiento, denominando-a "República dos Carneiros". Várias são as metáforas cervantinas utilizadas pelos intelectuais latino-americanos para expressar seu desacordo em relação a acontecimentos políticos; farsa, demagogia, corrupção, violência e injustiça social são apontadas como trações de uma ordem a que se deseja pôr fim.

Nessa mesma linha de ação regeneradora intelectual, inspirada na sátira e no humor, estariam as revistas *D. Quixote* e *Sancho Pança*. Entre meados do século XIX e início do século XX, são lançadas várias revistas com esse título na Espanha e na América Latina;[34] inspiradas no paradigma quixotesco, reinterpretam a obra clássica de Cervantes, constantemente privilegiando o discurso visual e iconográfico, através das caricaturas. Trata-se de um outro texto, em que o aspecto satírico é destacado.

Vale lembrar a análise de Chartier (1992), que chama atenção para a necessidade de se pensar uma obra a partir de sua tripla dimensão: texto-livro-leitura. Frequentemente, observa o autor, a materialidade e a forma tipográfica da obra não são considerados elementos que constroem seu sentido; a tendência é pensar sobre a obra em si mesma, esquecendo o quanto o aspecto da materialidade pode interferir na leitura. De fato, nas revistas, as imagens caricaturais dos personagens e das situações constroem outra narrativa, marcadamente distinta do texto original.

Nos editoriais de lançamento dessas publicações são vi-

---

34 Só na biblioteca da Hemeroteca Municipal de Madri foram localizadas e consultadas cerca de oito publicações com esse título: *D. Quijote*, Havana (1864/65); *D. Quijote*, Madri (1869); *D. Quijote de los Andes*, Argentina (1926); *D. Quijote*, Madri (1892); *D. Quijote*, México (1919/20); *Sancho Panza*, Madri (1863); *Sancho Panza* (1889); *D. Quijote*, Madri (1887). Não foram encontrados exemplares da publicação brasileira.

síveis a reencarnação e a reatualização da figura do herói cervantino. Assim, a revista *D. Quijote,* publicada em Buenos Aires na década de 1920, se propõe a ser uma sentinela alerta, lutando contra escudeiros, vassalos, malandros, plebeus e soberbos, para revelar as tristes verdades e defender a imprensa justa (*D. Quijote*, 1/11/1926).

Nessa mesma linha de ação regeneradora estaria o editorial da *D. Quijote* de Madri, ao esclarecer que D. Quixote persistiria na luta contra os encantadores de tesouro, bancos, vampiros de concessões e carneiros dos congressos. Observa que o programa do famoso fidalgo é o compromisso com a verdade; quebrando esse tom solene, a revista encerra com um desafio: "*A vencer o a morir!... de risa*" (*D. Quijote*, Madri, jan. 1892).

O humor aparece como a única linguagem capaz de despertar e mobilizar a atenção do público leitor. Argumenta-se que, numa sociedade em que as coisas são caracterizadas pela farsa, só o riso pode surtir efeito. O editorial da *España Humorística* (Nov.1889) provocativamente, declara: "*La farsa nos rodea por doquiera, y por lo que estoy viendo, para que nuestra vida sea ligera no hay mejor cosa que vivir riendo.*"

Em quase todas essas publicações está presente a ideia da missão redentora dos intelectuais, que se apresentam como "verdadeiros cavaleiros andantes", propondo-se a lutar pela justiça social e pela instauração de uma imprensa justa. Como no Brasil, também nessas revistas os caricaturistas desempenham papel-chave; frequentemente ocupam postos de direção, como é o caso do argentino Félix Macias (*D. Quijote de los Andes*, 1926) ou do espanhol Mecachis (*D. Quijote*, 1887).

A caricatura é apresentada como instrumento de luta e regeneração social. Curiosamente, também aparece como um dom de expressão que foge ao controle social:

> *Lo que pinta este pincel*
> *Ni el tiempo lo ha de borrar*
> *Ninguno se ha de animar*

A corregirme la plana
No pinta quien tiene gana
Sino quien sabe pintar.
(*D. Quijote*, Buenos Aires, 15/2/1927)

Essa percepção do caricaturista como artista capaz de driblar os poderes com sua linguagem também aparece entre nós na "Ode à caricatura", conforme já vimos. Assim, a caricatura pode expressar ideias que estariam vedadas à linguagem escrita. O lápis do caricaturista é comparado a uma lança de combate aos maus costumes e às injustiças sociais, visando ao advento de uma nova sociedade.

No discurso dessas revistas, o intelectual, notadamente o humorista e o caricaturista, é chamado a desempenhar uma missão especial na organização nacional. Nas caricaturas, frequentemente, a figura de D. Quixote funde-se com a do intelectual; por exemplo, quando o próprio D. Quixote aparece sentado numa prancha desenhando caricaturas.

Mas aliada a essa ideia de missão está a de solidão social, e a irreconciliável distância que separa o projeto de ideias e a realidade, daí a eficácia simbólica da figura de D. Quixote, capaz de expressar, de maneira tragicômica, uma realidade marcada por seu caráter paradoxal.

A visão trágico-carnavalizada da nacionalidade

Quando analisa as dramatizações e os atores sociais pelos quais se expressa o dilema de nossa sociedade, a reflexão desenvolvida por Roberto DaMatta (1981) apresenta algumas indicações sugestivas. Da mesma forma que o teatro, também a sociedade inventaria seus atores, peças, enredos e cenários, criando condições para a encenação.

Quem seriam esses atores? Que tipos sociais sintetizariam nossos dilemas, perplexidades e paradoxos? Enfim, que dramatizações seriam capazes de exprimir o sentido de nossa sociedade?

Roberto DaMatta (1981) encontra uma resposta sugestiva para essas indagações em algumas obras literárias e nas narrativas populares, a partir das quais temos a configuração de determinados tipos ou personagens cuja função é atualizar as dramatizações por meio das quais a sociedade brasileira se apresenta.

Essa perspectiva de análise é instigante, na medida em que busca a compreensão de nosso sistema social em comportamentos e valores do cotidiano. Nesse contexto, interessa retomar tipos que estejam presentes tanto no imaginário popular, aparecendo em narrativas orais, quanto nas obras de ficção literária. Parte-se da perspectiva do inter-relacionamento da chamada cultura erudita com a cultura popular, que funcionaria como elo de reforço, neutralização ou mesmo de franca inversão.

É justamente essa dinamicidade que propicia um fluxo constante entre as tradições culturais, por mais díspares que possam parecer. Assim, as expressões sociais se entrecruzam "de cima" para "baixo" ou vice-versa, num movimento contínuo de reelaborações.

O malandro, por exemplo, está presente tanto nas narrativas populares orais (Pedro Malasartes), quanto nas páginas de nossa literatura, através de Macunaíma, personagem de Mário de Andrade e de Vadinho, personagem de Jorge Amado, entre muitos outros. Para Roberto DaMatta (1981), esses tipos tornam-se especialmente representativos por serem capazes de traduzir o próprio perfil hierarquizado da sociedade brasileira.

Nesse contexto, nossos tipos jamais poderiam ser homens comuns, de aspirações comuns. Aparecem como verdadeiros heróis, dotados de missão singular, à qual devem se curvar. Por isso, o paradigma do herói brasileiro, argumenta o autor, tende a inspirar-se no trágico, correndo uma trajetória de vida tortuosa e solitária. A sociedade frequentemente lhe aparece como uma força hostil que o isola e o oprime, obrigando-o a isolar-se do convívio social. Estamos nos aproximando do perfil de D. Quixote...

Ainda seguindo a argumentação do autor, a grande questão que mobiliza esses heróis e constrói o enredo de suas dramatizações é a busca da singularidade. De maneira diversa, os heróis procuram marcar a profunda diferença que os separa irremediavelmente dos demais membros da sociedade. Na tradicional abordagem "você sabe com quem está falando?", temos o marco clássico desse esforço de diferenciação em relação à coletividade. No início do século, é a palavra "degas" que expressa essa ideia de diferenciação. *Degas* significa "aquele que fala" (Pederneiras, 1922), ou seja, aquele que tem vez e voz, enfim, o *sujeito*. Conforme já vimos, este seria o título de uma das revistas do grupo dos intelectuais humoristas, cujo personagem-símbolo, Degas, se assemelha à figura do malandro.

Outro elemento que caracteriza nossos heróis, segundo o autor em questão, é seu objetivo de vingança. Nenhum deles está satisfeito com sua história pessoal, com a ofensa que sofreram de alguém em algum dia. Pro isso, destinam sua vida à vingança, embora realizando-a de maneiras distintas. Mas, afinal de contas, quem seriam esses heróis capazes de traduzir, através de dramatizações, o próprio perfil da sociedade brasileira?

DaMatta (1981) destaca então três dramas sociais (*procissões, carnavais, paradas*) e três categorias de atores que lhe seriam correspondentes (*renunciadores, malandros, caxias*). Para o autor, esses dramas e atores comporiam o imaginário social brasileiro, e através deles pode-se fazer uma leitura de nosso sistema social.

Esse imaginário, conforme sugere DaMatta (1981), deve ser visto como um triângulo equilátero, o que significa dizer que, para cada vértice do triângulo, há uma leitura possível do mundo social — tudo depende da perspectiva que assumimos em relação a cada ângulo. Se o triângulo é uma figura dinâmica, também é dotado da mais profunda ambiguidade de contrastes: cada ângulo é crítico, podendo deslocar-se e tornar-se um renunciador, da mesma forma que um caxias pode transfigurar-se em malandro e assim por diante. Essa é uma das dinâmicas da carnavalização. Para Bakhtin (1987), o carnaval não é um espetáculo, mas está integrado à própria vida, apresentada com os elementos característicos da representação.

Seguindo esse raciocínio que ressalta a multidimensionalidade da representação, DaMatta (1981) observa que cada tipo não é único, mas vai adquirindo configurações diferenciadoras. Logo, não se deve tomar qualquer herói ao pé da letra, mas sim considerar as múltiplas particularidades e nuances que ele pode vir a assumir no jogo das forças sociais. Os deslocamentos são sempre possíveis, garantindo a ambivalência da trama social brasileira.

O malandro como figura limiar

Apesar dessa dinâmica de deslocamentos que percorre nosso universo social, é possível sintetizar os três tipos (*renun-*

ciador, malandro, caxias) em uma única categoria social: o malandro. Assim, todos são, ou poderão de alguma maneira incorporar a *persona* do malandro, e esse ponto merece atenção especial.

Para analisar o malandro, DaMatta (1981) se inspira na figura de Pedro Malasartes,[35] personagem recorrente nas narrativas populares brasileiras, a partir do qual temos então uma das encenações sociais mais significativas de nossa sociedade. Na revista *D. Quixote* adota-se frequentemente o pseudônimo de Pedro Malasartes; o fato evidencia o vínculo de identidade que o grupo constrói em relação ao personagem, simpatizando principalmente com sua astúcia e capacidade inventiva ante o imprevisto das situações.

A astúcia emerge como uma das principais características de Malasartes, sempre capaz de reverter as situações em seu próprio favor. Assim, é através da sagacidade que ele consegue obter as coisas, demonstrando a relatividade do forte e do fraco, do rico e do pobre, e, dessa forma, encenando a dramatização social do mundo e da mudança de posição.

Com seu ágil jogo de cintura, argumenta DaMatta (1981), o malandro está sempre procurando driblar o poder. Frequentemente mostra que a riqueza não é necessariamente fruto do trabalho, mas pode vir por um golpe de sorte ou através de alguma fada madrinha. Logo, não é o poder econômico que determina a ascensão social. Há outras maneiras marotas de se chegar lá...

Outra atitude típica do malandro, prossegue DaMatta (1981), é o fato de acatar as normas e os códigos sociais. Porém,

---

35 Pedro Malasartes é uma figura tradicional nos contos populares da península ibérica. Aparece como burlão invencível, astuto, cínico, inesgotável de expedientes e enganos, sem escrúpulos e remorsos. Em Portugal a figura aprece no *Cancioneiro da Vaticana: chegou Payo de malas artes*, no final do século XIV. Em 1615, Cervantes escreve *Comedia famosa de Pedro de Urdimalas*. A figura aparece ainda em alguns contos populares andaluzes como uma encarnação simplória e mais desembaraçada de Sancho Pança (Cascudo, 1982). Esses dados são interessantes, porque evidenciam a força das tradições orais na cultura brasileira, forjando traços expressivos do nosso imaginário social.

mais uma vez, é um ato maroto: ele só finge respeitar as regras do jogo, está sempre dando um "jeitinho" de fazer com que essas regras o favoreçam. Assim, o malandro jamais enfrenta o poder, mas tampouco compactua com ele; prefere encenar obediência para melhor tirar proveito da situação.

Há que se destacar o profundo senso de singularidade do malandro. Ele se situa como centro; o que conta são seus próprios valores e ideias, enfim, seu universo está sempre em primeiro plano. O malandro não tem caráter, mas jamais se apresenta como exemplo para ninguém. Por isso, pode ser visto paradoxalmente como um homem de grande caráter.

Pode-se dizer que sua vingança consiste em driblar os outros. Se ele se recusa a entrar na ordem, também não sai totalmente dela, está dentro e fora ao mesmo tempo. Se o malandro tem chance de subir na escala social através de alguma tramoia bem-sucedida, recusa-se a fazê-lo. Prefere manter-se fiel ao seu "estilo de vida", seguindo seu destino de aventureiro e andarilho. Ocupar o lugar do "patrão" significaria abdicar de seu mundo, de seus valores e de sua gente. Malasartes, como todo malandro, é o "mestre da inconsistência", ocupando sempre uma posição ambígua: "nem lá, nem cá". Enfrenta o poder, mas o faz de maneira oblíqua, sinuosa. O malandro, portanto, é alguém que transcende a ordem, percorrendo um trajeto sinuoso e solitário.

Tomando como referencial um personagem literário de Guimarães Rosa, Augusto Matraga, DaMatta nos apresenta a peça social pelo ângulo do renunciador. Dessa encenação fazem parte os mais distintos atores sociais, desde rezadores, romeiros, penitentes, até bandidos e marginais. Os primeiros estão voltados para o "outro mundo", enquanto os segundos oscilam entre as esferas da ordem e da desordem. Todos os atores sociais que vivem esse drama experimentam uma mudança radical de posição social, suas histórias de vida sofrem bruscas reviravoltas.

Se a trajetória biográfica de nossos heróis implica saída do sistema, individuação e retorno, configurando constante ziguezague entre ordem e desordem, Matraga tipifica uma exceção: a realização da vingança não o faz voltar à posição social anterior. Tanto Matraga quanto Antônio Conselheiro rompem definitivamente os laços que os ligavam ao universo de origem — pode-se dizer que o trajeto de ambos é um caminho sem volta; em seu ajuste de contas com o passado, não lhes interessa mais voltar a ser o que eram. Sua vingança é justamente deslocar-se desse mundo, renunciando a ele. Assim, os dois tipos apresentam uma saída pessoal e subjetiva para a sociedade brasileira, transferindo-a para um futuro redentor e milenarista.

Já o "caxias" faz o tipo que se autorreferencia pelo exterior, ou seja, seu mundo é definido por regras, leis, decretos, regulamentos e portarias. Assim, ele vive no domínio uniformizado e regular, sempre pautando suas atitudes pelo comportamento exterior, escudando-se na ideia de totalidade e hierarquização.

Resumindo as ideias expostas até aqui, vemos que as dramatizações sociais e seus atores exprimem a própria natureza da sociedade brasileira, marcada por um caráter profundamente hierarquizante; por isso a vingança se apresenta como pano de fundo no qual se desenrolam as mais diferentes dramatizações. Ocorre que essa vingança, encenada pelos diversos atores sociais, se equaciona sempre em termos pessoais, e não universais. O fato é próprio de um sistema hierarquizado, onde não convém pôr os poderes em xeque. Sentindo-se injustiçados pela sociedade, os atores criam a sua vingança; uma vez realizada, voltam ao seu lugar de origem na escala social, o que explica os ziguezagues dos heróis entre os espaços da ordem e da desordem, do legal e do marginal, cenas recorrentes em nossas dramatizações.

Na sociedade brasileira, conclui DaMatta (1981), predomina a vingança pela astúcia, ou através do ridículo. Frequentemente os atores sociais evitam um tête-à-tête com seu adversário; ao invés de sua eliminação física, preferem abatê-lo com afrontas morais, expondo-o ao ridículo perante os demais membros da sociedade. Essa atitude de responder aos desagravos sociais com astúcia e ironia é particularmente visível entre os intelectuais humoristas; exemplo claro são os epitáfios humorísticos de Emílio de Menezes e as caricaturas de "Os prontos", armas ardilosas que o grupo usa na vingança contra aqueles que considera seus adversários, notadamente os intelectuais da Academia Brasileira de Letras.

Ao invés do duelo físico, que é frequentemente encenado na virada do século, o grupo prefere partir para o duelo das palavras, do qual é exímio conhecedor. É sintomático o fato de tomarem a caricatura como arma contra aqueles que julgam ser seus opressores. Só a título de lembrança: referindo-se à figura obesa de Oliveira Lima, que considera seu principal opositor à entrada na ABL, diz Emílio de Menezes:

> Atravancando a porta que ambiciona
> Não deixa entrar, nem entra. É uma mania!
> (Leite, s.d.)

Expor ao ridículo uma figura pública é uma forma de fragilizá-la, pondo em xeque sua posição social; essa estratégia do não-enfrentamento físico é recorrente no grupo boêmio dos humoristas.

A reflexão desenvolvida por Roberto DaMatta (1981) é interessante para se pensar a história do Rio de Janeiro, que, no papel de cidade capital, pretende sintetizar a dramatização da nacionalidade. O deslocamento de papéis sociais a que o autor se refere configura-se claramente no campo intelectual. No final da década de 1910 e início dos anos 1920, o Rio apresenta um quadro intelectual marcado pela mais profunda heterogeneidade, tanto em valores culturais quanto em origem social. Se a Academia Brasileira de Letras funciona como instância máxima da consagração intelectual, não é o único espaço de referência e de atuação para o grupo.

Já vimos a importância do círculo boêmio na vida cultural da cidade. De forma diferente da Academia Brasileira de Letras, a boemia também mantém suas redes de sociabilidade, através das quais se veiculam ideias, fundam-se jornais e revistas, defende-se, enfim, determinado estilo de vida — uma organização que procura participar dos rumos dos acontecimentos.

Se na aparência essas duas organizações intelectuais se apresentam como incompatíveis, na realidade isso não ocorre. As relações se dão de uma maneira bem mais complexa: há entre esses sistemas relações de reciprocidade, de complementaridade e também de hostilidade; mas, no conjunto, predomina o aspecto da absorção e da complementaridade. A propósito, vale lembrar que José do Patrocínio (1853-1905), considerado o "pai dos boêmios", foi um dos fundadores da Academia em 1896.

Nem sempre, no entanto, as relações entre os universos acadêmico e boêmio correm em bases tão harmônicas. Já vimos o que ocorreu quando Emílio de Menezes, por ocasião da morte de José do Patrocínio, tentou ocupar sua vaga. Só em 1914 Emílio consegue ser eleito para a vaga de Salvador Mendonça. Lima Barreto não teria a mesma sorte, sendo recusado por duas vezes. Na ocasião, João Ribeiro, em *O Imparcial* (21/4/1917), apoia a atitude da Academia, argumentando que a instituição não podia ser confundida com o "país da boemia" (Martins, 1978, p. 156).

Esses fatos me levam ao seguinte raciocínio: se a Academia Brasileira de Letras absorve um intelectual boêmio como Emílio de Menezes, tenta, por outro lado, impedir de alguma forma que a tradição do grupo seja divulgada em seu recinto — daí a estratégia de impedir que a cadeira de um boêmio seja sucessivamente ocupada por outro elemento do grupo. Quando Emílio de Menezes tenta ocupar a vaga de Patrocínio, "pai da boemia", é vetado. Mais tarde, no entanto, por um número considerável de votos, consegue entrar para a vaga de Salvador Mendonça. Ocorre que entre Mendonça e Emílio de Menezes não existia uma relação fundada em afinidades intelectuais e de vida. Ao que consta, esse intelectual não tinha vínculos específicos com o grupo boêmio.

A história de Lima Barreto é parecida. Em 1917, com a morte de Emílio de Menezes, Lima se apresenta como candidato à vaga do amigo, mas seu intento é baldado.

Podemos pensar nos intelectuais boêmios como aqueles atores sociais que mais se identificam com a dramatização encenada pelo *malandro*. Já vimos que, através do humor, eles jogam com astúcia, agilidade, jogo de cintura e sedução persuasiva. Não enfrentam diretamente o poder, mas também não compactuam com ele. Têm uma posição extremamente ambígua, no sentido de que estão "dentro e fora da ordem". Posicionam-se como *outsiders*, mas reclamam por estarem ocupando esse lugar na ordem social...

Em contraposição, os intelectuais acadêmicos podem ser pensados como aqueles atores que, na dramatização social, seriam os *caxias*. Para esse grupo, a escala de valores passa pelo domínio uniformizado (farda acadêmica), regular e hierarquizado. Aparentemente, é um universo pelo qual os boêmios não se interessariam. Eles, no entanto, precisam ser reconhecidos pelas instâncias superiores de consagração, que no caso se fazem representar pela Academia Brasileira de Letras.

É clara, portanto, a ideia de deslocamento social, em que cada ator pode vir a se transformar no outro sucessivamente. Assim como o malandro pode encenar o personagem do caxias, também o boêmio pode encenar o acadêmico — como José do Patrocínio e Emílio de Menezes na Academia.

Nisso residiria um dos aspectos paradoxais de nossa nacionalidade: polos opostos podem se converter, momentaneamente, em similares. É nesse sentido que nosso intelectual pode ser, ao mesmo tempo, um turuna (malandro) e um quixote (renunciador).

Como se constrói esse imaginário no qual se entrecruzam personagens e valores aparentemente tão contraditórios?

Lutando contra os moinhos de vento: o projeto quixotesco dos intelectuais

> *Em nossa sociedade, o homem de letras ainda não tem lugar marcado. No mundo político ele é visto com desconfiança das suas aptidões práticas e da sua imaginação.*
>
> José Veríssimo, 1893 (*apud* Barbosa, J. A., 1977)

Já vimos que a simbologia da dupla D. Quixote/ Sancho

Pança nos chega não só pelas tradições orais populares, como também através dos escritos modernistas espanhóis e hispano-americanos da virada do século XIX para o XX. Nossa releitura do personagem cervantino passa, portanto, por uma rede complexa de tradições. Com os modernistas espanhóis, via obra de Unamuno (1905), temos uma vertente trágica do herói, enquanto as revistas hispano-americanas tendem a enfatizar o lado satírico do personagem. Já a análise de Roberto DaMatta (1981) aborda o aspecto carnavalizante de nossa sociedade, onde o herói frequentemente transfigura-se em seu "outro". Mas é o aspecto do herói trágico que permanece como referencial nessas diferentes leituras, daí a necessidade de trabalhar um pouco mais essa ideia com a intenção de entender a construção do imaginário intelectual na modernidade brasileira. Para tanto, relembremos alguns aspectos da reflexão de Roberto DaMatta (1981).

Comparando a figura do herói norte-americano com a do herói brasileiro, o autor chama atenção para o caráter contrastante desses imaginários. Nos Estados Unidos, o herói é representado pelo homem comum: trata-se de um modelo que busca sua inspiração nos fatos da vida cotidiana. Assim, não se dramatizam os traços particulares, os aspectos pessoal e biográfico do personagem. Interessa, antes, mostrá-lo como homem comum, um exemplo que todos podem seguir; a tendência, portanto, é generalizar e padronizar comportamentos: ver John Doe, personagem de Frank Capra no filme *Adorável Vagabundo*, é ver-se a si mesmo.

No Brasil, ocorre justamente o contrário: dado o caráter hierarquizante de nossa sociedade, o herói apresenta-se como ser único, original, verdadeira revelação — é o "super-herói". Para ser interessante, o herói deve ter determinada densidade trágica; assim, sua vida não é trilhada pelo senso comum. Afinal de contas, ele não é um ser comum! Por isso, nosso herói percorre uma trajetória tortuosa e cheia de peripécias, tendo uma ascensão social quase sempre violenta. Sua existência transcorre geralmente na solidão, e é por isso que ele deve ser uma fortaleza inabalável diante dos obstáculos. Na interioridade é que reside sua força de caráter (DaMatta, 1981, pp. 198-200).

Nesse aspecto, o nosso herói coincide com o herói descrito na obra de Miguel de Unamuno (1905); é inegável sua dimensão trágica e a falta de reconhecimento da sociedade, que o mantém em desconcertante isolamento. Como nas reflexões de Unamuno (1905), nosso herói tampouco se pauta pelo senso comum, extrapolando os padrões de comportamento habituais.

Vejamos a percepção dessa figura por parte de Lima Barreto. Referindo-se ao intelectual, diz ele:

> São eles os heróis; são eles os reformadores; são eles os iludidos, são eles que trazem as grandes ideias para a melhoria das condições de existência da nossa triste humanidade. Nunca foram os homens de bom senso, os honestos burgueses ali da esquina ou as secretárias "chics" que fizeram as grandes reformas do mundo. (*ABC*, out. 1918)

Em contextos diversos, nossos intelectuais tenderam a se autoidentificar com esse imaginário. Oscilando entre a visão romântica e iluminista, frequentemente se elegeram como mandatários de grandes missões: educar as massas incultas, salvar a nacionalidade de perigos externos, libertá-la dos entraves do subdesenvolvimento ou conduzi-la ao progresso industrial — tarefas sem dúvida quixotescas. A "vocação sacrifical" do intelectual em relação aos ideais superiores da nacionalidade, essa ideia do intelectual como um ser altruísta, capaz de abandonar seu projeto de vida pessoal para dedicar-se à causa nacional, tem sido um fato recorrente em nossa história. E é nesse sentido, por exemplo, o depoimento de Mário de Andrade: "Sacrifiquei por completo três anos de minha vida começada tarde, dirigindo o Departamento de Cultura" (Sandroni, 1988, p. 58).

Já foram feitas comparações entre o perfil do personagem cervantino e o perfil de um dos personagens de Lima Barreto, Policarpo Quaresma (Viana, 1982). Pouco depois do lançamento do romance *Triste fim de Policarpo Quaresma*, Oliveira Lima publicou em *O Estado de S. Paulo,* na edição de 13 de novembro de 1916, uma resenha na qual nomeia Policarpo como "D. Quixote nacional", observando que ambos se caracterizam por seu otimismo incurável, acreditando que os males sociais e os sofrimentos humanos seriam resolvidos pela justiça.

Nesse sentido, ambos são visionários, tendo que pagar seu preço por isso: Policarpo é fuzilado pelo Marechal de Ferro e D. Quixote é constantemente surrado, maltratado e incompreendido. Da mesma maneira que D. Quixote se dedica à leitura dos livros de cavalaria, vendo o país sob esse prisma, Policarpo se entrega à leitura e ao estudo dos assuntos brasileiros, tentando regenerar as forças positivas da nacionalidade. Como ocorre com D. Quixote, o projeto idealizado por Policarpo é visto com desconfiança e ceticismo não só pelas elites governantes, mas pelo restante da sociedade. No romance de Lima Barreto (1915), permanece a temática do isolamento social do herói (ou do intelectual), frequentemente acusado de imaginação excessiva e de dificuldade para lidar com os aspectos concretos da realidade. Vale lembrar a querela, na virada do século XIX para o XX, entre os "homens de ciências" e os "homens de letras", em que os primeiros criticam os letrados por seu distanciamento da realidade... O embate entre as forças da imaginação e da realidade científica é um aspecto importante do processo de instauração da modernidade.

A metáfora de D. Quixote lutando contra os moinhos de vento foi objeto de reflexão filosófica nos primórdios da Idade Moderna. Concluiu-se que o mundo tecnológico provocaria determinado desnorteamento nas mentes, chegando a gerar alucinações visuais e persecutórias. A partir daí, vê-se o que se imagina ver, e é pela ótica da imaginação que se enxerga o mundo. Assim, as pás dos moinhos podem se transformar em braços de gigantes poderosos (Hardman, 1988, p. 40).

Há um mal-estar da civilização que parece incompatibilizar alguns setores da intelectualidade com o universo da ciência — que *não conseguiria* mais explicar determinados aspectos paradoxais da realidade. Seu aparato, portanto, não daria conta das indagações de ordem filosófica. Na virada do século passado, a especulação imaginativa invade o pensamento científico numa escala sem precedentes. As obras de Nietzsche, de Bergson (1889) e de Freud (1899) reforçam a lógica subjetiva situada nos níveis mais profundos da psique humana (McFarlane 1989, pp. 62-65). É com base nessas ideias que se constrói uma vertente expressiva do pensamento moderno.

A meu ver, parte de nossos intelectuais inspira-se no pensamento que associa a experiência da modernidade à tragédia, à heroicidade e a determinado desencanto irônico. Processo semelhante ao nosso ocorreria com a intelectualidade russa, que lutou contra o czarismo, a "geração de Coimbra" em Portugal e a geração de 1898 na Espanha. O fenômeno é característico das sociedades em desenvolvimento, que se inspiram na ideia de um desenvolvimento rápido e heroico na luta para instaurar a modernização (Sevcenko, 1983, p. 81; Berman, 1986, pp. 37-51).

Como já vimos anteriormente, entre nós a consolidação do regime republicano não traz as reformas sociais almejadas pela chamada geração dos "intelectuais mosqueteiros" de 1870. Investindo contra a geração das elites políticas tradicionais, e tomando a ciência como motor das transformações sociais, o grupo luta pela instauração da República, pela abolição da escravatura e pela democratização social. Essa geração, que incluiu nomes como Tobias Barreto, Sílvio Romero e Euclides da Cunha, realiza um "esforço prometeico" no sentido da modernização social do país.

No entanto, esse esforço é despendido em vão. A instauração da República traz uma onda de desencanto e frustrações, constatando-se a crescente dicotomia entre o "país real" e o "país ideal" (Barbosa, J. A., 1974, p. 42). Além de ter sido implantada em uma sociedade profundamente desigual e hierarquizada, a República foi proclamada em um momento de intensa especulação e desordem financeira. Esse contexto acabaria reforçando o predomínio do capitalismo selvagem e o fortalecimento de uma mentalidade predatória, para a qual o interesse público não contava. Assim, não seriam os princípios do saber, a racionalidade e a competência que iriam reger a nova sociedade; ao contrário, predominaria o que os intelectuais mosqueteiros consideravam o mais volúvel dos valores: o valor do mercado (Carvalho, J. M., 1990; Sevcenko, 1983, p. 92).

Na avaliação do crítico literário José Veríssimo, a República viera apenas consagrar o industrialismo e o incentivo aos valores do capital:

> O advento da República (...) criou uma nova preocupação, a do industrialismo, uma espécie de febre de dinheiro, de anseio afanoso, bestial, mórbido, de toda gente se transformar em comerciante, em financeiro, em jogador de bolsa, em banqueiro, numa gana doentia de enriquecer, de luxar, de ostentar. (Barbosa, J. A., 1977, p. 248)

Fica clara a sensação de isolamento e de crescente mal-estar dos intelectuais numa sociedade voltada apenas para preocupações políticas e mercantis. Veríssimo prossegue em seu raciocínio:

> (...) em nossa sociedade o homem de letras ainda não tem lugar marcado. No mundo político ele é visto com desconfiança das suas aptidões práticas e da sua imaginação. Os poucos escritores que na política ocuparam uma situação elevada, como José de Alencar, Escragnole Taunay e o próprio Joaquim Nabuco, nada obstante haver abandonado as letras por ela, foram sempre uma espécie de suspeitos. (Idem, 1977, p. 254)

É a mesquinhez da sociedade que marginaliza o homem de letras, impedindo-o de ter acesso à esfera política, conclui sombriamente Veríssimo. Essa sensação de marginalidade social é praticamente unânime entre a intelectualidade; ressentimento, protesto, ironia e sarcasmo são configurações distintas de reação. Tentando dissuadir Coelho Neto de seu projeto de entrar para o mundo das letras, Paula Nei argumenta sarcasticamente: "Isto é um país de cretinos, de cretinos! Convença-se: letras, só as de câmbio" (*apud* Sevcenko, 1983, p. 91).

Mais tarde, a revista *D. Quixote,* através do "Dicionário confuso", definiria ironicamente a palavra "letra" como "obrigação que se assina ao pedir dinheiro emprestado" (*D. Quixote,* 10/3/1926).

A modernidade republicana instaura outro código de valores, em que as ciências econômicas e contábeis substituem a literatura e as ciências humanas. Nesse contexto, o intelectual se sente ameaçado e marginalizado. É visível o amargo descrédito do grupo e sua sensação de exclusão: trata-se de um "país de cretinos", onde só há espaço para as questões econômicas e financeiras. Nesse país, o intelectual será sempre um elemento suspeito, desconfiando-se de sua imaginação e de suas aptidões práticas, segundo observa argutamente Veríssimo.

Esse sentimento trágico de marginalização tem sido uma constante em nossa história intelectual. Para Sevcenko, seria decisiva a derrota do projeto de transformação social empreendido pelos intelectuais-mosqueteiros — destituídos de seu sonho, os intelectuais-mosqueteiros se transformam em mosqueteiros sem missão. É a partir desse momento que se efetiva o fosso entre pensamento e ação, ficando a intelectualidade condenada a um permanente distanciamento da realidade (Sevcenko, 1983, p. 93).

A eclosão da Primeira Guerra Mundial funciona como um divisor de águas na configuração do campo intelectual. A partir daí, esboçam-se visões distintas da nacionalidade e, consequentemente, do próprio papel do intelectual: de um lado, se posicionam os que iriam assimilar os princípios e valores da nova sociedade, defendendo a causa patriótica; do outro, os que se colocam como remanescentes da tradição engajada da geração de 1870. É nesse sentido que se modifica a configuração do grupo intelectual, fazendo-o perder a feição monolítica que o caracterizara até então. Coelho Neto, Olegário Mariano, Afrânio Peixoto e Olavo Bilac passam a integrar o primeiro grupo, assumindo cargos políticos e publicando obras que, obedecendo à demanda do mercado, iriam se tornar verdadeiros best sellers na época. O segundo grupo inclui formas distintas de reação: os chamados intelectuais-boêmios, isolados em seu protesto, fariam surda resistência ao regime (Cruz e Sousa); já os "escritores cidadãos" se empenhariam em fazer de suas obras instrumento de ação pública (Lima Barreto).

Essa configuração do campo intelectual sugerida por Sevcenko (1983) traz elementos sugestivos para se pensar a própria configuração do grupo da *D. Quixote*: no que diz respeito à luta pela democratização social, seus integrantes podem ser considerados herdeiros da geração de 1870, e também engrossam a corrente dos desiludidos com o regime republicano. A frase emblemática "essa não é a república dos meus sonhos" é parodiada na charge "A república dos seus sonhos... é a realidade para outros" (*D. Quixote,* 16/11/1921). Na charge, um homem (provavelmente um político) dorme tranquilamente; na sua cabeceira, uma mulher (a República) o cobre com uma verdadeira chuva de cédulas de dinheiro.

Se o pessoal da D. *Quixote* compartilha algumas ideias com a geração de 1870, dela se distingue num aspecto-chave: a descrença na ciência e em todo o seu corolário de valores. Racionalidade, positivismo, predomínio do valor de mercado sobre a cultura são olhados pelo grupo com desconfiança e a mais profunda ironia.

Na charge de Storni "O aproveitamento do suco intelectual" (*D. Quixote,* 15/8/1917), o escritor aparece como um ser brutalmente manipulado pelas demandas do mercado. A cena se passa em uma destilaria, onde pacientemente se enfileiram os intelectuais com seus escritos a tiracolo. O empresário do negócio os convida a entrar. No interior da destilaria, sem que ninguém veja, são submetidos a uma espécie de operação que acaba reduzindo seu cérebro a suco. Este é armazenado em um barril que se destina ao grande público. A partir daí, o intelectual é posto de lado, reiniciando-se a macabra operação com os recém-chegados e seus escritos.

Suco intelectual. D. Quixote, 15/8/1917

A caricatura é extremamente expressiva, se considerarmos que foi nessa época que surgiram as figuras do marchand e do editor, elementos que se tornam instâncias valorativas no mercado; são eles que fazem do artista um maldito ou um bem-sucedido (Fabris, 1994) — daí a figura do editor aparecer grosseiramente caricaturada como um taberneiro: insensível, só pensa nos ganhos imediatos.

É evidente a crítica ao regime que consagra o mercado, a exploração, a alienação, o consumismo (literatura-deleite), e, sobretudo, a padronização dos valores em detrimento da criatividade intelectual e a marginalização do intelectual, só que agora com um agravante: além de marginalizado, o intelectual na sociedade moderna passa a ser manipulado brutalmente pelas demandas do mercado.

Entretanto, como já vimos, esse grupo de intelectuais não se mantém à margem do jogo do mercado. Ao contrário: vende frequentemente seus escritos, compondo quadrinhas publicitárias e desenhos de produtos industriais, como é o caso de Bastos Tigre, Emílio de Menezes e K. Lixto. Os anúncios recebem espaço expressivo na revista *D. Quixote*, que os publica na contracapa ou nas primeiras páginas com cores e ilustrações chamativas. Apesar de integrados ao mercado, os intelectuais da revista têm uma posição critica em relação às leis de seu funcionamento; compelidos a vender suas ideias, se sentem sacrificados.

Comentando ainda a charge "O aproveitamento do suco intelectual", vemos claramente a ideia de sacrifício e imolação a que é submetido o escritor; ao ver-se integrado na sociedade moderna, ele deve abrir mão de suas ideias e valores para poder ser absorvido e chegar ao grande público.

Nessa integração social conflituosa, o humor exerce papel de fundamental importância. Frequentemente, os intelectuais se autocaricaturam recorrendo à figura do palhaço;[36] aquele que faz rir é geralmente o que guarda dentro de si um profundo sentimento de inadaptação social. Vale lembrar a reflexão filosófica de Unamuno (1905) acerca do herói: é necessário que este se deixe passar por bufão, ridículo e marginal para ser respeitado.

É pelo riso que se consegue a "quixotização do mundo", ou a comunicabilidade. Essa percepção da realidade que busca

---

36 Como o bufão, o palhaço é um personagem mítico: seria o inverso do rei, do possuidor de poderes supremos, e, por isso, a vítima escolhida em seu lugar, segundo as conhecidas ideias astrobiológicas e primitivas do assassinato ritual do rei. O palhaço é o último, enquanto o rei é o primeiro, mas na ordem essencial o último é o segundo (Crilot, 1992).

ironicamente inverter a escala dos valores sociais transparece claramente em uma seção da revista *D. Quixote*, o "Dicionário confuso", onde se misturam carnavalescamente a figura do intelectual e a do palhaço: "O humorista é o palhaço fantasiado de intelectual" (*D. Quixote,* 3/3/1926).

No universo humorístico, a categoria "loucura" perde sua conotação depreciativa e desqualificadora: o poeta é definido como "doido manso" e o manicômio é "isso tudo que se chama mundo, exceto os hospícios" (*D. Quixote,* 17/3/1926). Se a definição sarcástica deixa entrever o sentimento de desalento e mal-estar que reina no grupo, revela também o papel de vanguarda que este julga ter na vida nacional. O palhaço é aquele elemento que diz verdades, é o louco que pode dizer tudo (ou quase tudo) sem ir diretamente contra os poderes instituídos.

O poder de dizer verdades é também um dos atributos do bufão. A ideia é que as verdades de uma sociedade devem ser ditas por alguém digno de riso ou de repulsa. Logo, o bufão atua na corte, mas, ao mesmo tempo, não pertence a ela, se apresenta sempre como *outsider,* um indivíduo que não é inteiramente absorvido pelo grupo (Baeta Neves, 1979). Essa é a posição de nosso intelectual quando se autoelege "palhaço", alguém que está dentro e fora ao mesmo tempo, alguém capaz de fazer os outros rirem, de não ser levado a sério, e, por isso mesmo, capaz de proferir "verdades" sobre si mesmo, os outros e a sociedade em que vive.

Essa percepção do palhaço ou do bufão enquanto elemento destinado a dizer verdades, e capaz, portanto, de enfrentar o ridículo social, seria inteiramente absorvida pelo grupo integrante da *D. Quixote*. Bastos Tigre, diretor da publicação, viria a adotar como um de seus pseudônimos prediletos o nome Don Xiquote, paródia do personagem clássico cervantino.

"Por que o herói de Cervantes desperta admiração especial nos intelectuais que se dedicam ao humorismo?" Essa pergunta foi endereçada a Bastos Tigre numa entrevista para a *Revista da Semana* (4/3/1944). Tigre conta que foi através da obra *D. Quixote* que entrara em contato com o "verdadeiro humor".

A princípio, explica, a figura de D. Quixote lhe parecia apenas ridícula, mas depois percebeu que este sabia afrontar o ridículo e lutar por seus ideais; e é justamente essa metamorfose de sentido que motiva Bastos Tigre. O idealismo do personagem torna-se assim o grande valor a ser resgatado.

Deixemos falar o próprio autor. Referindo-se a D. Quixote, ele explica:

> Não era apenas o cavaleiro da triste figura, mas um símbolo. Ele parecia destinado a fazer rir. Entretanto, era apenas um idealista. Seus ideais não podiam ser compreendidos e por isso provocavam a gargalhada das turbas. Mas os nomes daqueles que o punham em ridículo caíram no olvido, enquanto o dele imortalizou-se. (*Revista da Semana*, 4/3/1944)

Idealismo, solidão, vanguarda, riso e imortalidade — este é o vínculo pelo qual nosso intelectual se reconhece na figura de D. Quixote. Bastos Tigre é taxativo: "A tristeza guarda só para si. Fazer rir é a sua missão..."

"Muito riso, muito siso": a revista D. Quixote

Na capa do primeiro número da *D. Quixote,* fica clara essa superposição do personagem cervantino à figura do nosso intelectual humorista. Trata-se de uma caricatura de Julião Machado, na qual D. Quixote adquire os traços fisionômicos de Bastos Tigre. Rodeado por uma multidão desordeira, nosso herói reage, tomando posição de combate. Também no editorial de lançamento fica patente a ideia do humor e da ironia como arma de combate:

> Prepara D. Quixote a airosa carga
> contra tudo que é mau, falso e triste (...)
> O riso o seu ideal consiste

pregando a troça, a graça, humor e chiste (...)
Pobres, ricos, políticos, burgueses
não temais o seu riso de ironia
embora ele vos doa às vezes.
(D. *Quixote*, 16/5/1917)

Transcontextualizado para o Brasil, D. Quixote (ou o intelectual humorista) teria a missão de difundir o humor, sob a alegação de ser este o único meio de salvar a nacionalidade. Essa ideia é fundamental.

O projeto de organização nacional proposto por Alberto Torres, a campanha cívica de Bilac e a eclosão generalizada do sentimento nacionalista denotam as alterações decisivas por que passava a sociedade brasileira. A partir daí, redefine-se o papel do intelectual, chamado insistentemente a engajar-se na organização do Estado — esse apelo não é novo, mas o diferencia seu tom de urgência. O que ocorre a partir daí é uma mudança na forma de comunicação, mais especificamente, na retórica. Este é o aspecto para o qual quero chamar a atenção.

No início do século, o humor funciona como uma espécie de denominador comum da intelectualidade carioca. Até o advento da Primeira Guerra Mundial essa forma de expressão seria corrente, notadamente no Rio de Janeiro. O próprio Machado de Assis fundaria em 1864 a "Sociedade da Petalógica", que reuniria nomes como Paula Brito, Euzébio de Queirós, Justiniano José da Rocha, Gonçalves de Magalhães, Laurindo Rabelo e José Maria da Silva Paranhos (visconde do Rio Branco) — colaboradores do jornal humorístico *Marmota*.[37]

A sociedade era uma maneira gozadora de reunir os "amigos da peta" e da pilhéria. Pretendia-se satirizar os mentirosos, inventando mentiras maiores ou contramentiras, e combater exageros com exageros maiores: este seria o espírito da

---

37 A discussão foi atualizada no artigo "Um agitador cultural na vida da corte; a trajetória de Paula Brito". In: P. Knauss, M. Malta, C. Oliveira & M. P Velloso. *Revistas ilustradas no Rio de Janeiro: modos de ver e ler*, Vol. 1, pp. 1-190. Rio de Janeiro: Mauad/ Faperj, 2011.

"Petalógica". (Magalhães Junior, 1981). Na produção intelectual desse período, predominam as peças teatrais, os ensaios e os escritos inspirados em sátira, humor e ironia, uma estética amplamente prestigiada e reconhecida pela crítica literária.

Com a guerra, ocorre uma brusca mudança de perspectiva: enfatiza-se o tom de seriedade, responsabilidade e urgência. Nesse contexto, humor e nacionalidade aparecem como elementos incompatíveis, sendo o humor associado frequentemente à ideia de destruição e negativismo. A partir da campanha liderada por Bilac, vários intelectuais se fazem porta-vozes de suas ideias, pregando a necessidade de a literatura estar a serviço da nacionalidade.

É o caso, por exemplo, de Afrânio Peixoto, que, em 1916, é convidado a fazer uma palestra sobre o humor na Biblioteca Nacional. O começo da conferência já e sintomático: o autor esclarece ao público que não espere horas de diversão ou agradável passatempo. Seria dada uma "aula" sobre o assunto. Apesar de caracterizar o humor como assunto frívolo, Afrânio propõe uma abordagem intelectual para o tema. Seu intento é provar à plateia que, entre nós, o humor é fruto exótico, esporádico, enfim, que nada tem a ver com o Brasil (Peixoto, 1916). Também nesse tom são os escritos de José Maria Bello, que em 1917 dá por finda a época do ceticismo, defendendo as "leituras sérias" como indispensáveis ao preparo intelectual das elites (Martins, 1978, p. 17).

Os discursos de Olavo Bilac pronunciados em 1916, ocasião em que desencadeou a campanha da defesa nacional, refletem bem esse novo estado de espírito. Convocando os escritores a construírem uma literatura nacionalista, Bilac declara terminada a "fase ignóbil" da literatura. Observa que cabe a esta a função de preservar as virtudes do gênio latino: decência do pensar e do dizer, justiça e sobriedade. Menciona Coelho Neto e Alberto de Oliveira como exemplos dessa nova geração, imbuída do mais puro brasileirismo (Bilac, 1917/ 1965).

A ironia e o humor aparecem, portanto, como o avesso da brasilidade, sendo considerados elementos propícios à difusão do anarquismo e da desordem social. A literatura, segundo a concepção de Bilac, deve caracterizar-se pela ideia da *contenção*, estando voltada para a defesa das fronteiras nacionais.

Em 1915, o autor faria um eloquente discurso em banquete oferecido pelo Exército. Declarando-se envergonhado da frívola e irônica literatura que ajudara a divulgar, Bilac faz uma espécie de confissão pública e exortação cívica. Na ocasião, declara que os culpados dos problemas sociais não são apenas os políticos, conforme argumentação geral, mas toda a sociedade, que teria desertado do culto cívico:

> Confessemo-nos todos, arrependamo-nos, e não perseveremos no pecado! A afronta da negação da Pátria, a injúria do desdém e ainda a frivolidade e a ironia no que refere à Pátria são crimes igualmente graves.

E termina enfaticamente:

> A Pátria é o grande fetiche, o inviolável tabu que deve ser adorado cegamente, sem ser tocado. (Bilac, 1917/ 1965, p. 41)

Certamente, esta não era a ideia de pátria defendida pelo grupo da *D. Quixote*, conforme veremos adiante. Por agora vamos nos deter no discurso de Bilac. O texto é rico de significados, na medida em que toma o humor (compreendido enquanto frivolidade, ironia, desdém) como referencial para discutir a inserção do intelectual na nacionalidade. Apesar de qualificada como anti-cívica e anárquica, a expressão humorística aparece circunscrita à esfera do nacional, criando cisões e alianças entre os intelectuais.

O tom enfático dos discursos de Olavo Bilac, Afrânio Peixoto e José Maria Bello deixa entrever o lado inverso da questão, ou seja, o quanto era sólida a tradição do humor e da ironia na nacionalidade brasileira. O esforço para desfazer a associação literatura/ humor acaba denotando a própria força dessa associação. Nesse contexto, o grupo da revista *D. Quixote* funciona como verdadeiro contraponto, deixando entrever as crescentes fissuras do campo intelectual.

Um ano depois dos discursos em que se declara findo o período da ironia e do riso na literatura, a revista *D. Quixote* propõe chistosamente: "Toda a verdade dita a sorrir!"

Em contraste com a campanha em prol de uma literatura cívico-militarista, a *D. Quixote* se propõe a organizar uma literatura baseada no humor (*D. Quixote,* 24/7/1918). Logo na primeira página, a revista frequentemente publica o perfil de literatos e políticos, satirizando em prosa e verso nomes como Olavo Bilac, Olegário Mariano, Osório Duque Estrada e Rui Barbosa.

A revista declara explicitamente sua intenção de coordenar um projeto literário calcado no humor; observa que este funciona como uma espécie de incentivo à criatividade intelectual, libertando o grupo da apatia e da marginalidade que lhe haviam sido impingidas pelo regime. Ao tomarem o humor como bandeira, esses intelectuais buscam se opor à teoria do pessimismo e da tristeza nacionais; nesse sentido é que a revista valorizaria clássicos como Cervantes, Eça de Queiroz e Dickens (*D. Quixote,* 11/3/1925).

Em relação à guerra, os intelectuais da *D. Quixote* assumem posição nitidamente sarcástica. Volta e meia a revista publica crônicas discutindo a questão: o humor é incompatível com a guerra? São várias as charges onde se satiriza o carnaval na guerra, propondo-se fantasias especiais para a ocasião. Na fantasia "solidariedade carnavalesca", sugere-se que o jeito seria integrar o espírito bélico à folia carnavalesca (*D. Quixote,* 3/1/1918). Na charge "O tutor e o pupilo" (*D. Quixote,* 20/6/1917), os Estados Unidos (tio Sam) levam pela mão o Brasil (escoteiro). O tio Sam explica, então, ao menino: "Vem, pequeno, eu quero te mostrar como é bonito o brinquedo de guerra..."

É clara, portanto, a linguagem humorística como viés de pertencimento do grupo, associando humor e nacionalidade. Durante o conflito mundial, a visão dos intelectuais humoristas a respeito da nacionalidade encontraria visíveis resistências, daí a singularidade do pessoal da *D. Quixote*, que insistia em manter a perspectiva do humor em seu retrato do Brasil.

A meu ver, a fundação da revista, em 1917, é extremamente significativa, uma vez que denota o esforço do grupo para organizar-se como tal. Numa conjuntura em que se busca sistematicamente dissociar humor e nacionalidade, o grupo funda uma revista inteiramente dedicada ao humor. É clara, portanto, sua intenção de marcar espaço no campo cultural da época, valendo-se dos vínculos que unem o grupo desde a virada do século. Sob a direção de Bastos Tigre, a publicação reúne nomes como Emílio de Menezes, Lima Barreto, José do Patrocínio Filho, K. Lixto, Raul Pederneiras, Julião Machado, Storni, J. Carlos, Bambino, Seth e Yantok. Ao grupo seriam acrescidos outros participantes que iriam ter colaboração expressiva na publicação, como é o caso de Madeira de Freitas, que fora apresentado ao grupo em 1910, através de Emílio de Menezes (Lustosa, 1993).

A *D. Quixote* se configura, portanto, como lugar de memória, permitindo a veiculação de ideias que já vinham sendo expostas há quase 20 anos. Antes da *D. Quixote*, esses intelectuais colaboravam nas mais diferentes publicações, sem terem, no entanto, uma revista que funcionasse como espaço aglutinador de suas ideias.

O grupo de caricaturistas em caricatura de K. Lixto.

*1913. Visita do escritor e humorista José Brum. Passeio às Paineiras. Na primeira fila, sentados, K. Lixto, Cordeiro, Raul Pederneiras, Marques Pinheiro, André Brum e Plácido Sasi. Na segunda fila, sentados, Luiz Peixoto, João Phoca, Cordeiro Jamanta, Storni, Costa Rego, Bastos Tigre e Carlos Bettencourt.
Fonte: Fundação Casa de Rui Barbosa/ Arquivo Bastos Tigre*

A meu ver, os intelectuais da *D. Quixote* estariam buscando, mesmo que em bases precárias, outra configuração da sociedade, distinta da fornecida pela tradição do pensamento autoritário, calcada no Estado. Ao propor o humor como forma de expressão da nacionalidade, a revista estaria lançando mais um desafio quixotesco, o de deslocar o eixo do debate do Estado para a sociedade — uma tarefa extremamente complexa, devido ao próprio caráter ambíguo do humor e da posição também ambígua da intelectualidade.

Como haveria de se dar essa busca de outra configuração social fora do eixo do Estado? É recorrente na revista o ceticismo em relação ao universo da política republicana, pelo menos quanto à maneira como esta vinha sendo implementada, e com esse espírito a *D. Quixote* desqualifica a polêmica e a discussão parlamentar. A política é vista como farsa, incapaz de atuar positivamente sobre a realidade nacional. Compara-se o debate parlamentar a um "duelo teatral" (*D. Quixote*, 17/2/1926). É preferível rir e fazer humor dessa pseudosseriedade a dar murros na mesa, teatralizando uma seriedade que não existe. A política não reflete os anseios sociais, servindo apenas como encenação: "Que tem a ver o povo brasileiro — 25 milhões de viventes — com o que decidem uns 50 indivíduos?"

"JORNAL DA SEMANA" (FALLADO)—Os conferencistas: Viriato Corrêa e Oscar G: nabarino, sentados; e, de pé: João do Rio, Costa Rego, Baptista Junior e Bastos Tigre. O ultimo, da esquerda, é Calixto Cordeiro, que illustrou todas as palestras

Fonte: Fundação Casa de Rui Barbosa/ Arquivo Bastos Tigre

As eleições não passam de uma pilheria, conclui-se (*D. Quixote*, 1/6/1921). Por isso, os intelectuais devem se manter afastados da esfera política, que, segundo se argumenta, teria a capacidade de embotar o espírito humano. Então, ao invés da eloquência politicoide, a revista propõe o senso de humor (*D. Quixote,* 23/11/1921).

De fato: ao que se saiba, nenhum dos integrantes do grupo tem participação efetiva na vida política, e essa atitude não era comum na época entre intelectuais. A *D. Quixote* sugere uma nova forma de inserção social para o intelectual, que se daria prioritariamente pelo descarte da esfera política. Se os tradicionais canais de participação social (via política) não funcionavam, era necessário buscar outras formas de expressão.

É, portanto, em um contexto em que a política se tornara um canal obstruído e sem ressonância popular que se cogita fundar a revista *D. Quixote*. Se analisado à luz da política, o cenário nacional é incompreensível e caótico:

> E os nossos grandes homens — que miséria!
> E os nossos estadistas — que mixórdia!
> Que vergonha! Que angústia! Que pilhéria!

Porém, se enfocada pela perspectiva do humor, a nacionalidade consegue revelar-se em sua ambiguidade desconcertante:

> O Brasil fora cheio de tragédias
> Se, em verdade, Deus de misericórdia
> Não fosse assim tão cheio de comédia!
> (*D. Quixote,* 6/7/1921)

Este é o sentido explícito de *D. Quixote:* sugerir a inserção do intelectual via humor. Se a política sempre havia sido considerada assunto sério em contraposição ao humor, agora verifica-se o contrário, daí a inversão de valores quixotescamente sugerida pela revista: a política é uma pilhéria e o humor é coisa séria. É brincando que se dizem verdades:

> Muito riso, muito siso.
> Toda a verdade dita a sorrir.

Nesse contexto, o perfil do intelectual é extremamente multifacetado. Nele, podem coexistir o herói e o anti-herói, o altruísta e o mandarim, o arauto e o bufão, o regenerador e o ridículo. Esses aspectos fazem parte do jogo da disputa pela liderança social.

Já vimos que essa desqualificação da política, em concomitância com a defesa do humor e da ironia, também ocorre no modernismo espanhol e hispano-americano. De modo geral, esses intelectuais descartam a política como um instrumento defasado na modernidade; assim, ela é definida como a "arte de agradar os chefes", da mesma forma que o governo é o "meio de se fazer fortuna" (*D. Quixote*, 8/8/1917).

Também o semanário madrilenho *D. Quijote* (1887) define "*hacer politica*" como "*bachillerear, comadrear, ofreciendo lo que ni siquiera se piensa hacer*", e explica que a palavra congreso se origina de caranguejo, adjetivo estacionário (*D. Quijote*, 4/11 e 16/12/1887). Esse é um dos fios que ligaria incontestavelmente o modernismo hispano-americano ao brasileiro: o ceticismo em relação aos rumos da política republicana e a busca da arte e das tradições populares como elementos explicativos da nacionalidade.

Nessa busca, se entrecruzam e se mesclam as culturas do colonizado e do colonizador. É nítido o sentimento irônico de pertencer simultaneamente a várias culturas. Nesse sentido estão os escritos do argentino Juan Bautista Alberdi, que compara satiricamente a relação entre a Espanha e a América como um casamento malsucedido, devido a profundas divergências entre os cônjuges.

O texto foi escrito em 1838, e vale a sua transcrição:

> *Las dos civilizaciones se han desposado en nuestro país pero viven mal casados, como era de se esperar. El joven brillante de gracias, de juventud, de actividad, no puede menos que sonreír con ironía a cada instante de su esposa cocha, decrepita, ridícula. Este consorcio heterogéneo se presenta en todas situaciones, en todos los accidentes de nuestra sociedad.* (Alberdi, 1838/ 1986)

O protesto de Sancho Pança. D. Quijote, Madri, janeiro de 1892.

O texto constitui uma metáfora da carnavalização, apresentada como traço preponderante nas sociedades latino-americanas. O mais interessante é que o autor apresenta o riso e a ironia como a resposta mais adequada para lidar com uma situação marcada pelo choque cultural — toda a vida sociopolítica da América do Sul estaria marcada por essa antítese de valores. Nas tertúlias, os versos brilhantes se misturam com quadrinhas antiquadas; na legislação, um código civil da Idade Media coexiste com um código político do futuro. Assim, observa o autor, a antítese se faz presente em pessoas, edifícios, móveis, trajes, usos e costumes (Alberdi, 1838/ 1986, pp. 140-141).

A revolução política é apontada como responsável por essa justaposição confusa de valores. Na percepção do autor, teria tirado bruscamente o país da Idade Média, projetando-o no torvelinho do mundo moderno, e é nesse contexto que o cômico assume um papel-chave, cabendo-lhe iluminar com a tocha do século XIX as partes visíveis das coisas velhas (Alberdi, 1838/ 1986, p. 142).

Essa imagem é densa de significados. Entre a tradição que ameaça desaparecer e os esboços de uma modernidade que apenas se anuncia, o humor é o elemento decodificador, comparado à tocha que ilumina e visualiza o que deve permanecer.

Também os escritos de Borges, Gabriel Garcia Marquez, Mario de Andrade e Ubaldo Ribeiro, notadamente em *Viva o povo brasileiro*, constituem expressões sensíveis dessa "dialogia" (Bakhtin, 1981) que atravessa a nossa sociedade. Inspirado em Dostoievski, Bakhtin (1981) define o "romance polifônico" como uma pluralidade de vozes e consciências; e em termos sociais, trabalha com a ideia de polifonia, intertextualidade e complementaridade.

No Brasil e na América Latina, de modo geral, a cultura carnavalesca não acabou junto com a Idade Moderna, conforme ocorreu na sociedade europeia. Assim, a imposição da cultura cristã e feudal viria chocar-se frontalmente com os valores das culturas nativas, gerando novas formas de expressão cultural (Rodrigues Monegal, 1980; Stan, 1992). É por isso que, entre nós, a reflexão de Bakhtin (1987) sobre a carnavalização pode oferecer referenciais sugestivos: longe de ser um fato histórico-cultural confinado a determinada época e país, pode constituir-se em tradição viva e atuante.

Vista sob essa perspectiva, a realidade se apresenta como um plano multifacetado, onde dialogam várias vozes e experiências culturais. Assim, sublime e vulgar, espírito e matéria, sério e cômico se entrecruzam nas mais variadas configurações. A realidade não é algo estanque, está em perpétuo processo de deslocamento e reelaboração.

Toda a obra de Bakhtin (1987) gira em torno da dinâmica *eu-outro* (Stan, 1992, p. 18). Traduzindo para o social, significa que não existe uma cultura popular e uma cultura erudita, e sim a dinâmica interativa entre as duas, que levaria a uma "iluminação recíproca" entre os termos, em constante processo de elaboração e recriação.

Zavala (1991) chama atenção para um aspecto inédito na obra de Bakhtin (1987): o conceito de ambiguidade. Assim, a ambiguidade e a contradição se desenvolvem num mesmo plano, aparecem como uma harmonia de vozes diferentes ou como uma discussão permanente e sem solução. Esta é uma das visões do Brasil que nos passa, por exemplo, a obra de Mario de Andrade: um país marcado pelas mais diferentes vozes culturais, que se entrecruzam e se chocam incessantemente. Um é o outro, simultaneamente, contraditoriamente.

O conceito de dialogismo cultural revela-se assim de fundamental importância para compreendermos o processo de nossa dinâmica cultural. O dialogismo, conforme argumenta Stan (1992), opera em qualquer contexto cultural, seja ele letrado ou iletrado, verbal ou não-verbal, elitista ou popular. Assim, o dialogismo crucial entre o *moi* e o *lui* de Diderot ou entre D. Quixote e Sancho Pança (Stan, 1992, p. 74) constitui vivo exemplo dessa "iluminação recíproca" a que Bakhtin se refere.

Como o Macunaíma de Mario de Andrade, a dupla D. Quixote/ Sancho Pança exprime a visão carnavalesca da realidade, uma realidade marcada por um desencontro — ora trágico, ora cômico — entre o herói e seu projeto: ou o herói é demasiado grandioso para o projeto a que se propõe, caso de D. Quixote, ou é acovardado pelas circunstâncias, caso de Macunaíma. Driblando o infortúnio, Macunaíma é um vencido-vencedor, que faz da fraqueza sua força e do medo sua arma (Melo e Souza, 1979, p. 89). Mas devido à desproporção que separa esses heróis de seus respectivos projetos, tanto o personagem D. Quixote quanto Macunaíma exprimem o ridículo e o grotesco.

Esse também é um dos sentidos da revista *D. Quixote*: através de charges, caricaturas e escritos satíricos, a revista procura expressar o caráter controverso e ambíguo e também ambivalente da nacionalidade brasileira, que aparece frequentemente como algo ininteligível, absurdo e quixotesco. Todo o heroísmo e sacrifício dos intelectuais para criar a nação e construir um Brasil moderno pode resultar em esforço inútil, e até mesmo ridículo.

Como determinar o real e o imaginário, o que se é de fato e o que se deseja ser enquanto nacionalidade? A dupla D. Quixote/ Sancho é emblemática nesse sentido, expressando paradoxalmente o país imaginário/ real. As sucessivas transfigurações pelas quais passam D. Quixote e Sancho denotam a justaposição de imagens e culturas típica da visão carnavalizada da realidade. Há momentos em que D. Quixote aparece travestido em um sertanejo magro, montado em seu jegue, vestindo gibão e chapéu de couro; há outros em que sua figura lembra o polêmico Jeca Tatu. Também Sancho aparece naturalizado em mulato, lábios grossos, ar simplório, sugerindo profundas semelhanças com o "Zé Povo".

Há, portanto, uma clara superposição dos imaginários culturais. As fisionomias e os traços culturais se embaralham propositalmente: onde termina o D. Quixote clássico e começa o D. Quixote tupiniquim? D. Quixote é sucessivamente cafuzo, mulato, branco e índio (só não é negro). No primeiro número da revista, sob a direção do caricaturista Ângelo Agostini, a dupla aparece de cocar e tanga, dizendo ter escolhido esse traje "selvagem" em vista da selvageria reinante no país. Nas páginas da *D. Quixote*, são inúmeras as metamorfoses dos personagens.

Além disso, é possível reconstituir na revista a questão de nossa diversidade étnico-cultural, temática central na discussão modernista. Nos escritos de Lima Barreto, desde o começo do século, essa questão já se faz presente; o "outro" cultural, o popular, encarna-se na visão que o autor tem de si mesmo: "Eu sou Sá, sou o Rio de Janeiro, com os seus tamoios, seus negros, seus mulatos, seus cafuzos seus galegos também" (Lima Barreto, 1956).

Primeira fase da revista D. Quixote, *(1895-1902).*
Caricatura de Ângelo Agostini.

Outro aspecto interessante sugerido pela dupla é a complementaridade. Assim, D. Quixote não vive sem Sancho e Sancho não vive sem D. Quixote. A existência de um só faz sentido em função da existência do outro: "(...) *el verdadero personaje de la novela no es D. Quijote, es D. Quijote y Sancho en inseparable unidad*" (Marias, 1990, p. 171). São projetos de vida divergentes, mas que, em sua dinâmica, acabam entrando em acordo e interação. Sancho funcionaria como uma espécie de ponte para D. Quixote, colocando-o em contato com o mundo exterior. Se não existisse Sancho, D. Quixote estaria perdido em suas elucubrações, mantendo-se incomunicável. De que serviriam, então, sua pretensa genialidade e cultura?

Esses contrastes e justaposições de diferenças são traços típicos da carnavalização social, conforme a reflexão de Bakhtin (1987); e grande parte da simbologia e do discurso desenvolvidos pela revista *D. Quixote* busca inspiração em elementos pertencentes ao universo carnavalesco. Os intelectuais da revista elegem a paródia e a sátira como formas de expressão e comunicação com o público leitor; ambas se configuram como expressões literárias integradas à percepção carnavalesca do universo (Stan, 1992).

Recorrendo abundantemente à paródia, os intelectuais da *D. Quixote* recopilam textos oficiais da história do Brasil, dando sempre uma nova versão dos fatos, baseada no humor, transcrevem trechos dos discursos oficiais, inserindo neles passagens e personagens cômicos. Dos retratos de políticos, fazem caricaturas grotescas; das frases convencionais e provérbios, fazem incessantes trocadilhos; do calendário cívico, criam um calendário humorístico. Os editoriais da revista são muitas vezes assinados por pseudônimos como D. Caixote, Duque-Short, Don Xicote, Cavaleiro dos Espelhos, Sem Chupança, Pancito. Inspirando-se nos nomes originais dos personagens cervantinos, o grupo faz deles inúmeras "recriações gozadoras".

A sátira carnavalizante aparece também na seção dos provérbios populares: simula-se um dialogo entre D. Quixote e Sancho em que o primeiro emite os provérbios, enquanto Sancho faz sua retificação carnavalizadora. Verifica-se claramente a inversão de posições; na revista, ao contrário da narrativa de Cervantes, não é mais Sancho que detém o repertório da sabedoria popular, mas o próprio D. Quixote, que, então, profere sentenciosamente: "Quem espera sempre alcança". Ao que Sancho retruca, ironicamente: "Quem espera afinal desespera!" Enquanto D. Quixote afirma que "é necessário confiar na sorte", Sancho insinua matreiramente que as coisas não são bem assim, porque "Deus dá nozes a quem tem dentes". Se Quixote elogia o trabalho incessante da formiga, o segundo elogia o canto da cigarra (*D. Quixote,* 23/5/1917).

Trata-se, portanto, da recriação cultural de uma tradição aparentemente consolidada: o par muda carnavalescamente de posição, os polos já não se demarcam tão claramente; o que é próprio de um (a sabedoria popular de Sancho) pode ser repentinamente próprio do outro (o popular na fala de D. Quixote) — um e outro, e uma realidade em aberto, sujeita a deslocamentos múltiplos, por isso a transfiguração incessante dos personagens.

Em determinada ocasião, D. Quixote aparece comandando o "jogo do bicho". Montado em seu cavalo, comanda um bando de animais, sugerindo chistosamente aos leitores os palpites e apostas para o jogo. Através de suas charges, escritos e caricaturas, a revista *D. Quixote* justapõe carnavalescamente fragmentos de uma realidade marcada pela profunda diversidade cultural, um caleidoscópio de imagens em que a inversão da percepção pode assegurar o sentido e o significado de cada peça do conjunto. Importa resgatar, na aparente desordem dos elementos, a interação dinâmica que faz convergirem dialogicamente as várias expressões culturais.

Essa coexistência paradoxal de ordens e valores faz parte da dinâmica cultural da modernidade brasileira; e é por isso que a revista adota chistosamente, como um dos possíveis emblemas da nacionalidade, a figura controversa, irrequieta e fantasiosa de D. Quixote, sempre ao lado de seu fiel escudeiro, que nada mais é do que seu outro eu em inseparável unidade.

Uma das questões que procurei pôr em evidência neste capítulo foi a imagem caricatural que os intelectuais da revista *D. Quixote* fazem de si mesmos: ou o intelectual é apresentado como um ser sacrificado socialmente (transforma-se em suco e é consumido), ou como visionário (que adivinha o resultado do jogo do bicho), ou, simplesmente, como um palhaço (disfarçado de intelectual). A apropriação simbólica de uma figura como a de D. Quixote serviu, nesse contexto, para expressar a forte dualidade de valores que marca a nacionalidade. Assim, a figura do personagem permite uma constante comunicação entre o mundo da realidade e o da ficção, entre verdade e mentira, tragédia e comicidade.

O que distingue nossa revista *D. Quixote* das demais publicações com esse título (espanholas e latino-americanas) é o tom controverso e zombeteiro em relação à problemática da nacionalidade. Nossos intelectuais se lançam à tarefa regeneracionista (construção da nacionalidade, construção de uma literatura nacional, defesa de uma imprensa justa, luta contra a farsa e a corrupção sociais), mas não deixam de revelar sua perplexidade, frequentemente traduzida em ironia, quanto ao quebra-cabeça da nacionalidade.

Prevalece o aspecto da carnavalização da realidade. Um dos indicadores expressivos dessa visão carnavalizada é a polêmica suscitada entre pedagogos e políticos sobre a data da "real" descoberta do Brasil (*D. Quixote*, 5/5/1926). Satiricamente, a revista propõe, entre as possíveis datas, que a descoberta tenha ocorrido no dia 31 de fevereiro — dia inexistente no calendário e mês do evento considerado o mais significativo da nacionalidade: o carnaval! Poderia haver indicador mais expressivo da carnavalização do que se fazer presente na própria origem da nacionalidade? Se a dupla D. Quixote/ Sancho passa por inúmeras metamorfoses, de caráter étnico (Sancho vira Zé Povo) ou cultural (D. Quixote comanda o jogo do bicho), uma das transfigurações mais expressivas ocorre no carnaval. Nessa ocasião, a dupla muda bruscamente de configuração.

Ao longo do ano, apesar das metamorfoses, algo se mantém permanente: D. Quixote é mais alto e ocupa o primeiro plano, e Sancho é mais baixo, aparecendo frequentemente como figura coadjuvante. Mas no carnaval, modificam-se completamente os polos dessa configuração, conforme mostra uma genial caricatura de Storni (*D. Quixote,* 18/2/1925): Sancho, mais do que nunca, cresce para os lados, mas, pela primeira vez, sua altura excede em muito a de D. Quixote. Ele está praticamente irreconhecível. Metamorfoseou-se no rei Momo ou em Baco, tem pés de bode, rabo, pelos sobre o corpo, copo nas mãos; na face, estampa uma gargalhada bestial. A seu lado, D. Quixote apequenou-se, perdeu seu habitual ar de seriedade e a pose de herói; ri escancaradamente com a boca desdentada, sugerindo o Jeca Tatu. Seus gestos são amplos, descontraídos e festivos; está fantasiado de povo, conforme inscrição em sua roupa. Os dois se abraçam fraternalmente, misturando suas identidades carnavalizadas: Sancho-Momo, Quixote-povo. Um enorme pandeiro funciona como pano de fundo da cena.

Carioca:
–Perca-se tudo, mesmo a vergonha! Mas salve-se o carnaval...

D. Quixote, *18/12/1925*

No carnaval, segundo a visão bakhtiniana, predominam os princípios do baixo-ventre, vísceras e terra. Nesse sentido, é significativo o comentário da charge: "Carioca: — Perca-se tudo. Mesmo a vergonha. Mas salve-se o carnaval..." (*D. Quixote,* 18/2/1925). Transcontextualizados para o Brasil, D. Quixote e Sancho Pança não resistem ao apelo carnavalesco e saem atrás de Momo; nem que seja temporariamente, D. Quixote esquece seus moinhos e gigantes para integrar-se ao cordão dos foliões carnavalescos.

5. Uma verdade humorística da modernidade: a revista *D. Quixote*

> *Perca-se a política, mas salve-se o humorismo!*
>
> D. Quixote, 23/11/1921

A interjeição acima é densa de significados. A partir dela, o grupo reforça seus vínculos com o imaginário, enquanto dimensão da realidade sobre a qual se deseja atuar. Geralmente, conforme argumenta a própria *D. Quixote*, a política é identificada como o lugar dos "homens práticos", que saberiam lidar com os problemas concretos da realidade. Em contraposição, o humor é associado às fantasias da imaginação, enfim, ao domínio do não-sério. Pois bem, em seu discurso, a *D. Quixote* procura dar outro enfoque a essa questão.

A realidade nada tem de exato, a não ser o instante em que atua sobre nós. Assim, ela não é engendrada pelo homem.

Em contraposição, a fantasia é criada pelo espírito, à imagem e semelhança de nossa imaginação. A fantasia seria, portanto, o nosso mundo real, enquanto a realidade apenas uma "fantasia do destino". Logo, conclui-se, o homem sem paixão e imaginação é ridículo; entidade indefinida e insípida, transforma-se em "serpente sem veneno" e em "cardo sem espinho" (*D. Quixote*, 23/8/1922).

É visível a ênfase que o grupo confere ao imaginário, compreendendo-o como o espaço da criatividade onde é exercida a ironia e o humor (veneno e espinho). Esta seria a verdadeira face da nacionalidade, sua maneira de expressar-se ante os desmandos do poder; por meio da irreverência, da galhofa e da pilhéria, as camadas populares conseguiriam dar vazão a seus anseios e sentimentos. Portanto, o humor coloca-se como uma espécie de pedra de toque para se chegar ao nacional.

Fundada em 1917 como "lugar de memória" para o grupo, como já afirmamos, a revista *D. Quixote* reitera e aprofunda questões que já vinham sendo colocadas anteriormente. É claro o seu esforço memorialístico, no sentido de construir uma memória dos intelectuais boêmios, da cidade do Rio de Janeiro e do próprio humor e da caricatura. Nessa reconstituição, o humor funciona como linha demarcadora, reforçando a identidade de pertencimento do grupo.

Coelho Neto e Olavo Bilac, antigos boêmios, passam a ser objeto de sátira. Frequentemente a figura de Bilac é caricaturada por ter arrastado a mocidade às armas, em sua campanha pela "defesa nacional". Sugere-se que o pomposo titulo que lhe fora outorgado, "Príncipe dos Poetas", seja transferido a outro intelectual que pertença aos quadros da Academia, ou ao funcionalismo público. Já Coelho Neto é chistosamente identificado como a "máquina registradora da boemia". Por oferecer dados interessantes para uma história do grupo boêmio, *Conquista* é apontado como o seu romance menos indigesto (*D. Quixote*, 3/7/1925).

Através da seção "O Rio de antigamente", a *D. Quixote* propõe-se a fazer a história da cidade nos tempos da Abolição e da República, enfocando o grupo boêmio. A figura de José do Patrocínio é destacada como chefe espiritual do grupo, uma espécie de mano velho, com seu ar bonacheirão: aconselhava juízo aos outros, mas caía na pandega com eles (*D. Quixote*, 29/7/1925).

Também a literatura refletiria esse espírito boêmio, que seria mais criativo do que propriamente empreendedor:

> Era uma literatura de palestras, conversada e bebericada, por vezes gritada aos murros sobre o mármore das mesas (...) emborrachando-se entre belos versos, tiradas filosóficas, sátiras de sabor bocagiano e grandes projetos de obra séria de livros e revistas de arte que ficam no 1º capítulo e no segundo número. (*D. Quixote*, 29/7/1925)

Esse grupo, que, concluiu-se, poderia ter representado o ciclo áureo de nossa literatura, foi apenas espumas, espumas de cerveja Guinness... Para o pessoal da *D. Quixote*, o tempo da boemia já se convertera numa memória, que vai sendo construída através da narrativa humorística.

Vale lembrar que, nesse momento, é visível o esforço das elites no sentido de construir uma memória nacional: em 1922, com a Exposição Internacional, rememora-se a independência nacional; ainda nesse ano seria fundado o Museu Histórico Nacional, sendo Gustavo Barroso convidado para dirigi-lo. A revista *D. Quixote* oferece um sugestivo contraponto ao debate da época, que iria se polarizar em torno da questão nação/ história/ memória. Ao associar *humor* e *nacionalidade,* questiona os "lugares da memória", especialmente a memória coletiva, que aparece frequentemente associada à suposta memória nacional (Nora, 1984; Souza Neves, 1988).

Essas ideias apontam para o caráter conflituoso da memória, que se apresenta como um campo de disputas, marcado pelo conflito e pela competição entre lembranças, verdadeiras "batalhas da memória" (Pollack, 1989, p. 4). As datas, os símbolos e os mitos republicanos foram permanente objeto de disputa narrativa. Ao longo da construção do imaginário republicano, confrontar-se-iam explicitamente dois grupos: os monarquistas e os republicanos.

Palácio D. Quixote, D. Quixote, 5/6/1922.

A ameaça de desmembramento do país seria um dos maiores desafios que os republicanos teriam a enfrentar. Se o Império tivera o mérito de manter a unidade do país, esta agora ameaçava romper-se, gerando um clima de medo e insegurança política generalizados, fato que, certamente, foi o responsável pela conciliação entre as elites monarquistas e republicanas. Para garantir a adesão de seus adversários, o regime teve de certa forma que se conciliar com o passado monarquista.

É nesse sentido que a memória republicana pode ser pensada como o resultado de um "pacto oligárquico", em que acabaria vigorando a interpretação monarquista da história, com todo o seu corolário de valores, como ordem, moderação, aristocracia, paternalismo e respeito à autoridade (Lippi Oliveira, 1989, p. 186).

A revista *D. Quixote* insere-se nesse espaço conflituoso. Num momento em que é visível o esforço das elites no sentido de construir o "panteão da nacionalidade", o grupo conta sua própria história e a da cidade, transformando-as em matéria de memória. O "Kalendário humorístico" da revista, a partir do qual se constrói outra narrativa do tempo, segue essa tendência memorialista; a ideia de controlar o tempo está presente na própria etimologia da palavra "calendário", que deriva do latim *calendariu,* cujo significado é "livro de contas" (Le Goff, 1984a, p. 260).

Contabilizar objetos é um recurso eficaz para obter controle sobre os mesmos, evitando que se percam ou que outros se apoderem deles. Nessa perspectiva, o tempo converte-se em um dos emblemas mais significativos do poder simbólico. É nítido o esforço social para dominá-lo, e reinventá-lo de acordo com o imaginário que se deseja fazer aceito. Não é por acaso que o pessoal da *D. Quixote* procura reinventar o tempo, tomando o humor como seu referencial ordenador.

Uma das principais funções do calendário é ritmar as dialéticas do trabalho e do tempo livre, do tempo regular e linear, do tempo cíclico e da festa (Le Goff, 1984a, p. 282). O que a *D. Quixote* faz é justamente baralhar esses tempos, mostrando a imprecisão da cronologia oficial e a falta de sentido de nossas festas, feriados e comemorações. Assim, de acordo com o calendário humorístico, o carnaval não se restringe ao espaço de quatro dias, mas extrapola o tempo final da folia para entrar no tempo da política. Parte-se de uma curiosa divisão do tempo: festas *móveis* e *imóveis*. O carnaval é definido chistosamente como festa *móvel,* ou "(...) festa em que todos se movem nos sambas dos clubes carnavalescos e nas batalhas apoteóticas de confete e lança-perfume".

Essa festa móvel não se restringe apenas aos clubes e às batalhas de confete, mas se prolonga no âmbito da política: "Em 12 de março [na época, era dia de eleição] há outro carnaval: a eleição para presidente e vice-presidente da República" (*D. Quixote,* fev. 1925).

No calendário humorístico, cada mês se anuncia por meio de um registro: a piada do mês. Assim, contabiliza-se o tempo (dia, mês, ano) sempre através do riso e do humor. A piada do mês de dezembro traz um curioso diálogo entre dois populares. O primeiro, imbuído do espírito natalino, se dirige ao outro, cumprimentando-o:

— Boas Festas!

O outro responde, irritado:

— Qual boas festas! Acho mesmo que o carnaval vai ser péssimo! (*D. Quixote,* 24/12/1924).

No mês de dezembro, o espírito natalino se confunde com o carnavalesco, da mesma forma que em março, mês das eleições, continua-se vivendo o clima das folias de Momo. Portanto, carnaval e política acabam tendo uma relação bem mais profunda do que se costuma mostrar habitualmente.

Cinzas, ressacas e eleições: a comédia político-carnavalesca

A temporalidade nacional aparentemente oscilaria entre dois polos: a política e o carnaval. A política se apresentaria como o domínio da seriedade, do juízo, da ordem e da verdade, enquanto o carnaval seria configurado como o reino da diversão, do desvario, da desordem e da farsa. O grupo da D. *Quixote* mostra que, apesar de a política se colocar em contraposição ao carnaval, essa oposição na realidade não existe. Já vimos anteriormente como a revista D. *Quixote* e suas congêneres latinas e espanholas definem a política, associando-a geralmente às categorias do universo carnavalesco: pândega, pilhéria, farsa e máscaras.

Os Imperterritos representantes da soberania popular não faltarão hoje ao cumprimento do dever cívico. Não tiveram, porém, o tempo preciso para trocarem de fantasia.

D. Quixote, *1/3/1922*

A cidade do Rio de Janeiro, em particular, viveria essa curiosa simbiose entre carnaval e política, ao traçar precisamente o perfil de nossa nacionalidade. Nos primórdios da República, a data das eleições ocorria logo após a folia carnavalesca, sendo comum que o dia da votação caísse na quarta-feira de cinzas. Várias charges da *D. Quixote* mostram o povo votando, ainda impregnado do espírito dionisíaco; foliões, bêbados, travestis e mascarados quebram constantemente a seriedade do ato cívico. Muitos deles estão inconscientes e embriagados, outros pensam que estão votando em algum concurso carnavalesco. Os mesários dormem, enquanto os foliões na fila mal se aguentam em pé, como na charge de K. Lixto, "Cinzas, ressacas e eleições" (*D. Quixote*, 1/3/1922).

Ocorre que o ritual do carnaval e o ritual da política são semelhantes: se o carnaval acontece no domínio da teatralidade e da comédia, o mesmo se pode dizer da política. Assim, a "comédia eleitoral" implica o apelo às urnas, a apuração de votos e o reconhecimento de poderes. O carnaval apura nos indivíduos sentimentos que tendem para a galhofa, enquanto a política não apura votos legítimos (*D. Quixote*, 13/2/1924). Mas, se o ritual é idêntico, o resultado é diferente. O carnaval acaba levando vantagem, pois ridiculariza, faz rir, lida com sentimentos e emoções reais. Ele desnuda, mostra e expõe. O samba seria, portanto, a exposição mais verdadeira da alegria popular (*D. Quixote*, 9/2/1921). Já a política prefere camuflar, mentir e ludibriar. Não representa a vontade popular, mas finge fazê-lo.

Há uma charge expressiva nesse sentido: levando um folião bêbado para votar, o presidente Epitácio Pessoa avisa maliciosamente à política: "Segura o homem que nestas 24 horas próximas ele ainda está de juízo virado!" (*D. Quixote*, 1/3/1922). O que deveria ser um ato consciente, realizado em plena posse das faculdades mentais, transforma-se em folia e pândega. Que diferença há, então, entre a folia carnavalesca e a política?

O exercício da cidadania é uma encenação, uma comédia, algo que definitivamente não deve ser levado a sério. Por isso, Zé Povo sugere sarcasticamente que seu filho faça uma fogueira, usando como material o título de eleitor e as páginas da

Constituição. Também o símbolo da bandeira é dessacralizado: esta se transforma numa enorme mesa de jogo, onde estão dispostas cartas de baralho e dados. Na divisa, ao invés da inscrição "Ordem e Progresso", encontramos a proposta: "Façam o seu jogo!" (*D. Quixote,* 17/8/1921). Em outra charge, o globo da bandeira se transforma numa bola de futebol com a inscrição: B. F. C. (Brasil Futebol Club) (*D. Quixote,* 5/8/1925).

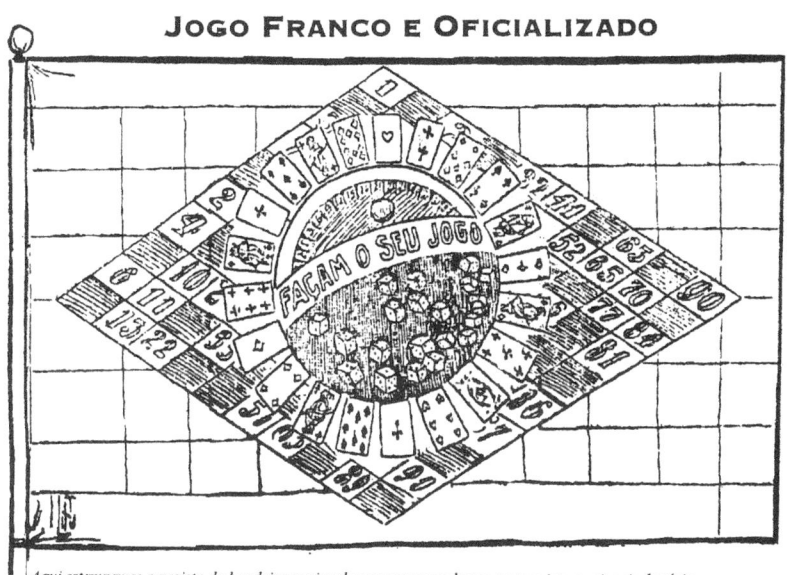

D. Quixote, *17/8/1921.*

Cidadania, direitos civis, símbolos da nacionalidade: tudo isso é encenação. Vivemos num país onde a democracia é definida como "coisa do demo", ou clube carnavalesco. Ela também integra o cortejo de Momo com suas vestes brancas e máscara negra: simulacro, a democracia esconde seu verdadeiro rosto. Também o termo "debate" é chistosamente definido como duelo teatral, apanágio cômico da Câmara e do Senado. Somos, portanto, vítimas do "carnaval permanente". Se na quarta-feira de cinzas o cidadão sai às ruas sem máscara, isso não quer dizer que ele não esteja mascarado. O ano inteiro o país vive uma realidade mascarada e ilusória (*D. Quixote*, 13/2/1918 e 17/2/1926).

A teatralização da vida política tem sido objeto de reflexão de alguns autores, como Balandier (1982) e Janine Ribeiro (1993). Ambos enfatizam a dimensão simbólica do poder político, entendendo-o como verdadeira dramatização, destinada a angariar adesões. Conforme já vimos, também Roberto DaMatta (1981), em sua análise, acentua a dramatização dos diferentes atores sociais como aspecto-chave para compreender a dinâmica brasileira. Esse quadro de referências ajuda a entender o imaginário da época.

Destacar a teatralidade e a encenação políticas não é exclusividade da revista *D. Quixote*. O assunto aparece constantemente nas charges da revista *Fon-Fon*, durante a campanha presidencial de 1910. Em "Últimas fantasias", Rui Barbosa e Hermes da Fonseca, ambos de barrete frígio, confrontam-se sob o olhar do Zé Povo. Barbosa está usando a farda militar e a máscara de Hermes da Fonseca, ao contrário deste, que aparece em trajes civis e com o rosto de seu oponente. A cena, um tanto quanto ridícula, faz Zé Povo comentar: "Qual, não se conhecem!"

Nas aparentes diferenças reinaria a mesmice, quando um quer ser o outro (Silva, M. A., 1990, pp. 31-32). Essa mesmice também aparece na charge publicada pela *Revista da Semana* (5/2/1911), em que o rei Momo e a política dialogam entre si. Momo argumenta que a política faz pândega o ano inteiro, e agora é sua vez de fazê-lo! Como Momo, também a política não leva nada a sério... Donde se conclui que carnaval e política atuam no domínio da comédia.

Volta e meia o rei Momo e a política se esbarram nas ruas, disputando espaço entre os cidadãos. Na realidade, Momo está presente ao longo do ano, só aguardando o momento de tomar conta da cena oficialmente. E é precisamente nesse momento que a nacionalidade se revela como é de fato: a verdadeira face da nacionalidade é carnavalesca. A ideia é que se vive o ano inteiro de farsas; no carnaval, legitima-se essa situação, tornando-a oficial.

O verdadeiro hino cívico da soberania nacional é o ritmo frenético do bumbo: "Digue, digue, bum, bum!" Esse som é o único capaz de mobilizar as energias participativas da nacionalidade. Os cordões votantes são os cordões maximantes e carnavalescos. Portanto, é natural certa confusão de comportamentos. A confusão é inevitável! Quando chamados a responder à lista eleitoral, muitos cidadãos dão os pseudônimos nobres que usam em seus clubes. Em vez de mostrarem o título de eleitor, acabam cometendo outro equívoco: mostram o recibo de pagamento do cordão ou do clube carnavalesco a que pertencem. Ao abrirem-se as urnas, o resultado é surpreendente: em vez de candidatos à presidência, surgem os nomes mais representativos dos lordes das "Mimosas Borboletas" e do "Alivia o Povo" (*D. Quixote*, 22/2/1922).

Há uma intercomunicação constante entre os universos da política e do carnaval, como a ideia do carnaval moldando a política. Na dramatização, os dois personagens são coadjuvantes: quando um sai de cena, cede o papel central ao outro. Assim, quando se aproxima o carnaval, diz a política:

— Cedo o meu lugar durante as férias! No resto do ano a palha assada é minha. (*D. Quixote*, 17/1/1923)

Se a política sai de cena no carnaval, isso não quer dizer absolutamente que ela seja incompatível com ele. Ao contrário: eles só se revezam no papel. Durante o ano, ela faz palhaçada o tempo todo! Esse é outro motivo que inspira a charge de K. Lixto "Hora de recolher": o carnaval, em frangalhos, está se retirando do cenário, quando se depara com a política chegando, usando uma espécie de toga com a inscrição "eleições" e trazendo na cabeça, como se fosse um chapéu, uma urna de votos. Surpreso, indaga o carnaval:

— Agora que eu me recolho é que vais? E assim com essa capa? Que fantasia é essa?

Ao que ela responde:

— A mesma de sempre. Eu sempre saio fantasiada 'de verdade'. (*D. Quixote*, 26/2/926)

Ao contrário do que se supunha, a política também se fantasia, seja de verdade ou de democracia. Dessa forma, participa entusiasticamente da comédia nacional. Também os governantes e os políticos engrossam os cordões carnavalescos: Carlos Sampaio, todo dengue e requebros, exibe a sua fantasia de "Dona Casta Suzana" (*D. Quixote*, 1/3/1922). Assim, no carnaval o político se transveste de prostituta, mas só um parêntese: não é necessariamente apenas no carnaval que esse espetáculo ocorre...

Inspirados nas alegorias femininas francesas, que tomavam a virgem ou a mulher heroica como modelo de República, os caricaturistas brasileiros rapidamente degradaram essa imagem familiar, fazendo-a aparecer como prostituta, uma tradição particularmente marcante entre nós — essa representação traduz a própria desilusão e ceticismo dos intelectuais em relação ao regime. Nas revistas humorísticas ilustradas, como a *Fon-Fon*, *Careta*, *O Filhote* e *O Malho*, são recorrentes as charges que exploram esses motivos.

A *História do Brasil pelo método confuso*, de Mendes Fradique, narra um episódio em que D. Quixote se vê incumbido da seguinte missão: invadir o quartel-general para salvar a República. Lá chegando, depara-se incrédulo com uma "mulher seminua de cigarro no canto da boca, tipo característico de *divette* de Montmartre". Mas o historiador Oliveira Lima confirma que esta é, de fato, a nossa República. Resignado, D. Quixote a liberta, dando por finda sua missão (Carvalho, J. M., 1990).

Nas caricaturas e narrativas humorísticas, é clara a visão carnavalizada da sociedade brasileira. Retomando Bakhtin: o carnaval não e mero espetáculo, mas núcleo de uma cultura, situando-se na fronteira entre a arte e a vida (Bakhtin, 1987): a inversão completa de valores, o mundo às avessas e a desordem estão presentes o tempo todo. Mas é inegável que no carnaval essa imagem torna-se mais palpável, clara, integrando a todos festiva e despudoradamente.

Por isso esse momento é sagrado, condensando o próprio sentido da nacionalidade. Parodiando a prece Pai Nosso, dramatiza-se o diálogo com o governo. Se é reconhecido seu poder, reivindica-se o dinheiro roubado ao povo

> Governo nosso que estais por cima da carne seca, aureolado seja o vosso poder enorme, venha a nós o vosso (que aliás é nosso) arame,[38] assim nas ruas e becos, como nas praças e largos, durante o carnaval. O cobre nosso de cada dia de folia nos dai hoje ou amanhã mesmo que ainda é tempo, perdoai-nos o nosso assanhamento assim como nós perdoamos a vossa neurastenia, não nos deixai sem o nosso carnaval, mas livrai-nos das grades da cadeia. (*D. Quixote*, 28/1/1925).

Desde a cultura medieval a paródia já vinha utilizando preces, evangelhos, enfim, elementos litúrgicos para descrever as festas bufas populares. Assim, fazia-se coincidir temporariamente o material e o corporal com o espiritual e o sublime. Era uma maneira de relativizar a fronteira entre a cultura cômica e a oficial (Bakhtin, 1987, pp. 74-83).

A construção dessa paródia ao Padre Nosso não se dá ao acaso. O grupo da *D. Quixote* tem conhecimento da cultura cômica grotesca; frequentemente menciona o nome de Rabelais em seus escritos, da mesma forma que toma alguns de seus personagens como fonte inspiradora para caricaturas. Frequentemente associa-se o carnaval a desordem incontrolável: o popular aparece de forma grotesca, adquirindo feições selvagens e animalescas. Momo é personificado na figura de Baco e/ou Dionísio, assumindo proporções gráficas gigantescas.

A revista enfatiza o aspecto grotesco do carnaval para mostrar a impossibilidade de se organizar toda essa onda de violência e excessos. Isso, porque faria parte da própria nacio-

---

38 "Arame" é uma gíria da época que significa dinheiro (Pederneiras, 1922).

nalidade: o Baixo Império não teria nascido do progresso do Império Romano? (*D. Quixote*, 11/2/1920). Os caminhos do progresso são imprevisíveis... Nesse sentido, a revista *D. Quixote* representa uma das vertentes céticas da modernidade, em que a ideia de progresso acaba convivendo forçosamente com a de desordem, caos e inversão de valores. O tempo não é concebido de maneira linear e evolutiva, mas de forma a perfazer um eterno retorno — esse aspecto é sensível na visão do grupo sobre a modernidade brasileira.

Um acontecimento nuclear dá sentido à nacionalidade: o carnaval. Conversando com o palhaço, Jeca observa, consternado:

> Este país tá mesmo perdido. Já tamo quasi em dezembro e ainda não se sabe qual será o samba do carnaval. (*D. Quixote*, 26/11/1924)

Ao grito "Está na hora!" tudo cessa, anunciando-se o advento de outra ordem temporal. Assim, é a festa de Momo que dá sentido ao resto do tempo: "Sofremos o ano inteiro, no carnaval vivemos..." Essa ideia se expressa sintomaticamente nos títulos das próprias crônicas pós-carnavalescas: "Crônica cinzenta", "Ranzinza", "Sem graça". É o tempo imóvel, incolor, enfim, o tempo da espera. Por isso o "Está na hora!" começa a ser murmurado antes mesmo que o ano termine. Já em fins do mês de novembro, o chamado está no ar...

Na charge "Impaciência" (*D. Quixote*, 6/12/1922), o rei Momo mal pode conter seu impulso de entrar em cena. Por essa época, a Exposição Internacional de 1922 estava encerrando sua apresentação. O chargista aproveita esse clima de final de festa e ironiza: "A exposição e seus anexos continuam às moscas, apesar dos esforços das comissões de festejos". Tal frase tão desalentadora contrasta com a força expressiva de Momo, que espreita por trás dos bastidores. Sua figura gigantesca já toma conta do cenário: os biombos da exposição são demasiado pequenos e

frágeis para ocultá-lo. Com a expressão impaciente, Momo, fazendo menção de tocar seu enorme bumbo, resmunga irritado:
— Que gentezinha teimosa! Se terão de apelar mais tarde para o meu poder incontestável, por que não fazem já?

É visível a ideia da nacionalidade como cenário onde se revezam a política e o carnaval. Enquanto capital da República, a cidade do Rio de Janeiro passa a condensar os ideais de desenvolvimento, progresso e civilização. Era complexo, portanto, unir duas imagens aparentemente tão contrastantes — a política e o carnaval —, em geral associadas respectivamente aos princípios de ordem e de desordem.

A "Veneza do Mangue"

Esse quadro de contrastes sociais seria acirrado no início da década de 1920, quando o governo declara-se em estado de "vigilância comemorativa" para a realização da Exposição Internacional. A questão da reforma urbana é apresentada como uma necessidade dos tempos modernos, exigindo-se a demolição de vários prédios e marcos já considerados patrimônio histórico da cidade.

A derrubada do morro do Castelo, tido como berço da fundação da cidade, cinde as opiniões, provocando forte polêmica na imprensa. A *Revista da Semana* se posiciona a favor, defendendo a modernização da cidade como síntese de nossa civilização; o *Jornal do Brasil,* apoiando a memória e a tradição, defende a permanência do Castelo. Assim, a destruição do morro transforma-se em evento emblemático das múltiplas faces da modernidade (Silva da Motta, 1992).

Na revista *D. Quixote* encontramos uma sugestiva discussão sobre o caráter conflituoso da modernidade. A visita dos reis belgas ao Brasil (1920) e a montagem da Exposição Internacional (1922) funcionam como assuntos inspiradores para o grupo, que aproveita para enfatizar sua visão satírico-humorística da modernidade.

A ideia de *teatralização* da nacionalidade constitui o eixo central dessa narrativa. O país se apresenta ao mundo não como de fato é, mas como gostaria de ser: fantasiado de "país nababesco", o Brasil ostenta recursos de que não dispõe. Vive-se, portanto, num ambiente de fantasia e artifício, onde o que importa é princípio da *aparência* — "jogo de vista", lanterna mágica, figuração e fita. A realidade não passa de uma ilusão, de um tremendo simulacro.

Essas considerações são feitas na ocasião em que o prefeito Carlos Sampaio toma vultoso empréstimo aos bancos norte-americanos para financiar as festas do centenário. O fato dá margem a uma imagem irônica da nacionalidade:

> No Brasil basta uma coleção de zeros para construir um monumento de opulência. Aberrando-se das mais elementares regras da aritmética, o zero possui entre nós valor significativo, muito significativo. (*D. Quixote*, 8/12/1920)

O excesso de gastos e a pompa com que o governo se prepara para receber os reis belgas inspiram comentários mordazes, como o desse cronista:

> Loucas as despesas, antipáticos os excessos. Chega o rei. Sorri a rainha. E imediatamente, dentro da encenação real, entre preparativos caros e as recepções suntuosas, cai a população inteira aos seus pés, aplaudindo, glorificando-os como só sabe aplaudir e glorificar o povo... (Costallat, 1922, p. 113)

Nas festas oficiais, é justamente o povo que fica de fora. Raul Pederneiras, em "A visita e os descontentes" (*D. Quixote*, 22/9/1920) ironiza a situação, dando voz aos descontentes. Se esses pudessem expressar seus desejos de participação nos eventos oficiais, a coisa seria mais ou menos assim:

> Casal de dançarinos: — Por que não metem tango na dança?

Ladrão: — Por que não deixam (os reis) serem "mordidos"?[39]
Prostituta: — E por que não o deixam (rei) sair à noite?

São tantos os protocolos que os reis belgas acabam não conhecendo a cidade que os hospeda. As peças teatrais são francesas, como francês é o cardápio dos banquetes em que se executam valsas vienenses. Além do mais, só se dirigem ao rei num francês macarrônico. Essa língua que ele não compreende faz com que se sinta fora de casa, mas sem saber em que país está exatamente.

Nossos artistas e intelectuais são excluídos do programa oficial, enquanto os mendigos e os ladrões são sorrateiramente enviados para a ilha Trindade. O protocolo é tão presente que acaba se transformando em personagem caricatural: narigudo, vestido de smoking e cartola, segue obstinadamente o rei como uma sombra, impedindo-o de se divertir. *"Le roi s'amuse"* é o título de uma série de charges de Yantok em que ele imagina o rei livre do protocolo e divertindo-se a valer: tomar uma branquinha, comer caruru na "Gruta baiana", ouvir o Catulo recitar, dançar um tango de Eduardo Souto e perguntar a um civil se "sabe com quem está falando". Isso, sim, é ser brasileiro nato! (*D. Quixote*, 29/9/1920).

A visita dos reis dá margem ao grupo para criticar o caráter artificial da modernização, que cria uma cidade-cenário, uma "cidade de papelão". Ironiza-se, sobretudo, o requinte das pompas e cerimoniais num país que se diz republicano e democrata. A maior parte das crônicas que tratam dessa temática é assinada por João Qualquer, pseudônimo de Bastos Tigre. Ao se assumir o anonimato como identidade, satiriza-se a ideia de aparência e figuração. Reforçando ainda essa perspectiva irônica, várias crônicas aparecem assinadas com o pseudônimo de Sancho Pança, uma maneira

---

[39] "Morder" significa pedir dinheiro emprestado. Quando emprestado sem esperança de devolução, era "emprestadado" (Pederneiras, 1922).

de fazer presente o popular, considerado peça indesejável no cenário da modernidade.

Há várias sátiras em que aparece a ideia da exclusão das camadas populares dos eventos oficiais. No entender de Zé Povo, a palavra "comemorar" só adquire sentido quando traduzida para seu universo de carências, "comê morá". Quando um índio tenta entrar nos recintos da Exposição Internacional, é interceptado pelo protocolo, que lhe explica que sua participação é apenas figurativa, representando o exótico. (*D. Quixote*, 27/9/1922).

A realidade revela-se nas sombras, no subterrâneo, enfim, no que se procura ocultar. Na charge "Nas sombras da realidade", o caricaturista Yantok mostra a cidade que se esconde por trás dos bastidores: um ladrão assaltando um transeunte (com a legenda: para o rei Alberto ver...), um casal de namorados olhando a lua (que estampa os dizeres: "A vida está cara") e um cenário em ruínas (para o rei Alberto ter saudades da Bélgica) (*D. Quixote*, 8/9/1920). A cidade aparece como um teatro de sombras, onde os personagens não têm rosto nem expressão definidos, são apenas sombras projetadas num cenário de luminosidade artificial.

Parodiando os preparativos oficiais para a recepção do rei belga, a revista apresenta um projeto de arco do triunfo, por onde deveria passar a comitiva em sua chegada à cidade. A disposição arquitetônica inclui esculturas e alegorias inspiradas no povo, na carestia, no proletariado, no açambarcamento, enfim, em figurações indesejáveis na encenação de uma modernidade que se pretende triunfal. Sarcasticamente, sugere-se que o referido projeto seja aproveitado para os festejos comemorativos da Exposição Internacional de 1922. Afinal, os dois acontecimentos têm o mesmo sentido: transformar a cidade em um cenário artificial, onde será encenada a peça da modernidade.

Na charge "Teatro da Exposição", K. Lixto mostra um diálogo entre o prefeito Carlos Sampaio e os organizadores da exposição: o "Rio Nu", de braço dado com um tipo norte-americano, o Tim-tim, e tendo ao lado um velho banqueiro, apontando para o Theatro Municipal e argumenta:

— Pois é isso, dr. Sampaio. Mande a comédia para o S. Pedro, mas dê-nos o Municipal! Ninguém mais do que nós está em condições de representar a opera do Centenário! (*D. Quixote*, 15/3/1922)

A modernidade quer passar por assunto sério — é "ópera" e não comédia —, mas não deixa de assumir seu aspecto dramatúrgico. Daí a argumentação irônica: o espaço da exposição não deve ser o antigo morro do Castelo, mas o próprio Theatro Municipal. Afinal de contas, trata-se de um espetáculo teatral, que, como tal, requer cenário, atores e espectadores.

A ironia, a caricatura e o humor são expressões que o grupo encontra para externar seu desacordo e perplexidade ante uma realidade que oscila entre a miséria e o mito do progresso urbano-tecnológico, e essa tentativa de superposição de realidades tão contraditórias faz parte do processo de instauração do modernismo no subdesenvolvimento. De modo geral, a paisagem da modernidade se encontra repleta de fundos falsos, jogos de espelhos e luzes diabólicas. Essas imagens de cidades fantasmas estão presentes nos escritos de Dostoievski, Victor Hugo e Flaubert, representando a mediação entre progresso material e estado de espírito, estado de coisas e maneiras de apreendê-las (Berman, 1986; Hardman, 1988).

É recorrente na *D. Quixote* a ideia da modernidade enquanto desordem, encenação e, sobretudo, farsa. As reformas urbanas destinadas a mudar a feição da cidade são consideradas meras fachadas, que escondem a cidade real. Na caricatura "Veritápolis" (*D. Quixote*, 13/3/1918), Yantok brinca com essa ideia do artificialismo, mostrando como seria a cidade sem máscaras: Câmara Monocipoal, onde se trata de negociatas e cavações em geral; grande fábrica de dinheiro falso; botequim diplomático (onde se trata de intrigas); e "Ao Bom Palpite", uma loteria do jogo do bicho. Nas ruas esburacadas, um capitalista pede esmola, enquanto um assassino e um ladrão andam de braços dados. O Rio é satiricamente denominado "Crisópolis", capital da carestiolândia... Esta seria a nossa verdadeira cidade: a cidade dos calotes, dos camelôs, das cocotes, dos jogadores e mafuás, cuja desorganização seria igual à do Senado, da Câmara e da saúde pública.

A nacionalidade se faz representar por tipos como o bicheiro ou o camelô: é um comércio assustado, feito em plena rua, numa esquina de movimento, mas às escondidas. Trata-se de um jogo ilusório de mostra-esconde...

Num país de analfabetos, os letrados, por falta de leitores, leem-se uns aos outros e a si próprios; e "dizem que até 1922 todo brasileiro há de saber, pelo menos, que Eva viu a uva" (*D. Quixote,* 30/8/1922, 31/1/1923, 21/9/1921 e 5/10/1921).

A cidade aparece frequentemente como ator, capaz de desempenhar múltiplos papéis na dramatização da modernidade. Assim, ora surge como prostituta, sugerindo a imagem degenerada da Revolução Francesa, ora como mulher da alta sociedade que esconde das visitas as misérias da intimidade, depositando-as no quarto dos fundos da casa. Em algumas charges, quando começa a se discutir a proposta de transferir a capital para o interior do país, a cidade curiosamente se apresenta como travesti. É a partir dessas figurações que os escritores e caricaturistas da *D. Quixote* constroem um imaginário da nacionalidade marcado por seu caráter ilusório. Essa imagem, no entanto, não é inédita. Durante os festejos da Abolição, conversando com Coelho Neto, observa Paula Nei:

> Isto é um país de fogo de artifício, o império das girândolas e dos balões: muita bomba, muita faísca, pirotécnica (...) que se resolve em fumo. (Menezes, R., 1944, p. 174)

Nas comemorações oficiais, fica ainda mais clara a ideia de cidade-cenário, onde as construções suntuosas e os cerimoniais caros são artifícios para iludir os estrangeiros. A cidade do Rio de Janeiro é pejorativamente denominada "A Veneza do Mangue". Tentando imitar uma das capitais do turismo europeu, só conseguimos o falso arremedo, o grotesco, uma Veneza resplandecente em meio à sujeira do mangue...

Este aspecto que contrasta luxo e miséria é captado ironicamente por K. Lixto em "Impressões dos nossos hóspedes" (*D. Quixote,* 20/9/1922): um senhor elegantemente trajado olha, com visível desdém, para um grupo de nativos descalços e com roupas remendadas. A caricatura, que satiriza o mito do progresso e da civilização, fazendo a miséria aparecer como exotismo e originalidade, é seguida do seguinte comentário: "Aspectos da natureza, absolutamente inéditos em qualquer cidade civilizada do mundo".

A cidade supercivilizada de luzes elétricas convive com escuridões cinematográficas; automóveis de luxo desfilam nas avenidas em meio a batedores de carteiras, ruas esburacadas e avenidas de asfalto. É sob os pregões dos camelôs — "cogumelos do progresso" — que viceja nossa tumultuada civilização. Esse aspecto de desencanto e de profunda ironia em relação à modernidade é recorrente nos escritos e charges da revista *D. Quixote*. Ao assumir essa atitude, o grupo não está propriamente se furtando ao moderno, mas mostrando-o em seus aspectos contraditórios, paradoxais e também tragicômicos.

O Palácio do Riso

Um dos objetivos da exposição de 1922 era apresentar o Rio de Janeiro como capital do progresso industrial, e é esse o espírito do editorial da revista que dá cobertura oficial ao evento.

Após a decadência dos países europeus na guerra, abre-se um novo capítulo na história, marcado pelas lições do liberalismo americano. A democracia, o progresso e a perfeição irmanam as nações modernas em um mesmo ideal (Rezende, 1922).

Se a exposição dramatiza a existência de uma nova ordem — baseada nos princípios de civilização, progresso, ordem, saneamento, trabalho, racionalidade, cidadania (Souza Neves, abr. 1988) —, a revista *D. Quixote* contracena com essa figuração, mostrando ironicamente o lado desordenado e caótico do progresso.

Essa imagem caricatural da nacionalidade se expressa em alguns dos pseudônimos adotados, como o "engenheiro ilusionista" que se diz formado pela "Academia dos Desenganados", o "arquiteto destruidor" e "Pedro Mal's Artes".

O grupo da *D. Quixote* retoma uma questão de fundamental importância: o papel marginal das artes na vida nacional. A ciência continua sendo objeto de exaltação (engenheiro ilusionista) enquanto as artes caíram no "socavão do esquecimento" (Pedro Mal's Artes). Num país onde apenas 15% da população são alfabetizados, a maioria destes é composta de "homens práticos", que são de poucas letras e geralmente recrutados pela política. Apenas 5% são de fato homens de espírito, capazes de compreender e amar a arte (*D. Quixote*, 18/10/1922).

É clara a missão redentora atribuída aos "homens de espírito", que deveriam salvar a nacionalidade. São constantes no discurso da revista as queixas contra a marginalização dos artistas, que se consideram os verdadeiros artífices da nacionalidade. Na exposição de 1922 esse grupo faria o papel dos "primos pobres", permanecendo fora dos salões requintados. A pintura, o desenho, a caricatura, a escultura, as artes gráficas e a fotografia tinham sido alijados pelos organizadores do evento. Assim, conclui-se, houve uma preocupação de afastar tudo quanto se relacionasse à nossa vida intelectual e artística (*D. Quixote*, 18/10/1922).

É claro o papel de destaque que o grupo confere às artes e aos artistas na modernidade; já vimos que esse era o tom do discurso de Gonzaga Duque na inauguração do Pavilhão de Belas-Artes na Exposição Nacional de 1908. O pessoal da *D. Quixote* reafirma esse ponto de vista, criticando a ênfase excessiva nos elementos científico-pragmáticos.

Na charge "Pavilhão das festas" (*D. Quixote*, 20-9-1922), Raul Pederneiras satiriza essa ideia. Trata-se da caricatura de uma fotografia, em que aparece um grupo de pessoas elegantemente trajadas, em pose fotográfica, conversando entre si:

— Não acredito nessa história de telefone sem fio...
— Nem eu. O aparelho não funciona sem que haja um fio!

Na charge de Raul a fotografia se transforma em caricatura, uma maneira de questionar criativamente os inventos científicos, transformá-los em objeto de chiste... O que deveria ser supostamente uma cópia precisa da realidade (foto) deixa de sê-lo, pois aí já entrou o trabalho do caricaturista, que usa a foto em negativo, fazendo com que as feições percam a nitidez; os personagens agora estão irreconhecíveis.

As charges sobre a Exposição do 1º Centenário da Independência (1822-1922) constituem rico material para a análise historiográfica. A revista *D. Quixote* parodia a cobertura oficial do acontecimento, dedicando ao tema um espaço expressivo. Durante o ano de 1922, todas as capas da revista, cuja publicação é semanal, transformam-se em caricaturas que são réplicas da estrutura organizacional da exposição. Critica-se a própria existência de uma indústria nacional nos moldes ali idealizados: o "Pavilhão das Indústrias", por exemplo, é composto por um guichê onde se vendem bilhetes para o jogo do bicho; ao lado, dois caipiras descalços moem cana-de-açúcar para a garapa, enquanto uma negra baiana esquenta seu panelão de angu. O comentário de K. Lixto é chistoso: "O angu, o caldo de cana, o bicho: as mais prósperas e populares indústrias de todo o país" (*D. Quixote*, 19/7/1922).

Satiriza-se a ideia da exposição como vitrine do progresso e espaço de dramatização visual do moderno (Souza Neves, abr. 1988); nossa modernidade inclui forçosamente pés descalços, amuletos, angu, caldo de cana e corrupção. Em vez da produção em série, temos a produção artesanal (moagem manual da cana, culinária de fogareiro) — o ritmo vertiginoso da indústria moderna é substituído pela lentidão do ritmo baiano e caipira. Quebra-se, dessa forma, o clima de encantamento circense destinado a seduzir a atenção do público visitante. Em vez da iluminação feérica e do transe lúdico das mercadorias (Hardman, 1988), esbarra-se com o incômodo cotidiano da pobreza.

A exposição aparece como um cenário artificial. Seu acesso dá-se pela avenida, artéria da modernidade, mas à saída vê-se a praça suja do mercado:

D. Quixote, *19/7/1922*

Que maravilha, emocional simétrica
De luz elétrica e cimento armado
A entrada dela é a célebre Avenida
Mas a saída é a Praça do Mercado.

Toda a estrutura cênica da exposição aponta para esse contraste entre a exuberância de recursos oficiais e a pobreza local. Expor a modernidade é expor também a miséria social, e é com um olhar incrédulo e irônico que a revista *D. Quixote* vai passando suas impressões ao leitor:

> A exposição? Que feira! Feira rica!
> Qual botica, ela tem de tudo
> Tem mostruários, tem muita argamassa (...)
> Um telefone muito falador
> Metalurgia, fogos de artifício
> Muito bulício, muito pó, calor!
> Lá, fome e sede muita gente aguenta
> Pois quem se assenta pra beber num bar
> De lá sai virado pelo avesso
> Pois que o seu preço é mesmo de escachar
> Da grande feira onde só vai quem tem
> Tocam tangos, cateretês, cirandas
> Bandos de bandas, zabumbando bem
> Há um trem de ferro liliputiano
> Que corre, ufano! Quem quiser que embarque...
> (*D. Quixote*, 27/6/1923)

Estes versos, sugestivamente intitulados "Pastilhas de arsênico", de autoria do Dr. Magnésio, satirizam o artificialismo moderno: quem quiser que viaje no trem liliputiano do nosso progresso...

Contrastando com a ideia do projeto oficial da exposição, surgem o "Palácio dos Micróbios" (sátira à política de saneamento), o "Palácio da Crise" (sátira ao progresso) e o "Primeiro Congresso dos Profissionais do Crime", que se reúne para recepcionar os estrangeiros em visita à exposição. Reunidos em torno de facas, navalhas, revólveres e garrafas de aguardente, os visitantes traçam cuidadosamente seus planos de ação (*D. Quixote*, 24/5/1922).

O "Palácio da Crise" tem por cenário um cemitério, onde estão presentes, junto ao túmulo da esperança, a falência, a bancarrota, o senhorio, o inquilino e tubarões (*D. Quixote*, 17/5/1922), e figuram como entidades representativas a Delegação Império dos Gatunos Internacionais, o chefe-geral da Pirataria, o delegado oficial da Cocainomania (com um nariz enorme), a Comissão Geral da Falsificação, o comissário da Cavação e o chefe da delegacia de Microbiolândia (*D. Quixote*, 26/7/1922).

Os pavilhões de cada estado são sucessivamente caricaturados por K. Lixto. Artes culinárias, políticos, refrãos regionais e produtos agrícolas se misturam carnavalescamente: é a própria ideia de exposição que está sendo objeto de chiste. Assim, no "Pavilhão do Mato Grosso" merecem destaque o mato e os índios "civilizados pelo sistema positivista telegráfico-militar"; no "pavilhão do Rio Grande do Sul" exibe-se o livro do positivismo, que repousa em cima do chimarrão, ladeado pelo barril de vinho, o churrasco, o busto de Comte e um quadro de Júlio de Castilhos (*D. Quixote*, 7/6 e 18/7/1922).

Quanto aos pavilhões internacionais, merecem destaque especial o dos Estados Unidos, cuja sigla USA é traduzida como "Usina Sólido Arame", fornecedora de sua majestade, o universo. Da requintada maquinaria do progresso, tio Sam extrai o trabalho, a inteligência e a perseverança. No pavilhão da Itália, tida como a terra da arte e da poesia, Dante declama versos ao som de óperas, enquanto Epitácio Pessoa tapa os ouvidos (*D. Quixote*, 23/8 e 13/9/1922). Temos, portanto, duas ideias distintas do moderno: a de maquinaria, capital e exploração (representada pelos EUA) e a da arte (representada pela Itália).

A revista requisita um pavilhão para o humor dentro do cenário da exposição, propondo-se a ser "uma exposição dentro da exposição" ao recorrer amplamente à dramatização do visual, que é sua especialidade. Na charge "Palácio D. Quixote" (*D. Quixote*, 5/7/1922), satiriza-se a ideia da exposição como local de lazer didático, voltado para disciplinar e educar a multidão; e sugere-se que a revista *D. Quixote*, por um preço muito menor, pode divertir todas as semanas, apresentando sempre novidades. Encimando o pavilhão há uma enorme moeda de 20 mil réis, que se supõe ser o preço da revista nas bancas. A sugestão é implícita: por que não ler a *D. Quixote* em vez de ir à exposição, cujo ingresso é bem mais caro?

O humor passa a ser chistosamente apresentado como mercadoria. Assim, em vez dos sofisticados produtos industriais e maquinarias engenhosas, o Palácio D. Quixote expõe seu material artesanal: nanquim (símbolo da escrita e do desenho), sal (símbolo do humor) e materiais como folhas de papel, palhaços, diabos. A escrita e o humor aparecem como verdadeiros ícones da modernidade.

    A planta do pavilhão é assinada pelo "arquiteto destruidor". As colunas estão retorcidas e em precário estado de equilíbrio, a cesta de papéis transborda. Há perfis contorcidos de palhaços e diabos. Predomina a desordem e certo clima caótico, embora festivo.

    Associações e metáforas do riso? Certamente. Mas o que há de expressivo nessa charge é o aspecto caricatural da modernidade, e a paródia que se pretende fazer do evento oficial. Contrastando com os demais estandes da exposição, que apologizam a ideia de progresso, o "Palácio do Riso" mostra uma visão dionisíaca da realidade: D. Quixote em luta obstinada contra os moinhos de vento... Fantasias, sonhos, desejos. Apesar de ser uma construção precária, o palácio é alegre, o "palácio do riso".

    Já no "Pavilhão D. Quixote" (*D. Quixote*, 31/5/1922), retoma-se a intrincada questão do humor *versus* política. A charge é extremamente rica de significados, e vale um olhar mais cuidadoso. Sancho (o público-leitor) está sentado sobre dois volumes encadernados (a revista *D. Quixote*), e D. Quixote (o intelectual) efetua nele uma delicada operação: cortar a parte superior da cabeça, introduzindo em seu cérebro uma alegoria humorística. Ao lado, funcionando como uma espécie de arcada da cena, um mordomo e um palhaço suspendem, com visível esforço, volumes encadernados da *D. Quixote*, sobre os quais estão sentados dois arlequins, que um de cada lado seguram um fio onde se equilibra precariamente uma figura gorda e velhusca: a política. A expressão arteira, descontraída e alegre dos arlequins contrasta fortemente com a expressão de pânico, tensão e susto da política. O humor (ou o carnaval) tem em suas mãos o destino da política: pode fazê-la cair a qualquer momento ou simplesmente assustá-la com tal possibilidade.

A EXPOSIÇÃO NACIONAL — Pavilhão do D. QUIXOTE
(UM ESTADO NO ESTADO)
Departamento de Trepanação Humoristica.
Uma Operação Minerviana.

D. Quixote, *31/5/1922*.

O apelo visual dessas imagens é forte. Cabe ao intelectual a tarefa de "fazer a cabeça" do público leitor para o humor, que aparece como a grande força capaz de rir da política, desmitificando-a em sua pseudosseriedade. A insinuação é clara: a política está nas mãos do humor, pode perder o equilíbrio a qualquer momento, esborrachando-se no chão. Sua posição é de total instabilidade.

O humor apresenta-se, portanto, como uma face irrecusável da nacionalidade. Se não é objeto da mostra, é apenas porque a exposição expõe ao mundo um país artificial, que se quer fazer passar por moderno e desenvolvido.

O pessoal da *D. Quixote* questiona sobretudo a ideia de modernidade associada a todo o seu corolário de valores, como progresso, aperfeiçoamento, tecnologia, desenvolvimento e bem-estar social. Em suas charges e caricaturas, o grupo expressa frequentemente indagações a respeito do conceito de moderno, algumas vezes satiricamente associado à invencionice, trapalhada, complicação. Ironiza-se a própria ideia de aperfeiçoamento tecnológico; assim, a tentativa de simplificação do cotidiano pode acabar causando transtornos e confusões. Devido à sua sofisticação, esses objetos simplesmente perdem a funcionalidade.

Tais charges aparecem frequentemente em uma seção denominada "As invenções de Gasparedison": a junção de dois nomes pertencentes a universos radicalmente distintos — Gaspar (herói pícaro francês) e Edison (famoso cientista) — denota a configuração criativa do moderno; misto de astúcia e razão, de ciência e trapalhada, a modernidade produz extravagâncias como, por exemplo, a máquina para arrasar o morro do Castelo e a máquina para descalçar botas. A arquitetura caótica desses objetos ou denota sua inutilidade (para que automatizar o ato de tirar botas?) ou os fins espúrios a que frequentemente se destina. Se a máquina para derrubar o Castelo é uma geringonça complicada, tem um objetivo muito prático: enviar o Tesouro do Brasil diretamente para o bolso dos norte-americanos (*D. Quixote*, 29/3 e 2/8/1922).

Ainda nessa linha de raciocínio, satiriza-se a ideia de especialização que aparece vinculada ao moderno. Em "A redação de um jornal moderno — como o público a imagina" (*D. Quixote*, 8/5/1918), esse aspecto é flagrante. A ideia de especialização é caricaturada a ponto de os redatores personificarem o assunto sobre o qual escrevem; há uma mistura de sujeito e objeto, em que o objeto acaba modelando o sujeito. É o caso do humorista que se sustenta de sal (metáfora do humor) e espírito, do policial que se nutre de veneno e narcótico e do cronista de esportes que se corporifica na figura de um atleta.

Um dos traços mais marcantes da cultura da modernidade é justamente essa oscilação de foco entre sujeito e objeto. Há determinada tendência de se privilegiar a imaginação e a subjetividade, mas essa ênfase não se estabelece de forma unânime (McFarlane, 1989). O que a caricatura mostra é justamente essa passagem conflituosa, em que o intelectual procura se integrar às demandas do mercado.

Enfim, é por meio dessas ideias que o grupo da *D. Quixote* coloca em questão o imaginário da modernidade. A apologia à rapidez, o apuro tecnológico, a produção seriada, a imposição de hábitos de consumo e a própria mudança de valores éticos são os pontos pelos quais os colaboradores vão construindo sua visão caricatural-irônica. Cumpre que fique claro um aspecto: ao mostrar as imperfeições e rachaduras da modernidade, a revista não está se colocando propriamente contra o moderno, mas relativizando esses valores, mostrando-os a partir de outra perspectiva. O ideal da perfectibilidade humana, dada a sua própria rigidez, torna-se fatalmente um objeto risível (Mebot, 1975, p. 25).

A Exposição Internacional de 1922 apresenta-se, portanto, como um elemento inspirador para a narrativa humorística que aponta para o caráter anárquico da modernidade brasileira — modernidade anárquica, história anárquica. Por que escolher como marco de nossa nacionalidade a independência de 1822? Afinal de contas, por que um regime que se diz republicano elege como memória fatos da história imperial?

Já vimos que a implantação do regime republicano resultou de um pacto entre as elites dirigentes, prevalecendo a memória calcada nos valores imperiais: a bandeira e o hino republicanos incorporam claramente elementos da tradição imperial (Lippi Oliveira, 1990; Carvalho, J. M., 1990). É interessante destacar como a revista *D. Quixote* explora essa questão, transformando-a continuamente em objeto de chiste, como, por exemplo, ao denominar o novo regime "Republicomonarquia", e observar que, para ser coerente com os fatos, a República deveria usar uma coroa em vez do barrete frígio. Assim poderia continuar sendo cortejada como "Sua Majestade, a Imperial República Brasileira" (*D. Quixote,* 7/12/1921).

Com exceção de nossos taciturnos historiadores, ninguém tomou conhecimento do episódio histórico de 1822. Simulando uma enquete popular, a *D. Quixote* interroga vários transeuntes sobre o significado histórico da Independência:

— Para Ivone, independência significa o direito de estar à janela sem ser incomodada pela polícia.
— Para o hoteleiro, independência é o centenário permanente.
— Para o banqueiro, independência significa a liberação do jogo nos cassinos e balneários.
— Para o boêmio, independência é passar a vida folgada e milagrosa... independente do trabalho de qualquer espécie. (D. Quixote, 6/9/1922)

Os filhos da D. Candinha

A História não é de fato o que sucedeu, mas o que os historiadores declaram nos livros ter sucedido.

D. Quixote, 25/1/1922

Para os intelectuais humoristas, a narrativa histórica frequentemente descamba para os domínios da farsa e da mentira. A partir de que ideias se constrói essa associação entre história e artifício? Um indício possível é a própria narrativa sobre a descoberta do Brasil; as circunstâncias em que ocorreu o fato explicam em parte essa associação entre história e farsa.

De imediato, a revista *D. Quixote* ironiza o termo "descoberta"; argumenta que outros aventureiros já haviam estado em nosso país, daí a inadequação da homenagem atribuída tradicionalmente a Cabral. Satiricamente, *D. Quixote* defende então Cristóvão Colombo como o verdadeiro descobridor, quando anunciou da proa do navio existirem muitas terras ao Norte e ao Sul do continente (*D. Quixote*, 5/4/1922), de certa forma prenunciando a existência do Brasil. Daí, então, a questão: Cabral teria o mérito de ser realmente um descobridor ou chegara ao Brasil pelos "ventos amáveis do acaso"?

A polêmica entre historiadores é sempre suspeita. De um lado, estaria Osório Duque Estrada, que é jacobino; de outro, Pinto da Rocha, ferrenho lusitano. Se Osório nega qualquer influência de Cabral, Pinto assegura que Cabral não só descobriu a Terra de Santa Cruz, como também fez a nossa Independência, a Abolição e a República. O discurso humorístico deixa entrever a luta pela construção da memória, na qual se confrontam os intelectuais jacobinos e os monarquistas, conforme já vimos.

Outra versão do fato é que Pedro Álvares Cabral chegara ao Brasil não por mero acaso, mas por distração e enlevo amoroso. Embevecido nos braços de Suzana Castera, artista francesa do teatro de revista, Cabral acabara perdendo o controle de sua frota, vindo a despertar em terras brasileiras. Dessa forma teria chegado ao nosso país, cujos senhores legítimos seriam os descendentes do Sr. Índio do Brasil. Conta-se que a verdadeira intenção de Cabral era ir ao Leblon, mas acabou alcançando apenas Cascadura (*D. Quixote*, 29/4/1925).

A narrativa humorística mistura constantemente os tempos sincrônico e diacrônico. Assim, personagens do passado transitam livremente pelo presente e vice-versa, numa relação interativa e dinâmica; rompe-se com a ideia da narrativa calcada em um tempo cronológico linear, instaurando-se, a partir daí, a multidimensionalidade.

Em seus escritos, Benjamin constrói uma reflexão sobre o tempo, caracterizando-o pela descontinuidade. O tempo histórico, observa, não se desenrola de forma mecânica e sucessiva; dessa maneira, não existe passado, presente e futuro, mas o entrecruzamento dessas várias dimensões. O passado deixa de ser um arquivo morto, para trazer as sementes de uma outra história. Entrar em contato com o passado não significa, portanto, "conhecê-lo como ele de fato foi" (Benjamin, 1987, p. 8).

Essa constante releitura do passado, buscando suas significações além dos limites cronológico-lineares, é um dos traços da cultura da modernidade, e a narrativa humorística da *D. Quixote* explora com perspicácia esse recurso. Na história da descoberta do Brasil, por exemplo, estão presentes personagens da década de 1920, como a cortesã Suzana Castera e o deputado Índio do Brasil. E da mesma forma que personagens de épocas distintas podem coexistir, também os objetos históricos podem adquirir personalidade. Continuando a narrativa da descoberta do Brasil, a revista satiriza o conceito de patrimônio histórico, que passa a incluir carnavalescamente políticos, monumentos urbanos e artistas do teatro de revista. Antonio Simples, pseudônimo de José do Patrocínio Filho, conta que Pedro Álvares Cabral casou-se com Suzana Castera e teve quatro filhos: os chafarizes do Largo do Paço e do Largo da Carioca, os Arcos de Santa Teresa e o senador Acioli (*D. Quixote*, 2/4/1919).

Historicamente, era na casa de Suzana Castera, popularizada como Tina Tati, que se reunia a elite política da época para discutir os problemas nacionais; a revista associa carnavalescamente esses domínios da realidade, fazendo com que se intercomuniquem no cotidiano carioca.

Quando Cabral retorna à Europa para morrer, Suzana passa a ocupar o cargo de "diretora-geral dos Negócios Horizonte". E enquanto existir Brasil, Suzana "ca-estará" (*D. Quixote*, 2/4/1919). A origem da nacionalidade é a (des)ordem do cabaré, das energias libidinosas e da festa interminável...

Essa ideia de eleger a figura de uma prostituta como personagem fundadora da nacionalidade brasileira também aparece na obra do escritor paulista Hilário Tácito, publicada originariamente em 1920 na *Revista do Brasil*. "Madame Pomery", ou o Brasil, simboliza a identidade múltipla da nacionalidade, fruto de uma mistura hilariante de culturas: seu pai é um polonês que trabalha no circo, a mãe é uma monja espanhola que fugiu do convento, enquanto o preceptor faz-se representar por uma cigana (Braith, 1994).

Tanto na obra de Tácito como entre os intelectuais da *D. Quixote*, a ironia se apresenta como forma de expor as contradições sociais de modo humorado e irreverente. Ao elegerem Madame Castera como mito fundador da nacionalidade brasileira, os intelectuais humoristas assumem uma perspectiva marcadamente anárquica da modernização, que se opõe nitidamente ao dístico positivista "ordem e progresso": o bordel de Castera é a antecâmara do Congresso Nacional; o pano verde da bandeira sugere a mesa dos cassinos; e o título de eleitor frequentemente se confunde com o ingresso dos clubes carnavalescos... O grupo se declara, portanto, disposto a criar seus próprios registros historiográficos em contraposição ao Instituto Histórico e Geográfico Brasileiro, caricaturado como "Instituto da Carochinha".

O historiador é considerado o "filho legítimo da D. Candinha": escudado na profissão, legitima seu direito de inquirir sobre a vida alheia, sente-se bastante à vontade para pesquisar fatos que não lhe dizem respeito. O historiador é um mexeriqueiro e um bisbilhoteiro, capaz de invadir a vida privada para contá-la despudoradamente aos outros... (*D. Quixote*, 26-1-1921). Nessa narrativa, o espetáculo, o drama e a encenação entram como ingredientes indispensáveis.

A ideia de teatralização é inseparável da história, segundo a *D. Quixote*. Nessa perspectiva, o historiador busca antes de mais nada dar expressão dramática e impactante aos acontecimentos, com o objetivo de transformá-los em elementos comemorativos da nacionalidade; a visão idealizada e o aspecto da encenação acabam predominando na narrativa do historiador:

> A proclamação da República pedia um ancião de barbas montado em um corcel de espada em punho a exclamar: — Viva a República! Em torno, a soldadesca petrificada, salva

de 21 tiros e um hino republicano — a marselhesa, que é pau para toda obra revolucionária. (*D. Quixote*, 15/11/1922)

É clara a ideia de montagem, cenário e personagens, que são arrumados de acordo com o imaginário do historiador. Não é por acaso que no "Dicionário confuso" a história seria definida satiricamente como "plateia sem lotação certa" (*D. Quixote*, 3/3/1926). Como não lembrar o famoso comentário de Aristides Lobo, que se refere ao povo "bestializado" que assiste à proclamação como se fosse uma parada militar, na condição de mero espectador? Publicado em forma de carta no *Diário Popular de São Paulo*, em 18/11/1889, revela a decepção do autor com o rumo dos acontecimentos (Carvalho, J. M., 1987).

Ainda seguindo essa associação entre história, ficção e dramaturgia, os humoristas da *D. Quixote* reforçam a relação que existiria entre nossa história e a narrativa ficcional, expressa em outra designação criada pelo grupo, a de "romancista historiógrafo". Partindo do ponto de vista de que nossa história é uma encenação, há necessidade constante de romantizá-la com os "brocados e lantejoulas da fantasia". Logo, o historiador é aquela figura "dotada de bastante imaginação", capaz de converter os fatos em arte. Ao idealizar os acontecimentos, torna-os dignos de um quadro, de uma escultura ou de um poema. Daí resulta a perspectiva indagadora: "Que é a história senão a poesia dos fatos?" (*D. Quixote*, 15/11/1922).

Essa perspectiva de análise, que relaciona a história à narrativa literária, é discutida por Paul Veyne, que causou certo impacto na época ao afirmar que "a história não é ciência", pelo menos no sentido que vinha sendo pensada. A história não explica, não tem método, enfim, não existe. O autor é enfático: é preciso não confundir o ser e o conhecer. As ciências humanas existem, desde que se saiba distingui-las em sua especificidade — este é precisamente o sentido da reflexão desenvolvida por Veyne (1982).

Se o autor busca aproximações entre história e literatura, busca também estabelecer suas diferenças. A partir dessa perspectiva, considera a história como "narrativa verídica de eventos" ou "romance real"; da mesma forma que o romance, a história seleciona, simplifica e organiza, enfim, pode fazer com que "um século caiba numa página" (Veyne, 1982, pp. 7-10). Sua reflexão é particularmente sugestiva quando reforça a ideia de história como síntese de uma determinada vivência, produzindo recortes na memória. Nesse sentido, é surpreendente a convergência de perspectivas entre essa análise e a do grupo dos intelectuais humoristas: a história não é o que aconteceu, mas o que os historiadores declaram ter sucedido.

Com essas ideias, o grupo da *D. Quixote* se opõe à historiografia oficial, e é enfático nesse sentido: a história precisa ser contada a partir de outra perspectiva que não a adotada pelo Instituto Histórico, pela Academia Brasileira de Letras ou pelo Museu Histórico, e por isso o grupo defende a historiografia baseada no "método confuso" ou "negativo". Assim, a referência cartesiana de método (ordem, modelo, orientação) alia-se à de confusão (caos, desordem); busca-se, portanto, uma forma de suspender a evidência racionalista e pensar o Brasil através da categoria da contradição (Lustosa, 1993).

Na revista *D. Quixote* são criadas algumas seções com esse objetivo. É o caso, por exemplo, da seção ironicamente intitulada "Bom senso", que seria o título de um jornal, órgão oficial do Instituto Juliano Moreira. Explica-se que a referida publicação é de caráter independente, só dependendo da *D. Quixote*. Sua função seria discutir coisas graves, restituindo aos fatos sua "lógica inata" (*D. Quixote,* 17/1/1923). Resgata-se o lugar de uma outra lógica, a dos loucos, através de um personagem símbolo, D. Quixote.

A partir daí o grupo satiriza a visão de uma história que se propõe exemplar. Nossos heróis são os suicidas anônimos, não aqueles que figuram nas estátuas das praças públicas. Só poderemos obter uma lição viva de patriotismo quando os gramofones oficiais registrarem o depoimento dos sarcófagos... (*D. Quixote,* 7/2 e 14/3/1923). A revista decide então tomar a iniciativa desse projeto hilariante, e para concretizá-lo anuncia a abertura da seção "Entrevistando estátuas", na qual conversa com os monumentos de Pedro Álvares Cabral, almirante Barroso e José de Alencar. Em suas falas e atitudes, esses vultos patriotas não se mostram absolutamente preocupados com a nação: Barroso fila do repórter um cigarro marca Veado, depois cheira rapé (a cocaína dos pobres) e espirra sem parar. José de Alencar, mal-humorado, reclama da confusão do trânsito e dos ventos marítimos; irritado, insiste em esclarecer que não tem qualquer parentesco com a artista de teatro de revista Iracema de Alencar... (*D. Quixote,* 4/2 e 18/3/1925). Nessas entrevistas, os heróis revelam-se simples mortais, envolvidos com os aspectos mais corriqueiros e banais da realidade.

A revista investe na dessacralização da memória histórica. A história não é ciência, nem tampouco modelo de comportamento e atitude. Na narrativa humorística, o Brasil passa a ser visualizado pela ótica do *nonsense* e da confusão, como na seção "Dicionário confuso", que também recorre ao caos e à desordem para expressar o caráter contraditório e enigmático da realidade brasileira. Nesse dicionário, nenhuma definição pretende se aproximar da verdade, da evidência, da clareza. Tudo é propositalmente confuso, paradoxal e incerto. Não há, portanto, nenhuma intenção de esclarecer; ao contrário, busca-se instaurar o próprio *nonsense* como princípio estruturador da narrativa.

Pelo método negativo também somos convidados a perceber uma realidade conflituosa: ver a realidade em negativo significa ver pessoas e situações em posição invertida, como num espelho ou no negativo de uma foto, onde as imagens não correspondem à realidade.

D. Quixote apresenta Mendes Fradique como um de seus historiadores prediletos. Ao longo de 1919, o referido autor publica vários artigos na revista, recontando a nossa história de forma satírica. Em 1920, esses artigos seriam compilados no livro *História do Brasil pelo método confuso*.[40] José do Patrocínio Filho, Terra de Senna, Bastos Tigre e os caricaturistas Seth, K.

---

40 A propósito da obra de Mendes Fradique, consultar o sugestivo trabalho de Lustosa (1993).

Lixto, Yantok e Storni também se destacam nesse trabalho de reescritura de nossa história: a *D. Quixote* produz efetivamente uma outra narrativa histórica, referenciada pelo humor e construída pelo imaginário republicano, oferecendo um registro inédito de nossa história, uma nova versão do descobrimento da América e do Brasil, dos períodos imperial e republicano. E não por acaso privilegia como seus interlocutores o Instituto Histórico e Geográfico Brasileiro e o Museu Histórico Nacional.

De um lado, temos a concepção clássica da história como manancial de lições exemplares para as novas gerações, concebe-se o passado como um momento idealizado, cujos objetos deviam ser resguardados do tempo — perspectiva segundo a qual a autenticidade e a originalidade das fontes são valores máximos; de outro, temos a concepção de história calcada na ideia de verdade e cientificidade dos fatos (Momigliano, 1983). O "Instituto Histórico e Geográfico Brasileiro" e o "Museu Histórico Nacional" oscilam entre essas duas visões, ora adotando uma, ora outra, ou até mesmo combinando ambas as vertentes de pensamento (Guimarães, 1988; Abreu, 1990).

A *D. Quixote* ironiza as duas visões: não existe um passado aurático a ser resguardado, nem tampouco pode-se fiar na verdade do saber histórico. À época da fundação do Museu Histórico Nacional (1922), K. Lixto publica uma sugestiva charge satirizando a figura do historiador, no caso, Gustavo Barroso, que, vestindo traje militar, aparece montado num cavalo que puxa uma velha carroça com a inscrição "Museu Histórico", abarrotada de quinquilharias domésticas, como vassouras, cadeiras, panelas, baldes etc. Há um contraste flagrante entre a figura imponente de Gustavo Barroso — espada ao ombro, capacete, olhar altaneiro — e a carroça velha e desfigurada.

É no monólogo do personagem que a cena adquire sentido:

> O que se pode arranjar por aí não é rigorosamente histórico, mas não há dúvida, eu escrevo lendas a propósito e elas ficam sendo... (*D. Quixote*, 16/7/1919)

Caricatura de K. Lixto, D. Quixote, 1922.

A revista reforça a perspectiva da subjetividade na história, mas isso não quer dizer que seja sua adepta incondicional; entende que a subjetividade frequentemente dá margem a abusos de interpretação e a exageros, e é nesse sentido que a narrativa histórica, fruto da imaginação, pode se transformar na mais deslavada mentira; daí o conceito de "rigor histórico", que aparece na própria fala de Barroso — a ciência aparece mais como forma de mostrar sua impotência frente às astúcias do autor.

Na avaliação do grupo, a figura de Gustavo Barroso representa a própria farsa, dada a sua capacidade de reverter constantemente os valores em proveito próprio: de monarquista convicto, Barroso vira republicano. É nessa perspectiva que a história adquire o sentido de encenação, invenção. E o fato de Gustavo Barroso ser um escritor de lendas, já consagrado como imortal pela Academia Brasileira de Letras, o torna um *expert*, capaz de transformar quinquilharias em história. A charge questiona a própria constituição do objeto: quais são os demarcadores da historicidade? A partir de que elementos e valores um objeto ganha a aura da historicidade? Até que ponto essa constituição do objeto não e ela própria uma fraude?

Desde 1911 Gustavo Barroso vinha defendendo na imprensa a proposta de se fundar um museu, enumerando os objetos que desejava incluir no acervo. Logo após sua posse na Academia, sai um decreto presidencial doando à instituição os objetos que tinham sido arrolados por ele, que se vinculam auraticamente a uma construção do passado que se deseja atualizar no presente (Abreu, 1990, p. 39).

Os integrantes da *D. Quixote* acompanham atentamente o desenrolar desses fatos, satirizando-os. A construção idealizada do passado inspira o espírito da charge, e a lista dos objetos de Gustavo Barroso se torna objeto de chiste, com seus predicados históricos — antiguidade, exotismo e raridade. Essa construção se dá em determinado espaço: o público. Assim, a esfera pública sempre está em primeiro plano na história da nação a ser resgatada pelos museus (Abreu, 1990, p. 231).

Na sátira, o espaço doméstico, passagens da vida cotidiana dos personagens, enfim, particularidades e detalhes extremamente pessoais são integrados jocosamente como elementos da história. Nas paródias, aspectos banais e triviais do cotidiano são resgatados e destacados constantemente (Robert, 1989): um retrato de Nilo Peçanha sem dentadura, a história das revoltas abafadas por Aurelino Leal, o vintém de uma esmola dada pelo conde Modesto Leal, o primeiro trocadilho de Raul Pederneiras, o colarinho puído de Lima Barreto... uma sátira à concepção aurática do passado, objetos dignos de constar do acervo oficial (*D. Quixote*, 16/7/1919). Critica-se não somente uma determinada concepção de história voltada para o exemplar, mas também a ideia de museu como campo de educação cívico-pedagógica. Em decorrência, também está em questão a própria reconstituição do passado. Que fatos, personagens e objetos se deseja preservar? O que seria digno de ganhar a aura histórica, e o que deveria ser menosprezado e como tal subtraído?

Os objetos podem se apresentar como exemplos de uma construção narrativa, veículos para a transmissão de ensinamentos prefigurados. No Museu Histórico, narram a história pátria dos grandes heróis e mártires, dos grandes feitos e causas, visando à construção de uma consciência cívica, ajudando o Estado a transformar o conjunto da população em cidadãos referenciados à nação (Abreu, 1991, pp. 46-47). De fácil leitura e decodificação, os objetos simbólicos são capazes de familiarizar as pessoas com determinada história, envolvendo-as afetiva e emocionalmente.

Em contraposição a essas ideias, os intelectuais da *D. Quixote* constroem uma narrativa humorística, em que os objetos perdem sua aura e simbolismo para se tornarem simplesmente risíveis, banais, integrados à esfera do cotidiano. Efetua-se, assim, a dessacralização e o destronamento de uma história que se apresenta como mestra exemplar e fonte inspiradora de atitudes e comportamentos: dependendo de quem a conta, a história pode ser encenação, lenda ou fraude, e nesse contexto, considera-se tanto o Museu Histórico quanto o Instituto Histórico e Geográfico como depósitos de quinquilharias, inutilidades e objetos sem sentido. Ou melhor, objetos cujos sentidos foram inventados por aqueles que se autodenominam construtores da memória nacional, caso, por exemplo, de Gustavo Barroso, ironicamente cognominado "camaleão", e de Max Fleiuss, que se torna Macho Flais.

Essa vertente anárquica da história traz uma conclusão de fundamental importância: o Brasil ainda não entrou na história universal moderna! Explicando melhor: a Revolução Francesa de 1789, tida como marco da história moderna, não tinha afetado o país em absolutamente nada! É nesses termos que a revista *D. Quixote* contrapõe-se a um dos fundamentos do imaginário republicano: em 14 de julho de 1890, um decreto dispõe acerca do calendário das festas cívicas e nacionais, e a data é considerada o marco de entrada da nacionalidade brasileira no conjunto das nações modernas (Ferreira Netto, 1989). A revista argumenta que nossa história não se explica a partir de um marco politico, a revolução de 1789, mas de uma festa popular denominada "*Le poisson d'Avril*"; se os ideais políticos da Revolução Francesa não haviam chegado até nós, esses ecos de abril é que iriam marcar profundamente a nacionalidade. Sua origem estaria num edito de Carlos IX, adotando o 12 de janeiro como início do ano, em lugar do 1º de abril.[41] Para fazer troça com as pessoas que resistiram a tal mudança, passou-se a enviar no dia 1º de abril, antigo Ano Novo, saudações-pilhérias anônimas (*D. Quixote*, 3/5/1923 e 2/4/1924) — é a origem do nosso Primeiro de Abril, data que adquiriu forte simbolismo no Brasil!

Quando até a própria data da descoberta do Brasil é objeto de convenção judicial, o que dizer de nossa história?[42] A revista reivindica que o dia 1º de abril seja considerado pelo calendário republicano a data cívica por excelência, observa que é um contrassenso não fazê-lo nesta terra de dias feriados sem propriedade alguma. Denomina então o Primeiro de Abril como "eféméride-síntese", porque homenagearia toda a imensa controvérsia que é a nossa história (*D. Quixote*, 2/4/1924). Mas deixemos falar a própria revista:

> O 1º de abril é que nos parece nacional e principalmente republicano. O que tem sido o regime senão um 1º de abril? Que até para burlar-se de nós, data de 15 de novembro? (*D. Quixote*, 2/4/1924)

A revista declara discordar do pensamento filosófico de Michelet, para quem a Revolução Francesa teria modificado a face social do universo. Teríamos seguido por outro caminho: nossa história não tem nada a ver com a instituída pela filosofia política francesa, fundamentada nos princípios da liberdade,

---

41 Ver Le Goff (1984b).
42 Ao longo da década de 1920 ocorre acirrado debate intelectual sobre a data da descoberta. A Liga Pedagógica lidera a corrente que se opõe à data instituída pelo Calendário Cívico Republicano. A propósito, consultar Ferreira Netto (1989).

da igualdade e da fraternidade. Na charge intitulada "14 de Julho", satiriza-se a ideia dessa associação Brasil-França através da política: uma comitiva de políticos brasileiros e uma colegial, carregando uma braçada de flores, saem para uma visita. Chegando ao local, o grupo anuncia-se ao mordomo: "Desejamos saudar a liberdade, a igualdade e a fraternidade!" O mordomo, muito formalmente, explica: "Não estão em casa. Foram todas passar um tempo fora" (*D. Quixote*, 14/7/1926).

Já vimos que, de modo geral, a tônica das revistas hispano-americanas intituladas "D. Quixote" é a ênfase da ideia da nacionalidade política como cópia, apresentada como farsa — como o imaginário político republicano, que toma como matriz o modelo político francês. O Brasil é comparado a um espectador, que, sentado no camarote municipal, ouve, bate palmas, mas não vê o que se passa no cenário, uma cegueira que torna o nosso país provinciano, uma vez que procura imitar uma realidade que não consegue sequer descortinar.

História confusa e encrencada: é através desses qualificativos que o grupo da *D. Quixote* constrói sua versão da nacionalidade e da modernidade. Há, inclusive, outra seção da revista significativamente intitulada "História encrencada". Nela, um professor de história — João Ribeiro, o "cara de mamão" —, fazendo sabatina a um aluno, indaga:

> — Depois que Cabral pôs o pé no Brasil, que fez ele em seguida?
> — Depois que pôs um pé, pôs o outro que estava no ar...
> (*D. Quixote*, 18/2/1925)

6. O herói *outsider*

A ideia aqui é retomar e desenvolver alguns pontos que me parecem fundamentais na reflexão. Quero deixar claro que outros eixos poderiam ser igualmente relevantes, mas minha proposta é tentar explorar determinados atalhos, com o objetivo de alcançar um horizonte reflexivo mais amplo sobre a problemática de nossa modernidade. Nesse sentido, destaco duas questões.

A primeira refere-se à própria reflexão dos intelectuais humoristas boêmios: quero contextualizá-la em determinada vertente de nossa tradição intelectual, mostrando como reelaboram esse pensamento, contribuindo para a discussão de uma nova estética, mesmo que de forma fragmentária. A segunda questão já tem um caráter mais recapitulador, e a considero o fio condutor desta reflexão. Nela, trabalho com a representação de uma figura que emerge no cenário da modernidade, o intelectual. Pretendo mostrar como o grupo dos humoristas vai esboçando sua autoimagem, inspirando-se nos aspectos tragicômicos e caricaturais. Nesse sentido, coincidem o nosso modernismo, o hispano-americano e o da geração espanhola de 1898.

No final do século XIX e início do XX há uma vertente de pensamento, baseada sobretudo nas obras de Nietzsche e Bataille, que defende o descontrole da razão, e propõe a ultrapassagem de seus limites como única forma possível de filosofar. Nesse contexto, articulam-se o riso e a sabedoria: "Que seja tida como falsa toda verdade que não seja acompanhada de uma risada", sentencia Zaratustra. Só através do riso é que ultrapassaremos a finitude da razão, da verdade e do ser (Alberti, 1994).

O grupo dos intelectuais humoristas cariocas compartilha essas ideias nietzschianas, reafirmando a necessidade de "rir de tudo, inclusive de nós mesmos". Também procura romper com o princípio utilitário e racionalista da sociedade moderna: "Nós não visamos nenhuma utilidade, a não ser o riso". Chistosamente, o pessoal da *D. Quixote* vislumbra a lógica da loucura como possibilidade de resgatar o bom senso, reverte-se jocosamente a tradicional ordem de valores: no manicômio estão aqueles que têm juízo e capacidade de pensamento próprio; é pelo caminho da "desrazão" que se chega à outra razão, é pelo riso que alcançamos a lucidez e a verdade. Já vimos um dos lemas da *D. Quixote*: "Toda a verdade dita a sorrir".

Na virada do século, o espírito imaginativo e a força do subconsciente exercem papel marcante no processo reflexivo, através de autores como Nietzsche, Bergson e Freud. Também entre os intelectuais humoristas é nítida a influência filosófica de Nietzsche e de outros autores modernos, como Schopenhauer e Baudelaire, sendo Goethe e Rabelais referências constantes. Na revista *D. Quixote*, alguns pseudônimos parodiados de autores, personagens ou temas são especialmente reveladores dessa filiação: Zaratustra, Mefisto, Chopp Hauer, Spleen e Bacoge (Baco hoje). Em seus textos são recorrentes a irreverência, o humor e o riso, destacam-se a arte, a inventividade, a festa, a música, a embriaguez dos sentidos (a cidade aparece frequentemente de cabeça para baixo no carnaval e no verão). A ideia de nacionalidade é dionisíaca (Bacoge): "Sofremos o ano inteiro, no carnaval vivemos", afirma a D. *Quixote*.

Essas ideias assinalam a sintonia do grupo com determinadas tradições e vanguardas do pensamento europeu, mas é necessário ir um pouco além, tentar contextualizar esses elementos culturais em nossa própria tradição intelectual. Por que nesse momento o riso aparece como saída? Por que é insistentemente associado à verdade? Como se articula, enfim, com a ideia de brasilidade e de moderno?

Essas questões já foram em parte respondidas, mas quero aprofundar a discussão um pouco mais. Ao longo deste livro propus outra maneira de pensar o nosso modernismo, extrapolando seus marcos temporais e espaciais. Reafirmo essa proposta agora, seguindo a sugestão de Eduardo Jardim de Moraes, que defende a existência de um pensar filosófico moderno anterior ao movimento modernista.

Essa tradição implica duas maneiras distintas de se pensar a nossa cultura. A primeira inspira-se no espírito crítico-analítico, recorrendo às categorias racionais como via de acesso à nacionalidade. O espírito de pesquisa configura-se como instrumental imprescindível nesse processo de reflexão; o trabalho desenvolvido por Sílvio Romero, por exemplo, se inscreve nessa vertente de pensamento. Já a segunda via privilegia a intuição como canal adequado para o entendimento do nacional: não se trata de acessar as categorias analítico-reflexivas, preferindo-se, ao contrário, os caminhos ditados pela emoção e pela intuição. Descarta-se a ciência, argumentando-se que ela produziria uma compreensão fragmentada da realidade; em contraposição, a arte abrigaria o espírito da nacionalidade. Conforme já mencionamos, Graça Aranha se apresenta como o principal formulador dessas ideias.

Essa vertente de pensamento baseada na intuição tem sólidas raízes em nosso solo cultural. Reinterpretada pelas mais diversas correntes de pensamento, inspira tanto a vertente con-

servadora do modernismo paulista, composta pelos Verde-
-Amarelos, como a teoria antropofágica de Oswald de Andrade.

Na reflexão de Gonzaga Duque também encontramos esse papel redentor atribuído à arte, considerada "alma da nacionalidade": a arte estaria implícita em nossa formação étnica e nas forças cósmicas da nacionalidade. Em seu discurso durante a Exposição Internacional de 1908, Gonzaga Duque salienta esse ponto de vista, afirmando que a arte não depende de um movimento de ideias — esse aspecto é importante, na medida em que traduz uma determinada visão do nacional, compreendido como "modo de ser e de sentir" de um povo. Em nossas reflexões intelectuais, frequentemente privilegiam-se a imaginação, a intuição e o senso estético como traços explicativos do chamado caráter nacional.

Em minha opinião, o grupo dos humoristas cariocas inspira-se nessa visão da nacionalidade referenciada pela intuição, pela emoção, e, sobretudo, pela apreensão direta da realidade. Em seus escritos e charges são recorrentes a crítica aos ideais da racionalidade, da cientificidade, e, sobretudo, à erudição. Os *pince-nez* na ponta do nariz, livros debaixo do braço, cabeças desproporcionais em relação ao conjunto do corpo são traços caricaturais fartamente explorados nas charges desses intelectuais, nas quais se questiona uma determinada maneira de ver o Brasil — ou seja, por trás das lentes professorais, das páginas de tratados volumosos ou dos discursos acadêmicos. O que está em questão é o lugar onde se situa o observador e o instrumental que este utiliza para ver seu país.

Nas revistas humorísticas são inúmeras as caricaturas da figura de Rui Barbosa. Há várias charges especialmente significativas, em que seu cérebro aparece como uma monumental biblioteca abarrotada de estantes de livros. O corpo praticamente desaparece, soterrado por tal carga de informações; é clara a intenção de satirizar um tipo de aprendizagem que privilegia o acúmulo de informações em detrimento da experiência e da vivência. O "aprendizado da vida", o poder da criatividade, a inventividade e o espírito de irreverência —são esses os valores que contam para o grupo.

Revista da Semana, *10/8/1918*

Essas ideias se fazem especialmente presentes nos escritos de José do Patrocínio e Paula Nei, figuras referenciais para os boêmios humoristas. Criticando o hábito de leitura de nossos intelectuais como salvo-conduto para a compreensão de seu país, Paula Nei satiriza: "Ninguém come um boi inteiro. Para nutrição basta um bife". Menciona, a seguir, o exemplo de José do Patrocínio, que sabia tirar de uma única página meditação suficiente para agir na sociedade. Assim, observa, as lições do "livro da vida" são mais importantes do que a "lengalenga das obras". O livro é água estagnada ou recolhida em pote, conclui ironicamente.[43]

Para esse grupo de intelectuais, a conversação calorosa, o gestual, a comunicação visual, a andança pelas ruas da cidade, as noitadas nos cafés boêmios e as festas populares ensinariam mais sobre o país do que a leitura dos livros. Vale lembrar a prática dos "jornais falados" e das conferências humorísticas ilustradas, nas quais os *intelectuais-atores* teatralizam chistosamente para a plateia seu papel de indivíduos pensantes, se apresentam como os "ases da imprensa", dramatizando a necessidade de uma reflexão ágil. É patente a crítica ao lado "doutor" de nossa cultura.

E é nesse sentido que o pessoal da *D. Quixote* satiriza os intelectuais, que, de maneiras diversas, assumem uma perspectiva científico-analítica da realidade. É o caso da crítica dirigida aos intelectuais do Instituto Histórico, satirizados pelo hábito compulsivo de colecionar fichinhas nas gavetas. Também o Museu Histórico, através de Gustavo Barroso, torna-se objeto de sátira por seu afã de colecionar objetos da história pátria, e os intelectuais da Academia recebem igual desqualificação por sua postura solene e seus discursos tediosos. A própria figura de Mario de Andrade seria objeto de sátira, e a crítica incide justamente sobre sua abordagem da cultura popular: em uma capa da *D. Quixote,* Mario aparece ao lado do Jeca tentando ensiná-lo a ser moderno e futurista. Não encontrei nenhuma alusão satírica à figura de Oswald de Andrade.

Esses dados já nos permitem chegar a algumas conclusões quanto à percepção da nacionalidade por parte desses intelectuais. O grupo da *D. Quixote* configura o país por um prisma mais direto, sensitivo e fortemente calcado no impacto da percepção visual e humorística, são evidentes suas sátiras aos procedimen-

---

43 Uma reflexão sobre os valores culturais da primeira geração do grupo boêmio pode ser encontrada em "Um folhetinista oral: representações e dramatizações da vida intelectual na virada do século XIX. In: A. H. Lopes, M. P. Velloso, & S. J. Pesavento. *História e linguagens: texto, imagem, oralidade e representações*, pp 205-224. Rio de Janeiro: FCRB/ Sete Letras, 2006.

tos tradicionais da pesquisa. Lima Barreto, por intermédio de seu personagem Gonzaga Sá, critica a postura do historiador, sempre embasado na documentação; sugere outro caminho memorialístico, baseado na sensibilidade e na percepção artística e intuitiva, e é nesse sentido que defende a ideia do *historiador-artista*, que, em vez de recorrer a documentos, deve tornar a *vida* como fonte de sua narrativa. Nessa perspectiva, não deve haver intermediação entre arte, pensamento, vida e nacionalidade.

Para os caricaturistas, a imagem se configura como o canal mais adequado para expressar ideias e sensações, e essa perspectiva tem a ver com os fundamentos da estética simbolista, fonte inspiradora do modernismo carioca. É Gonzaga Duque quem chama atenção para o fato, destacando no trabalho dos caricaturistas o espírito de síntese, a força das sensações e a concepção de um *mundo-imagem*. O modernismo hispano-americano também se inspira nos fundamentos da estética simbolista, enfatizando a sinestesia, a plasticidade e a agilidade. Frequentemente, os escritores latinos, através da imprensa, se insurgem contra os "doutores", defendendo a necessidade de uma comunicação mais direta e imediata.

Em seus escritos e charges, a equipe da *D. Quixote* enfatiza constantemente os aspectos paradoxais, contrastantes e caóticos da realidade. É realçando os traços do grotesco, por meio da linguagem caricatural, que particularizam determinada visão de mundo, e aí reside precisamente um dos recortes deste trabalho. Em vez de discutir a instauração da modernidade brasileira a partir da ideia de um movimento organizado e datado, preferi adentrar o domínio acidentado do cotidiano. Por meio de que ideias, imagens e linguagens se exprimia o moderno?

Entramos na segunda questão que propus como eixo de discussão. Nas caricaturas da revista *D. Quixote* e nos escritos de alguns autores espanhóis modernistas, encontrei um caminho fecundo e original. A partir dessas fontes foi possível acompanhar outro desenho do moderno, inspirado sobretudo na figura paradoxal do intelectual. Gostaria de me deter um pouco mais nesse aspecto.

Já vimos que pertence aos tempos modernos a imagem do intelectual como indivíduo rebelde, capaz de empunhar bandeiras reivindicatórias. Mais precisamente, essa imagem tem sua origem no denominado "Manifesto dos Intelectuais" (1897), sob a liderança do escritor Emile Zola. A partir daí, a figura do intelectual passa a ser associada às funções de vanguarda e de luta pela conquista da justiça e do bem comum. No entanto, a construção do imaginário do intelectual na modernidade não se restringe apenas a essas ideias. Além da missão grandiosa e vanguardista que lhe é atribuída, há outros valores em jogo.

Penso em alguns escritos baudelairianos de *O spleen de Paris* (1867), que oferecem aspectos sugestivos na constituição desse imaginário. Ocorre-me particularmente o conto que narra a passagem do poeta pelo viaduto da cidade moderna. Atordoado pelo fluxo do trânsito e pelas novidades a que ainda não se acostumara, o poeta se confunde, e acaba deixando cair sua aura. A partir desse momento, passa a ser um homem comum, mas não consegue sê-lo totalmente. Instintivamente, ao fazer o gesto para reter a aura, cambaleia e tropeça, perdendo o equilíbrio. Ao encenar esse gestual, incorpora o ridículo, provocando o riso dos outros. O poeta torna-se o *clown*...

Essa imagem marginal do artista é reforçada por Baudelaire em outro conto, "O velho saltimbanco", no qual o autor descreve uma feira onde se exibem as últimas conquistas da modernidade. Tudo é luz, brilho, movimento e magia, só uma barraca destoa desse clima feérico. Pertence a um homem velho, solitário e maltrapilho; tudo ao seu redor está às escuras, o ambiente é triste e decadente. Consternado com essa visão, Baudelaire conclui:

> Acabo de ver a imagem do velho homem de letras que sobreviveu à geração de que foi brilhante animador; do velho poeta sem amigos, sem família, sem filhos, abatido pela miséria e pela ingratidão pública, e em cuja barraca o mundo ingrato não quer mais entrar.

Nos escritos baudelairianos, temos uma reflexão sobre o papel do intelectual e do artista na sociedade moderna. É nítida a solidão, a decadência, e também o ridículo vivenciado por esse personagem. Na dança desengonçada para reter sua aura, ou confinado na barraca escura da feira moderna, o "homem de letras" é um ser à parte —alguém, enfim, que pertence a outro tempo, e que parece movido por uma escala de valores distinta da de seus semelhantes. Na visão de Baudelaire, o poeta luta para transformar-se em homem comum, misturando-se à multidão e à cidade para melhor senti-las, uma vivência de choque entre o sublime e o vulgar, o imortal e o mortal.

Nesse contexto, a reflexão filosófica de Miguel de Unamuno (1905) ganha particular relevância: de um lado, integra a visão marginal do intelectual; de outro, reforça a ideia deste como um herói, incumbido de uma missão social regeneradora. É através do paradigma quixotesco que Unamuno pensa a figura do intelectual na modernidade, ao mesmo tempo líder e *outsider*, herói e anti-herói.

A vertente da modernidade espanhola, conforme já vimos, inspira-se no aspecto místico e espiritualista, "*volver con sabor moderno, no con ciencia, a nuestros místicos*". É a partir dessa proposta que o autor atualiza a figura do personagem cervantino D. Quixote, incorporando-a à modernidade: na figura do intelectual, D. Quixote torna-se o herói moderno.

Neste sentido, gostaria de retomar algumas ideias de Unamuno, para mostrar como ele constrói o imaginário desse personagem moderno que é o intelectual. Sua atuação na sociedade é um ponto de fundamental importância. Unamuno parte do seguinte raciocínio: o intelectual, enquanto herói moderno, não é um homem comum, por isso ele atua em outra dimensão, distinta do senso comum. Vale lembrar a expressão unamuniana "*ex-istere*", cuja tradução literal seria "existir fora". O herói moderno e/ou o intelectual não pertencem ao mundo das aparências, por isso se colocam como "seres à parte". No entanto, segundo a lógica do autor, essa posição é apenas estratégica. O intelectual só consegue efetivamente atuar no plano social a partir do momento em que assume sua diferença em relação aos demais, e este é, a meu ver, um dos aspectos centrais da reflexão do autor. É aí precisamente que se estabelece a relação entre heroísmo e riso, ou entre humor e modernidade.

O herói moderno ou o intelectual só poderá exercer o papel grandioso a que está destinado se souber posicionar-se como *clown*, o que significa se fazer passar por louco para poder proferir verdades. Só assim é escutado, só assim ocorre a "quixotização" do mundo, conforme o ideal de Unamuno — está construída a metáfora que identifica o intelectual moderno com o personagem cervantino. Se ele incorpora aspectos de forte tragicidade — solidão, altruísmo, idealismo extremado —, é inegável que também tem raízes no cômico: o cavaleiro da triste figura só tem sentido ao lado de seu risonho e desastrado escudeiro, duas forças contraditórias que se complementam.

A meu ver, são essas ideias que unem o modernismo brasileiro ao espanhol e ao hispano-americano, no que se refere à inserção conflituosa e burlesca do intelectual. A imagem caricatural deste último enquanto figura quixotesca, que luta incessantemente por coisas que ele próprio considera às vezes inatingíveis, é uma realidade palpável entre nós. Importa lutar, e não necessariamente chegar lá: "*A vencer o a morir!... de risa*", proclama chistosamente um dos editoriais da revista espanhola *D. Quijote*.

Ante os impasses da modernidade, o humor se apresenta como canal de expressão para os intelectuais boêmios, e isso é válido tanto para os intelectuais espanhóis da geração de "98" quanto para os modernistas hispano-americanos da virada do século XIX, e também para o nosso grupo. Pode-se dizer que o denominador comum entre esses intelectuais é o forte desencanto com o universo da política e a busca de novas formas de expressão através da arte, principalmente da caricatura.

Ao longo deste livro procurei destacar a importância dos intelectuais boêmios na elaboração de uma reflexão sobre a figura do intelectual moderno, em que estão subentendidos não apenas uma determinada forma de ver o Brasil, mas também o lugar de onde se observa o país. Os boêmios trazem um dado extremamente interessante para o debate: a legitimação dos cafés literários enquanto canais de sociabilidade cultural.

É interessante destacar que nessa discussão geralmente entram em confronto os intelectuais boêmios e aqueles ligados ao mundo acadêmico. Na Espanha, Miguel de Unamuno defende a importância cultural dos cafés, contra-argumentando a teoria do acadêmico Marañon, para quem os frequentadores dos cafés seriam incapazes de fazer história, contribuindo apenas para envenená-la. Unamuno é categórico ao afirmar: a história, o progresso e a civilização não são acaso veneno?

No Brasil, Machado de Assis convence seus pares acadêmicos da impropriedade da entrada de Emilio de Menezes na instituição, devido à vida boêmia que levava nos cafés. Mais tarde, Emílio retorna essa questão, insistindo na importância dos cafés como lugar de cultura. Esse assunto é importante, e é sintomático que seja frequentemente abordado nos discursos de posse dos intelectuais acadêmicos: seja para defender os cafés literários como ambiência adequada ao intelectual, seja para condená-los, o que importa é que se esteja discutindo os cafés como lugar de sociabilidade no mundo moderno, pois também se estará discutindo a natureza do processo reflexivo e a área de atuação do intelectual na sociedade.

Essa polêmica entre os intelectuais boêmios e os acadêmicos faz parte de um processo histórico mais amplo, que diz respeito ao reconhecimento do humor como forma de expressão social. Peter Burke[44] observa que a ofensiva cultural contra o humor não partiu apenas do clero — especialmente organizado no Concilio de Trento (1545-63) —, mas é fruto de uma mudança de atitude das "classes altas" em relação às camadas populares. Se o grotesco, a irreverência e o hábito de ridicularizar eram elementos comuns aos vários grupos sociais, no final do século XVI passam a ser assuntos proibidos. O surgimento das academias no século XVII viria configurar outro canal de

---

[44] Na palestra "História Social do Humor", proferida na Universidade Federal Fluminense, em 1/6/1995.

sociabilidade, reforçando esse distanciamento cultural, e nesse quadro, segundo Burke, se verifica a contraofensiva cultural dos humoristas em relação à Academia.

Já vimos como ocorre esse processo. O grupo dos intelectuais humoristas brasileiros demonstra estar a par dessa tradição cultural que parodia a Academia. Raul Pederneiras, por exemplo, menciona o Club des Ânes na França, onde cada acadêmico seria um "membrâne" (membro-asno); todos os sócios do clube teriam pseudônimos com o prefixo "âne": análise, anapeste, anagrama, anátema (Pederneiras, 1906). Era uma maneira de ridicularizar a "seriedade" e a erudição acadêmicas, e, possivelmente, sua distância em relação às manifestações da cultura popular.

Essas ideias denotam o quanto os intelectuais humoristas estão envolvidos com a questão da nacionalidade, particularizando-a através da arte e da cultura. Ao escolher o humor como canal de comunicação, o grupo expressa outra possibilidade de pensar o país. É preciso que fique claro que tal postura, contrária aos padrões da racionalidade analítica, não significa incompatibilidade com a lógica e com o pensamento. O grupo insiste na necessidade de articular riso e pensamento ou, de acordo com suas próprias palavras, sal e sabedoria.

Embora os membros do grupo critiquem o procedimento criterioso de seus pares na elaboração de uma memória do país, na realidade também estão envolvidos nesse processo: é sintomático o esforço memorialístico da D. Quixote para construir outra narrativa de nossa história, referenciada pelo humor, chama a atenção seu empenho em sistematizar ideias, elaborando vários tipos de antologias, como a dos autores humoristas brasileiros, a dos caricaturistas e a da história da cidade do Rio de Janeiro, incluindo-se aí a própria história do grupo. Criticando a visão da nossa literatura, calcada na tristeza nacional, a revista se propõe a organizá-la através do referencial humorístico.

Essas ideias sugerem a necessidade de se repensar a articulação dos intelectuais humoristas com a problemática da nacionalidade e da modernidade. O grupo dirige sua crítica particularmente aos canais institucionais, como a Academia, o Instituto Histórico e Geográfico, o Museu Histórico Nacional, e até mesmo ao ensino ministrado nas escolas públicas, coloca-se contra a visão de cultura elaborada pelos mais diversos canais da sociedade. Tal fato me faz pensar: até que ponto os membros do grupo não estariam elaborando uma espécie de projeto de contracultura?[45] Por meio de seus "poemas-punhais" e "floretes-sátiras", se propõem a explodir os alicerces da sociedade, reconstruindo-os pela arte, considerada a única saída possível no processo reflexivo. É nesse sentido que a categoria da marginalidade acaba sendo valorada pelo grupo, que a identifica com a ideia de vanguarda.

Vejamos como se dá essa articulação entre *vanguarda* e *marginalidade*. Nos editoriais das revistas humorísticas, é recorrente a ideia de associar o humor à capacidade de crítica social. Por que esses intelectuais se colocam como detentores do espírito crítico? Afinal de contas, o que os distinguiria de seus pares?

Além dos atributos que julgam ter a mais em relação aos outros — imparcialidade, senso de justiça e mordacidade —, os humoristas estabelecem sua distinção pela coragem e ousadia. O raciocínio é mais ou menos assim: já que ninguém os leva a sério, porque sempre se expressam de maneira jocosa e brincalhona, então, eles podem efetivamente falar sério. Donde se conclui que o grupo busca estabelecer, através do humor, outra modalidade de comunicação social, que passa frequentemente pela teatralização — é necessário fazer rir, mostrar o ridículo das coisas, enfim, ser *clown*.

Vale lembrar o editorial da revista *A Garra* em que o boêmio se compara chistosamente ao bom vinho: ele não engana os seus consumidores (leitores) porque é fruto das melhores e das mais elaboradas colheitas; é honesto e faz rir, é verdadeiro e, em sua verdade, é capaz de trazer à superfície os segredos mais recônditos da alma humana.

---

45 Penso o conceito de "contracultura" não como o fenômeno histórico concreto que acontece no Brasil na década de 1960, mas como postura de crítica radical em relação às culturas oficial e convencional.

Essa percepção do intelectual como pessoa que se destina a revelar verdades é bem demarcada; podemos encontrá-la em quase todas as nossas revistas humorísticas, assim como nas revistas espanholas e hispano-americanas. O tradicional provérbio latino *"ridendo castigat mores"* está presente em quase todas essas publicações, e o caricaturista Yantok pintou um quadro onde o grupo aparece reunido sob essa inscrição; nas estantes estão expostos volumes das revistas *D. Quixote, Fon-Fon* e *O Malho*. É forte, portanto, a ideia do humor como elemento de filiação intelectual, cuja função é desmascarar a sociedade pelo ridículo.

É aqui precisamente que entra a argumentação em defesa da linguagem caricatural, destacando-se sua eficácia social. Cabe lembrar os escritos de Raul Pederneiras sobre a expressividade dessa nova forma de comunicação, que teria a capacidade de driblar a censura — um aspecto interessante, constantemente destacado. O humor teria a vantagem de ampliar a comunicação: a ênfase no visual atrai um número maior de pessoas, e o desenho diz coisas que a linguagem escrita não pode dizer. Tais ideias são claramente explicitadas, mostrando que o grupo tem mais consciência de sua atuação do que se supõe. A escolha da caricatura como veículo privilegiado dessa comunicação com o público é um aspecto importante; na época são inúmeros os escritos, quadrinhas e odes exaltando essa forma de comunicação, por sua capacidade de vidência, sagacidade, vivacidade e mordacidade.

Curiosamente, esse também é o perfil do intelectual humorista. Já vimos que o humorista carioca faz-se representar pelo boêmio, pelo *bon vivant* e pelo malandro, que é mordaz e vivo; mas há outro lado, o lutador, que tem algo de vidente, já que adivinha os anseios sociais, passando a defendê-los. A primeira imagem pode ser corporificada no Degas, personagem-símbolo da revista que tem esse nome; já o lutador e justiceiro se faz representar pelo Avança, personagem-símbolo da referida publicação.

As revistas humorísticas ilustradas contribuíram para a

elaboração de uma nova estética, fortemente inspirada na visualidade. É significativo denominar os caricaturistas "humoristas da imagem". Através da caricatura, seja pictórica ou escrita, esses intelectuais ampliam as possibilidades e as modalidades de comunicação da linguagem. Embora questionem frequentemente sua posição de marginalidade, parece-me que acabam construindo sua identidade inspirando-se precisamente nesse conceito, ou, se quiserem, nessa vivência.

Vimos o quanto foi expressiva sua participação na imprensa diária, onde eram reconhecidos como a *great attraction*. Além do mais, participavam com frequência dos eventos sociais mais expressivos da cidade, embora talvez não da forma que desejassem... Cabe indagar até que ponto, efetivamente, não se identificariam como *outsiders,* vislumbrando nessa condição outra modalidade participativa.

Referências Bibliográficas

Livros e artigos

Adler Pereira, V. (1981). *Momento teatral - cultura e poder nos anos 40* (Dissertação de Mestrado). Rio de Janeiro: PUC.

Agostinho, C. (1994). *Luz del Fuego: a bailarina do povo*. São Paulo: Best Seller (Projeto ganhador da bolsa Vitae de Cultura, 1989).

Alberdi, J. B. (1838). Del uso del comico in Sud America. In: José A. Oría ed. (1986). *Escritos satíricos y de crítica literaria.* Buenos Aires: Academia Argentina de las letras.

Alberdi, J. B. (1887). Peregrinación de Luz del Día. In: Emilio Carila, (1951). *Cervantes y América*. Buenos Aires: Imprensa de la Universidad.

Alberti, V. (1994). *O riso, as paixões e as faculdades da alma.* Trabalho apresentado no XVIII Encontro Nacional da Anpocs.

Almeida, F. (jun. 1905). D. Quixote e Sancho Pança. *Kosmos*, Rio de Janeiro.

Almeida, J. L. (dez.1906). O gesto. *Kosmos*, Rio de Janeiro.

Alonso, C. (1987/88). De mitos y parodias quijotescas en torno al novecientos. *Anales Cervantinos*. Madri: Consejo Superior de Investigaciones Científicas.

Amaral, A. (1992). Antes da semana. *Artes plásticas na Semana de 1922*. São Paulo.

Andrade, M. (1938/ 1975). O artista e o artesão. *O baile das quatro artes*. São Paulo: Martins Fontes.

Antelo, R. (1989). *João do Rio e a especulação*. Rio de Janeiro: Timbre.

Assis Barbosa, F. (1959). *A vida de Lima Barreto*. Rio de Janeiro: José Olyrnpio.

Assis Barbosa, F. (1983). O carioca Lima Barreto e o sentido nacional de sua obra. In: Afonso Carlos Marques Santos. *O Rio de Janeiro de Lima Barreto*. Rio de Janeiro: Rioarte.

Aznar Soler, M. (1980). Bohemia y burguesía en la literatura finisecular. In: José Carlos Mainer. *Modernismo y 98*. Barcelona: Crítica.

Machado de Assis, J. (1938/ 1959). *A semana (1894-95)*. Rio de Janeiro: Jackson.

Baeta Neves, L. 1979. A ideologia da seriedade e o paradoxo do coringa. *O paradoxo do coringa*. Rio de Janeiro: Achiamé.

Bahia, J. (1990). *História da imprensa brasileira - jornal, história e técnica*. São Paulo: Ática.

Bakhtin, M. (1929/ 1981). *Problemas da poética de Dostoievski*. Rio de Janeiro: Forense.

Bakhtin, M. (1965/ 1987). *A cultura popular na Idade Media e no contexto de François Rabelais*. São Paulo: Hucitec.

Balandier, G. (1982). *O poder em cena*. Brasília: UnB.

Bandeira, M. (1937) *Crônicas da província do Brasil*. Rio de Janeiro: Civilização Brasileira.

Barbosa, J. A. (1974). *A tradição do impasse*. São Paulo: Ática.

Barbosa, J. A. (1977). *José Veríssimo: teoria, crítica e história literária*. São Paulo: Edusp.

Barbosa, O. (1922/ 1993). *Bambambã*. Rio de Janeiro: Secretaria Municipal de Cultura.

Barreto, L. (1956). *Vida e morte de Gonzaga Sá*. São Paulo: Brasiliense.

Bastos Tigre, M. (1905). *Versos perversos*. Rio de Janeiro: Coutinho.

Bastos Tigre, M. (1882-1957/ 1992) *Reminiscências: a alegre roda da Colombo e algumas figuras do tempo de antigamente*. Brasília: Thesaurus.

Baudelaire. (S.d.) *O spleen de Paris*. Lisboa: Relógio d'Agua.

Baudelaire. (1857/ 1964). *Les fleurs du mal*. Paris: Garnier-Flamarion.

Baudelaire. (1863/ 1991). *Escritos sobre arte*. São Paulo: Edusp.

Benjamin, Walter. (1975). *A modernidade e os modernos*. Rio de Janeiro, Tempo Brasileiro.

Benjamin, Walter. (1987). Sobre o conceito de história. *Obras escolhidas*. (Vol. 1). São Paulo: Brasiliense.

Bergson, H. (1987). *O riso: ensaio sobre a significação do cômico*. Rio de Janeiro: Guanabara.

Berman, M. (1986). O modernismo nas ruas. *Tudo que é sólido se desmancha no ar: as aventuras da modernidade*. São Paulo: Companhia das Letras.

Bilac, O. (1912). *Conferências literárias*. Rio de Janeiro: Francisco Alves.

Bilac, O. (1917/ 1965). *A defesa nacional*. Rio de Janeiro: Biblioteca do Exército.

Bomeny, H. (1994). *Guardiães da razão: modernistas mineiros*. Rio de Janeiro: UFRJ/Tempo Brasileiro.

Braith, E. (1994). *Ironia em perspectiva polifônica*. São Paulo: USP. (Tese em Livre Docência, Departamento de Letras.)

Broca, B. (1956). *A vida literária no Brasil - 1900*. Rio de Janeiro: MEC.

Buarque de Holanda, H. (1993). *Ensaístas brasileiras, mulheres que escreveram literatura e artes (1800-1991)*. Rio de Janeiro: Rocco.

Calvino, I. (1992). *Porque leer los clasicos?* Barcelona: Tusquets.

Câmara Cascudo, L. (1952). Com Dom Quixote no folclore do Brasil. *Revista de Dialectologia y Tradiciones Populares*. Madri: Consejo Superior de Investigaciones Científicas, 8.

Câmara Cascudo, L. (1976). Imagens de Espanha no popular do Brasil. *Revista de Dialectologia y Tradiciones Populares*. Madri: Consejo Superior de Investigaciones Científicas, 32.

Câmara Cascudo, L. (1952/ 1982). *Dicionário do folclore brasileiro*. Belo Horizonte: Itatiaia.

Cândido, A. (1987). Os primeiros baudelairianos. *A educação pela noite*. São Paulo: Mica.

Carilla, E. (1951). *Cervantes y América*. Buenos Aires: Imprensa de la Universidad.

Carvalho, J. M. (set. 1984; abr. 1985). O Rio de Janeiro e a República. *Revista Brasileira de História* (Cultura e cidades). São Paulo: Marco Zero, 5 (8/9).

Carvalho, J. M. (1987). *Os bestializados: o Rio de Janeiro e a República que não foi*. São Paulo: Companhia das Letras.

Carvalho, J. M. (1988). Aspectos históricos do pré-modernismo brasileiro. *Sobre o pré-modernismo*. Rio de Janeiro: Fundação Casa de Rui Barbosa.

Carvalho, J. M. (1990). *A formação das almas: o imaginário da República no Brasil*. São Paulo: Companhia das Letras.

Carvalho, J. M. (1992). Interesses contra a cidadania. In: Roberto da Mata et alii. *Brasileiro: cidadão?* São Paulo: Cultura.

Carvalho, L. (25/6/1942). Os caricaturistas e o teatro no Rio de Janeiro. *Vamos Ler.*

Castro, R. (1992). *O anjo pornográfico.* São Paulo: Companhia das Letras.

Castro Gomes, A. (1993). Essa gente do Rio... Os intelectuais cariocas e o modernismo. *Estudos Históricos.* Rio de Janeiro: CPDOC (11).

Catálogo da 1ª Exposição dos Humoristas. (1916). Rio de Janeiro: Jornal do Brasil,

Chalhoub, S. (1986). *Trabalho, lar e botequim: o cotidiano dos trabalhadores na Belle Époque.* São Paulo: Brasiliense.

Chartier, R. (1992). *El mundo como representación: historia cultural entre practica y representación.* Barcelona: Gedisa.

Chartier, R. (1994). A história hoje: dúvidas, desafios, propostas. *Estudos Históricos.* Rio de Janeiro, 7.

Cirlot, J. E. (1992). *Diccionario de símbolos.* Barcelona: Labor.

Cordeiro Gomes, R. (1994). *Todas as cidades, a cidade: literatura e experiência urbana.* Rio de Janeiro: Rocco.

Costa, V. (1979). Apresentação de Dante Milano. *Prosa e poesia.* Rio de Janeiro: UERJ/Civilização Brasileira.

Costa Lima, L. (1981). *Dispersa demanda: ensaios sobre literatura e técnica.* Rio de Janeiro: Francisco Alves.

Costa Lima, L. (1986). Cervantes: a separação entre o fictício e o ficcional. *Sociedade e discurso ficcional.* Rio de Janeiro: Guanabara.

Costallat, B. (1922). *Diplomacia em ceroulas. Mutt, Jeff & Cia:* crônicas. Rio de Janeiro: Leite Ribeiro,

Cotrim, A. (14/8/1974). O suave caricaturista da classe media carioca. Rio de Janeiro, *Jornal do Brasil.*

DaMatta, R. (1981). *Carnavais, malandros e heróis: para uma sociologia do dilema brasileiro.* 3. ed. Rio de Janeiro: Zahar.

DaMatta, R. (1987). *A casa e a rua;* espaço, cidadania, mulheres e morte no Brasil. Rio de Janeiro: Guanabara.

Darnton, R. (1990). *Obeijo de Lamourette: mídia, cultura e revolução.* São Paulo: Companhia das Letras.

Dimas, A. (1983). *Tempos eufóricos: análise da revista* Kosmos, *1904-1909.* São Paulo: Ática.

Drummond de Andrade, C. (1990). Jornal falado no salão Vivácqua. *Boi tempo II.* Rio de Janeiro: Record.

Duby, G. (1988). En la historia de la Historia. *Diálogos sobre la Historia: conversaciones con Guy Lardreau.* Madri: Alianza.

Duque Estrada, L. G. (Gonzaga Duque) (mai, 1906). Imagistas nefelibatas. *Kosmos*, Rio de Janeiro

Duque Estrada, L. G. (Gonzaga Duque) (1908). Os pintores da fealdade *Kosmos*, Rio de Janeiro

Duque Estrada, L. G. (Gonzaga Duque) (1929). *Os contemporâneos: pintores e escultores.* Rio de Janeiro: Tipografia Benedito de Souza.

Duque Estrada, L. G. (Gonzaga Duque) (1924). Prefácio. In: Raul Pederneiras. *Cenas da vida carioca.* Rio de Janeiro: Jornal do Brasil.

Duque Estrada, L. G. (Gonzaga Duque) (1900/ 1973). *Mocidade morta.* Rio de Janeiro: Editora Três.

Edmundo, L. (1957). *O Rio de Janeiro do meu tempo.* Rio de Janeiro: Conquista, 4v.

Efegê, J. (1985). *Meninos, eu vi.* Rio de Janeiro: Funarte.

Fabris, A. (1994). Modernidade e vanguarda: o caso brasileiro. *Modernidade e modernismo no Brasil.* São Paulo: Mercado das Letras.

Ferraz, A. (1987). *Bastos Tigre: eclética trajetória*. Rio de Janeiro: Editores Associados.

Ferreira Netto, E. L. (1989). *O improviso da civilização: a nação republicana e a construção da ordem no final do século XIX*. Niterói: UFF. (Dissertação de Mestrado)

Fleiuss, M. (1916). A caricatura no Brasil. *Revista do Instituto Histórico e Geográfico Brasileiro*, Rio de Janeiro, 80.

Fontes, M. (S.d.) *Nós, as abelhas: reminiscências da época de Bilac*. São Paulo: J. Fagundes.

Foucault, M. (1981). *A palavra e as coisas: uma arqueologia das ciências humanas*. São Paulo: Martins Fontes.

Fox, E. I. (1980). El año de 1898 y el origen de los "intelectuales". In; José Carlos Mainer. *Modernismo y 98*. Barcelona: Crítica.

Francastel, P. (1965). *Peinture et société*. Paris: Gallimard.

Frieiro, E. (1957). *O brasileiro não é um povo triste*. Rio de Janeiro: Instituto Nacional do Livro.

Funarte. (1982). *As vidas de Bastos Tigre: centenário de nascimento (1882/1982)*. Rio de Janeiro: Funarte. (Catálogo de Exposição na Biblioteca Nacional.)

Fundação Casa de Rui Barbosa. (1988). *Sobre o pré-modernismo*. Rio de Janeiro: Fundação Casa Rui Barbosa.

Gagnebin, J. M. (1987). *Benjamin: os cacos da história*. São Paulo: Brasiliense.

Gens, A. & Carvalho Gens, R. M. (1993). O taquígrafo das esquinas. In: Orestes Barbosa. *Bambambã*. Rio de Janeiro, Secretaria de Cultura.

Gil, R. (nov. 1944). O século boêmio. *Dom Casmurro*, Rio de Janeiro.

Ginzburg, C. (1987). *O queijo e os vermes: o cotidiano e as ideias de um moleiro perseguido pela Inquisição*. São Paulo: Companhia das Letras.

Ginzburg, C. (1990). *Mito, emblemas e sinais*. São Paulo: Companhia das Letras.

Ginzburg, C. (1991). Apontar e citar: a verdade da história. *Revista de História*, Unicamp (2/3).

Gomes, D. (1988). *Antigos cafés do Rio de Janeiro*. Rio de Janeiro: Kosmos.

Gomes, R. (1977). *Crítica da razão tupiniquim*. Porto Alegre: Universidade Federal do Rio Grande do Sul,

Gonçalves, A. J. (1991). O olhar refratário de Baudelaire. In: Charles Baudelaire. *Escritos sobre arte*. São Paulo: Edusp.

Gondin da Fonseca, M. (1941). *Biografia do jornalismo carioca - 1808-1908*. Rio de Janeiro: Quaresma.

Hardman, F. F. (1988). *Trem fantasma: a modernidade da selva*. São Paulo: Companhia das Letras.

Hardman, F. F. (1992). Antigos modernistas. *Tempo e história*. São Paulo: Companhia das Letras

Haroche, C. (set. 1986; fev. 1987). O homem desfigurado. Semiologia e antropologia política da expressão e da fisionomia do século XVII ao século XIX. *Revista Brasileira de História*, São Paulo, 7 (13).

Henze, C. (jun. 1906). Bocas. *Kosmos*, Rio de Janeiro,

Henze, C. (fev. 1907). Narizes. *Kosmos*, Rio de Janeiro.

Jaeger, H. (1985). Generations in history: reflections on a controversial concept. *History and Theory*, Santa Barbara, 24(3).

Janine Ribeiro, R. (1993). *A última razão dos reis: ensaio sobre filosofia e política*. São Paulo: Companhia das Letras.

Jansen do Paço, A. (1905). *Catálogo da Exposição Cervantina*. Rio de Janeiro: Real Gabinete Português de Leitura.

Jardim de Moraes, E. (1979). *A brasilidade modernista na dimensão filosófica*. Rio de Janeiro: Graal.

Jardim de Moraes, E. (1983). *A constituição da ideia de modernidade no modernismo brasileiro* (Tese de Doutorado). Rio de Janeiro: UFRJ.

Josef, B. (1986). *Romance hispano-americano*. São Paulo: Ática.

Karl, F. (1988). Tornando-se moderno: uma visão de conjunto. *O moderno e o modernismo: a soberania do artista, 1885-1925*. Rio de Janeiro: Imago.

Kempf, R. (1977). *Dandies: Baudelaire et cie*. Paris: Seuil.

Lafetá, J. L. (1974). Reação ao modernismo: a alegria confiscada. *1930: a crítica e o modernismo*. São Paulo: Duas Cidades.

Langle, H. M. (1990). *Le petit monde des cafés et débits parisiens au XIX siècle* : évolution *de la sociabilité citadine*. Paris: PUF.

Le Goff, J. (1984a). Calendário. *Enciclopédia Einaudi*. (Vol. 1, Memória e história). Lisboa: Casa Moeda,

Le Goff, J. (1984b). Documento-monumento. *Enciclopédia Einaudi*. Lisboa: Casa da Moeda, v.1, Memória e história.

Leite, F. (S.d.). *Emílio de Menezes e a expressão de uma época*. [Curitiba].

Lessa, O. (jun. 1958). De Olavo Bilac a Bastos Tigre: contribuição para a história da propaganda no Brasil. *Anuário da Imprensa* - rádio e TV. Rio de Janeiro.

Lima, H. (1963). *História da caricatura no Brasil*. Rio de Janeiro: José Olympio.

Lins, V. (1991). *Gonzaga Duque: a estratégia do franco atirador*. Rio de Janeiro: Tempo Brasileiro.

Lippi Oliveira, L. (1989). As festas que a República manda guardar. *Estudos Históricos* 2 (6). Rio de Janeiro.

Lippi Oliveira, L. (1990). *A questão nacional na Primeira República*. São Paulo: Brasiliense.

Lopez Morilas, J. (1980). Las consecuencias de un desastre. In: José Carlos Mainer. *Modernismo y 98* Barcelona: Crítica.

Lustosa, I. (1989a). *História de presidentes: a República do Catete*. Rio de Janeiro: Vozes/ Fundação Casa de Rui Barbosa.

Lustosa, I. (set./nov. 1989b). Humor e política na Primeira República. *Revista da LISP.* São Paulo.

Lustosa, I. (1993). *O Brasil pelo método confuso: humor e boemia em Mendes Fradique*. Rio de Janeiro: Bertrand.

Machado Netto, A. L. (1973). *Estrutura social da República das Letras: sociologia da vida intelectual brasileira - 1870-1930*. São Paulo: USP/ Grijalbo.

Mafesoli, M. (1984). O espaço da sociabilidade. *A conquista do presente*. Rio de Janeiro: Rocco.

Magalhães Junior, R. (S.d.). *Antologia do humorismo e sátira*. Rio de Janeiro: Bloch.

Magalhães Junior, R. (1974). *Olavo Bilac e sua época*. Rio de Janeiro: Americana.

Magalhães Junior, R. (1978). *A vida vertiginosa de João do Rio*. Rio de Janeiro: Civilização Brasileira.

Magalhães Junior, R. (1981). *Vida e obra de Machado de Assis*. (Vol. 1). Rio de Janeiro: Civilização Brasileira.

Marias, J. (1977). Prólogo. *La picaresca española*. Madri: Nauta.

Marias, J. (1990). *Cervantes como clave española*. Madri: Alianza.

Martins, W. (1978). *História da inteligência brasileira* (Vol. 6 [1915-33]). São Paulo: Cultrix.

Matonti, F. (mar. 1992). Quelques hypothèses sur les cafés littéraires. *Cahiers de l'Institut d'Histoire du Temps Présent* (20).

Mattos, O. C. F. (1989). *Os arcanos do inteiramente outro: a Escola de Frankfurt, a melancolia e a revolução*. São Paulo: Brasiliense.

Mendonça Teles, G. (1983). *Vanguarda européia e modernismo brasileiro*. Petrópolis: Vozes.

McFarlane, J. (1989). O espírito do modernismo. In: Malcolm Bradbury. *Modernismo - guia geral*. São Paulo: Companhia das Letras.

Melo e Souza, G. (1979). *O tupi e o alaúde: uma interpretação de Macunaíma*. São Paulo: Duas Cidades.

Melot, M. (1975). *L'œil qui rit : le pouvoir comique des images*. Fribourg: Office du Livre.

Menezes, E. (1980a). A Imprensa, 24 de agosto de 1911. *Obra reunida*. Rio de Janeiro: José Olympio; Curitiba: Secretaria de Cultura e Esportes do Estado do Paraná.

Menezes, E. (1980b). Discurso de posse na ABL. *Jornal do Commercio*, 7/6/1918. *Obra reunida*. Rio de Janeiro: José Olympio; Curitiba: Secretaria de Cultura e Esportes do Estado do Paraná.

Menezes, E. (1980c). O meu batismo. *Fon-Fon,* abr. 1907. *Obra reunida*. Rio de Janeiro: José Olympio; Curitiba: Secretaria de Cultura e Esportes do Estado do Paraná.

Menezes, E. (1980d). *Obra reunida*. Rio de Janeiro: José Olympio; Curitiba: Secretaria de Cultura e Esportes do Estado do Paraná.

Menezes, R. (1944). *A vida boêmia de Paula Nei*. São Paulo: Martins.

Menezes, R. (1966a). *Bastos Tigre e a Belle Époque*. São Paulo: Edart.

Menezes, R. (1966b). *Dicionário literário brasileiro*. Rio de Janeiro: Civilização Brasileira.

Menezes, R. (1974). *Emílio de Menezes: o último boêmio*. São Paulo, Martins.

Momigliano, A. (1983). *Problèmes d'historiographie ancienne et moderne*. Paris: Gallimard.

Monner Sans, R. (1916). *Ensayo De Antologia cervantina*. Buenos Aires: Otero.

Montalvo, J. (1898). *Capítulos que le olvidaron a Cervantes: ensayo de imitación de un libro inimitable*. Barcelona: Montaner y Simón.

Monteiro Lobato, J. (1959). A caricatura no Brasil. *Ideias de Jeca Tatu*. 9. ed. São Paulo: Brasiliense.

Moraes Belluzo, A. M. (1992). *Voltolino e as raízes do modernismo*. São Paulo: Marco Zero.

Moritz Schwarcz, L. (1993). *O espetáculo das raças: cientistas, instituições e questão racial no Brasil - 1870-1930*. São Paulo: Companhia das Letras.

Moura, R. (1983). *Tia Ciata e a pequena África no Rio de Janeiro*. Rio de Janeiro: Funarte.

Nora, P. (1984). *Les lieux de mémoire* (v. 1: La République). Paris: Gallimard.

Olbrechts-Tyteca, Lucie. (1974). *Le comique du discours*. Bruxelles: Université de Bruxelles.

Oliveira Lima, M. (1982). Prefácio. In: Lima Barreto. *Triste fim de Policarpo Quaresma*. São Paulo: Brasiliense.

Ortega y Gasset, J. (1967). *Meditações do Quixote*. São Paulo: Livro Ibero-Americano.

Ortiz, R. (1991). *Cultura e modernidade: a França no século XIX*. São Paulo: Brasiliense.

Palma, R. (1906). Sobre el Quijote en América. (1982). *Mis últimas tradiciones peruanas y cachivachería - siglo XIX*. Madri: Fondo de Cultura Económica.

Patrocínio Filho, J. (1923). Prefácio. In: Theo-Filho. *Annita e Plomark, aventureiros*. 3. ed. Rio de Janeiro: B. Costallat e Miccolis.

Pederneiras, R. (mai. 1906). O Calemburgo. *Jornal do Brasil*.

Pederneiras, R. (1911). Um caricaturista sobre a arte dos calungas. In: Pedro Sinzig. *A Caricatura na imprensa brasileira*. Petrópolis: Typographia das "Vozes de Petrópolis".

Pederneiras, R. (7/9/1922). O lápis de 1822 a 1922. *A Noite*.

Pederneiras, R. (1924). *Cenas da vida carioca*. Rio de Janeiro: *Jornal do Brasil*.

Pederneiras, R. (1928). *Lições de caricatura*. Rio de Janeiro: Briguiet.

Pederneiras, R. (1946). *Geringonça carioca: verbetes para um dicionário da gíria*. Rio de Janeiro: Briguiet.

Peixoto, A. (nov. 1916). Aspectos do humor na literatura nacional. *Revista Americana*. Rio de Janeiro.

Phillips, A. W. (1968). Rubén Darío y sus juicios sobre el modernismo. In: Homero Castub. *Estudios críticos sobre el modernismo*. Madri: Gredos.

Pimenta Velloso, M. (1983). *O mito da originalidade brasileira: a trajetória intelectual de Cassiano Ricardo - do modernismo ao Estado Novo* (Tese de Mestrado). Rio de Janeiro: PUC,

Pimenta Velloso, M. (1988). *As tradições populares na Belle Époque carioca*. Rio de Janeiro: Funarte.

Pimenta Velloso, M. (1990). As tias baianas tomam conta do pedaço: espaço e identidade cultural no Rio de Janeiro. *Estudos Históricos*. Rio de Janeiro: Apdoc,

Pimenta Velloso, M. (1993). A brasilidade verde-amarela. *Estudos Históricos* (6). Rio de Janeiro: Apdoc.

Pluet-Despatin, J. (mar. 1992). Une contribution a l'histoire des intellectuels : les revues. *Cahiers de l'Institut du Temps Present.* Sociabilités intellectuelles : lieux, milieux, réseaux (20).

Pollack, M. (1989). Memória, esquecimento e silêncio. *Estudos Históricos* 2 (3). Rio de Janeiro: Apdoc.

Pomian, K. (1990). *El orden del tiempo*Madri: Júcar.

Prado, P. (1931). *Retrato do Brasil: ensaio sobre a tristeza.* Rio de Janeiro: Briguiet.

Rabaça, C. & Barbosa, G. (1987). *Dicionário de comunicação.* Rio de Janeiro: Mica.

Rago, M. (set. 1986/ fev. 1987). Prazer e perdição: a representação da cidade nos anos vinte. *Revista Brasileira de História.* São Paulo: Anpuh.

Rama, C. M. (1982). *Historia de las relaciones culturales entre Espana y la America Latina - siglo XIX.* Madri: Fondo de Cultura Económica,

Ramsden, H. (1980). El problema de España. In: José Carlos Mainer. *Modernismo y 98.* Barcelona: Crítica.

Resende, B. (1993). *Lima Barreto e o Rio de Janeiro em fragmentos.* Rio de Janeiro: UFRJ/ Unicamp.

Rezende, P. (1922). Editorial. *A Exposição de 1922: órgão da comissão organizadora.* Rio de Janeiro: Tipografia Fluminense.

Rezende de Carvalho, M. A. (1994). *Quatro vezes cidade.* Rio de Janeiro: Sette Letras.

Robert, R. (1989). Introdução. *Contos paródicos e licenciosos do século XVIII.* São Paulo: Martins Fontes.

Rodrigues Monegal, E. (jul./ set. 1980). Carnaval, antropologia, paródia. *Tempo Brasileiro.* [Paródia].

Rodriguez Mann, F. (1911). *El Quijote y Don Quijote en América.* Madri: Sucesores de Hernando.

Salgado Guimarães, M. L. (1988). Nação e civilização nos trópicos: o Instituto Histórico e Geográfico Brasileiro e o projeto de uma história nacional. *Estudos Históricos*, 1. Rio de Janeiro.

Sandroni, C. (1988). *Mario contra Macunaíma: cultura e política em Mario de Andrade*. São Paulo: Vértice.

Santiago, S. (1989). A permanência do discurso da tradição no modernismo. *Nas malhas da letra*. São Paulo: Companhia das Letras.

Schulman, I. R. (1968). Reflexiones en torno de la definición del modernismo. In: Homero Castillo. *Estudios críticos sobre el modernismo*. Madri: Gredos.

Seigel, J. (1992). *Paris boêmia: cultura política e os limites da vida burguesa, 1830-1930*. Porto Alegre: L&PM.

Sennett, R. (1988). *O declínio do homem público: as tiranias da intimidade*. São Paulo: Companhia das Letras.

Sevcenko, N. (1983). *Literatura como missão: tensões e criação cultural na Primeira República*. São Paulo: Brasiliense.

Sevcenko, N. (1992). *Orfeu extático na metrópole: S. Paulo, sociedade e cultura nos frementes anos 20*. São Paulo: Companhia das Letras.

Sevcenko, N. (1993). Transformações da linguagem e advento da cultura modernista no Brasil. *Estudos Históricos* 6 (11). Rio de Janeiro: Fundação Getúlio Vargas.

Silva, E. (1988). *As queixas do povo*. Rio de Janeiro: Paz e Terra.

Silva, M. A. (1990). *Caricata República*. São Paulo: Marco Zero.

Silva da Motta, M. (1992). *A nação faz 100 anos: a questão nacional no centenário da Independência*. Rio de Janeiro: Fundação Getúlio Vargas.

Sinzig, Pedro. (1911). *A caricatura na imprensa brasileira* Petrópolis: Typographia das "Vozes de Petrópolis".

Soares, M. (jul./dez. 1947). Cervantes no Brasil. *Revista da Academia Brasileira de Letras*. Rio de Janeiro.

Sodré, M. (1988). *O terreiro e a cidade: a forma social negro-brasileira*. Petrópolis: Vozes.

Soihet, R. (1989). *Condição feminina e formas de violência: mulheres pobres e ordem urbana, 1890-1920*. Rio de Janeiro: Forense.

Souza Neves, M. (abr. 1988). As arenas pacíficas. *Gávea: revista de história da arte e arquitetura*. Rio de Janeiro,

Souza Neves, M. (1988). Museu, memória e história. *Seminário Museus Nacionais: perfis e perspectivas*. Rio de Janeiro.

Stan, R. (1992). *Bakhtin: da teoria literária a cultura de massa*. São Paulo: Ática.

Sussekind, F. (1986). *As revistas do ano e a invenção do Rio de Janeiro*. Rio de Janeiro: Nova Fronteira.

Sussekind, F. (1987). *Cinematógrafo de letras: literatura, técnica e modernização no Brasil*. São Paulo: Companhia das Letras.

Rego Monteiro Abreu, R. M. (1990). *Sangue, nobreza e política no templo dos imortais; um estudo antropológico da coleção Miguel Calmon no Museu Histórico Nacional* (Dissertação de Mestrado). Rio de Janeiro: Museu Nacional.

Rego Monteiro Abreu, R. M. (1991). *O culto da saudade: museu, história e nacionalismo em Gustavo Barroso*. XV Encontro da Anpocs.

Thuillier, G. (1985). L'imaginaire quotidien au XIX siècle. *Revue française de sociologie*, 28-3. Paris: Persée.

Trebisch, M. (mar. 1992). Avant propos : la chapelle, le clan, et le microcosme. *Cahiers de l'Institut d'Histoire du Temps Présent* (20).

Tudela, M. (1985). *Aquellas tertulias en Madrid*. Madri: Editorial El Avapiés.

Unamuno, M. (1987). *Vida de D. Quijote y Sancho*. Madri: Alianza.

Uribe Echevarría, J. (1949). *Cervantes en las letras hispanoamericanas*. Santiago: Universidad de Chile.

Vasconcelos, A. (1977). *Panorama da música popular brasileira na Belle Époque carioca*. Rio de Janeiro: Santana.

Vasconcelos, L. P. (1987). *Dicionário de teatro*. São Paulo: L&PM.

Veyne, P. (1982). *Como se escreve a história*. Brasília: UnB.

Vianna Junior, H. P. (1994). *A descoberta do samba; música popular e identidade nacional* (Tese de Doutorado apresentada ao Museu Nacional). Rio de Janeiro: UFRJ.

Viany, A. (1976). Cinema. *Ciclo de debates do teatro Casa Grande*. Rio de Janeiro: Inúbia.

Vogel, A. & Silva Mello, M. A. (1981). *Quando a casa vira rua*. Rio de Janeiro: Finep/ IBAM.

Vovelle, M. (1987). *Ideologias e mentalidades*. São Paulo: Brasiliense.

Vsevolod, B. (1991). El quijotismo ruso como fenómeno cultural. *Anales Cervantinos*, 29. Madri: CSIC.

Wiser, W. H. (1994). *Os anos loucos: Paris na década de 1920*. Rio de Janeiro: José Olympio.

Wolgensinger, J. (1992). *L'histoire à l'une - la grande aventure de la presse*. Paris: Découvertes Gallimard.

Zavala, I. (1991). *La posmodernidad y Mijail Bajtin: una poética dialógica*. Madri: Austral.

Zílio, C. (1982). *A querela do Brasil: a questão da identidade da arte brasileira, 1922/1945*. Rio de Janeiro: Funarte.

Zuleta, I. (1984). La tradición cervantina; algunos aspectos de la proyección del Quijote en Hispanoamérica. *Anales Cervantinos*. Madri: CSIC.

Artigos e charges da revista D. Quixote

As artes e as letras no centenário. *D. Quixote*, 18/10/1922.

Barroso continua esperando que cada um cumpra o seu dever. *D. Quixote*, 4/2/1925.

Bom senso. *D. Quixote*, 7/2 e 14/3/1923.

O camelot. *D. Quixote*, 31/1/1923.

Carnaval e eleições. *D. Quixote*, 13/2/1924.

O carnaval e o progresso. *D. Quixote*, 11/2/1920.

Cinzas, ressaca e eleições. *D. Quixote*, 1/3/1922 (charge de K. Lixto).

As condecorações. *D. Quixote*, 7/12/1921 (charge de K. Lixto).

Congresso dos criminalistas. *D. Quixote*, 24/5/1922 (charge de Yantok).

Crônica cinzenta. *D. Quixote*, 13/2/1918.

Crônica sem graça. *D. Quixote*, 29/4/1925.

Os cultores do sal. *D. Quixote*, 3/7/1925.

D. Quixote, 26/11/1924(charge).

D. Xiquote. O Rio de antigamente. *D. Quixote*, 29/7/1925.

A data do descobrimento. *D. Quixote*, 5/4/1922.

Dicionário confuso. *D. Quixote*, 17/2 e 3/3/1926.

Os donos da terra. *D. Quixote*, 27/9/1922 (charge de K. Lixto).

O elogio do samba. *D. Quixote*, 9/2/1921.

Estados Unidos da América do Norte. *D. Quixote*, 13/9/1922 (charge).

A evolução do civismo. *D. Quixote*, 5/8/1925.

Figurações do centenário. *D. Quixote*, 8/12/1920.

Flagrantes do Monroe. *D. Quixote*, 1/3/1922.

História do Brasil encrencada. *D. Quixote*, 18/2/1925.

Hora de recolher! *D. Quixote*, 26/2/1926 (charge de K. Lixto).

Impaciência. *D. Quixote*, 6/12/1922 (charge).

Impressões de nossos hóspedes. *D. Quixote*, 20/9/1922.

Jornais, jornais e jornais. *D. Quixote*, 5/10/1921.

José de Alencar protesta contra a buzina dos automóveis. *D. Quixote*, 18/3/1925.

Kalendário humorístico. *D. Quixote*, 24/12/1924 e fev. 1925.

Larguem o rei! *D. Quixote*, 29/9/1920.

Livros novos. *D. Quixote*, 26/1/1921.

Má... fuás. *D. Quixote*, 30/8/1922.

Mexericos pedagógicos. *D. Quixote*, 21/9/1921.

Monomania. *D. Quixote*, 28/1/1925.

O Museu de História Nacional. *D. Quixote*, 16/7/1919.

Nas sombras da realidade. *D. Quixote*, 8/9/1920 (charge de Yantok).

A oportunidade. *D. Quixote*, 1/3/1922 (charge).

Palácio D. Quixote. *D. Quixote*, 5/7/1922 (charge).

Palácio da Crise. *D. Quixote*, 17/5/1922 (charge).

O palácio dos micróbios. *D. Quixote*, 3/5/1922 (charge de Yantok).

Pastilhas de arsênico. *D. Quixote*, 27/6/1923.

Pavilhão D. Quixote - um Estado no Estado: Departamento de Trepanação Humorística. *D. Quixote*, 31/5/1922.

Pavilhão da Itália. *D. Quixote*, 23/8/1922 (charge).

Pavilhão das Festas. *D. Quixote*, 20/9/1922 (charge de Raul Pederneiras).

O Pavilhão das Indústrias. *D. Quixote*, 19/7/1922 (charge de K. Lixto).

Pavilhão dos Estados Mato Grosso. *D. Quixote*, 28/7/1922 (charge).

Pavilhão dos Estados - Rio Grande do Sul. *D. Quixote*, 7/6/1922 (charge).

1º de abril. *D. Quixote*, 3/5/1923.

1º de abril. *D. Quixote*, 2/4/1924.

A redação de um jornal moderno. *D. Quixote*, 8/5/1919 (charge).

Os representantes nas festas do Centenário. *D. Quixote*, 26/7/1922 (charge de Yantok).

República de ontem, hoje e amanhã. *D. Quixote*, 15/11/1922.

Sobre a independência. *D. Quixote*, 6/9/1922.

O teatro da Exposição. *D. Quixote*, 15/3/1922 (charge de K. Lixto).

A tomada da Bastilha. *D. Quixote*, 14/7/1926.

Três assuntos distintos mas um só verdadeiro. *D. Quixote*, 22/2/1922.

Vai começar! *D. Quixote*, 17/1/1923.

Variações em notas graves. *D. Quixote*, 23/8/1922.

A verdadeira demolição do morro do Castelo. *D. Quixote*, 29-3-1922.

Veritápolis. *D. Quixote*, 13/3/1918 (charge de Yantok).

Vida carioca - um ponto de história pátria. *D. Quixote*, 2/4/1919.

A visita e os descontentes. *D. Quixote*, 22/9/1920 (charge de Raul Pederneiras).

Revistas brasileiras

Avança (1904).

A Avenida (1903).
D. Quixote (1917-27).
O Degas (1908).
O Diabo (1907).
Estação Teatral (1910).
O Filhote da Careta (1909).
Fon-Fon (1907).
A Garra (1903).
Ilustração Brasileira (1914).
Kosmos (1906-07).
O Malho (1902).
O Meio (1889).
Mercúrio (1898).
O Papagaio (1905/06).
O Pau (1905).
Revista da Semana (1905).
Rio Nu (1903).
O Riso (1911/12).
Tagarela (1902/03).

Revistas estrangeiras

Don Quijote. Havana (1864/65).
Don Quijote. Madri (1869).
Don Quijote. Madri (1887).
Don Quijote. Madri (1892).

Don Quijote. México (1919/20).

D. Quijote de los Andes. Buenos Aires (1926).

España Humorística. Madri (1889).

Sancho Panza. (1889).

Sancho Panza. Madri (1863).

www.ingramcontent.com/pod-product-compliance
Lightning Source LLC
Chambersburg PA
CBHW060455090426
42735CB00011B/1999